메뉴관리론

MENU Management

이 책을 펴내면서

현대 외식산업은 퓨전화, 웰-빙화, 글로벌화로 인해 급속하게 변화·발전하고 있다. 갈수록 심해지는 외식산업의 경쟁 환경을 극복하기 위해 보다 많은 매뉴얼을 이해하고 노하우를 가진 외식관련 전문가들을 더욱더 필요로 하고 있다. 전문인력을 양성하는 대학의 외식산업 관련학과와 조리기능사를 양성하는 전문학원 등의 증가는 이러한 국내 외식산업의 변화 양상을 보여준다.

하지만 관련학과나 시장 규모에 비추어 볼 때 국내 외식산업은 아직 기반이 미비하고 경영구조가 취약하다는 문제점이 있다. 이러한 문제점을 해결하기 위해서는 보다 과하적이고 효율적인 경영과 관리 기술의 습득, 외식 업종의 선택, 메뉴의 선정 등이 무엇보다도 중요하다고 할 수 있다. 특히 메뉴는 외식산업에서 경영의 효율성을 증가시키는 무한한 잠재력을 가진 요소로, 외식업체의 이미지와 고객만족, 더 나아가 경영의 성패를 좌우하는 지표가 되는 것이다.

따라서 본 저자는 외식산업에 근무하는 종사자, 외식창업을 준비하는 예비경영인, 외식조리를 배우는 학생 등이 필수적으로 배우고 익혀야 할 메뉴에 관련된 각종 지식과 조리용어 해석 등을 체계적으로 제시하여 실무에 그대로 적용 및 활용할 수 있는 참고서를 집필하였다. 외식경영에 관련된 국내외 연구논문 등을 종합, 정리하고 여러 유형의 참고서 중 필요한 내용을 발췌하여 실용적이고 내용이 충실한 교재를 발간하고자 노력하였다. 필자의 부족한 역량으로 여러 가지 미비한 점이 있으나 앞으로 더 나은 내용으로 계속 보완해 나갈 것을 약속드린다. 끝으로 이 책의 출간을 위해 힘써 주신 효일 출판사의 김홍용 사장님과 편집부 임직원 여러분들에게도 감사의 마음을 전한다.

2014년 2월

저자 씀

메뉴관리론 contents

메뉴관리론 contents

메뉴의 평가, 분석

Chapter 05

메뉴관리론 contents

Chapter 06 메뉴 마케팅

Chapter 07 외식산업의 서비스와 고객관리

Chapter 08

조리용어 해설

Chapter 01

메뉴 개요

1 메뉴의 정의
2 메뉴의 종류
3 메뉴의 특성

1. 메뉴의 정의

메뉴란 단순히 식료와 음료의 상품 차림표가 아니라 식당 경영에서 상품화의 수단으로 인식되어 왔다. 메뉴는 원래 '작고 자세히 기록하다'라는 뜻의 라틴어에 어원을 두고 발전해왔다. 그만큼 제한된 지면과 크기라는 여건에서 최대한의 효과를 낼 수 있도록 다양한 요소들을 그 안에 함축시키지 않으면 안 되기 때문이다.

사실 메뉴라는 것은 식당의 모든 경영활동 내용 즉 상품, 서비스, 분위기, 가격, 기술 및 인력, 계절 감각 등을 압축한 것이다. 또한 이러한 요소들의 조합이 외식 소비자들의 욕구를 반영하거나 충족시킬 수 있을 때 소기의 경영 목표를 달성할 수 있는 것이다.

메뉴는 단지 식음료 목록이라기보다는 식당과 고객을 연결시켜 주는 도구로 내부적으로는 관리 수단이 되고 외부적으로는 고객이 좋아하고 앞으로도 선호할 수 있는 음식 목록을 개발하여 고객 욕구에 충실하고 판매 촉진에 기여할 수 있는 마케팅 매체이다.

서비스 산업의 하나인 식음료 사업을 볼 때 메뉴는 단순한 가격과 품명, 구매 조건의 제시로 그치는 것이 아니라 고객과 기업체를 연결하여 친근감을 주는 판매 촉진 매체(sales tool)로서 역할을 다하고 있으므로 메뉴에 대한 연구는 현재 세계 곳곳에서 꾸준히 계속되고 있다.

내부적 환경으로는 음식의 경쟁력, 가격, 서비스, 분위기, 조리 기술, 장비, 면적, 규모, 경영 감각 그리고 고객에 대한 배려가 반영되어야 하고 외부적 환경으로는 고객의 선호도와 만족도, 경향(trend)이 반영되도록 통합해야 한다.

메뉴는 판매하고자 하는 음식의 목록과 가격 등의 정보를 기록한 안내서(catalog)이고 식당과 고객이 식음료 서비스의 제공자와 소비자로서 서로 윈-윈(win-win)할 수 있도록 연결하는 중개 매체라고 정의할 수 있다.

식당은 일정한 시설과 장비를 갖추고 유형과 무형의 서비스를 제공함은 물론, 생산과 판매가 동시에 일어나는 영리를 목적으로 하는 국민 식생활을 개선하는 곳이라는 것을 염두에 둠과 동시에 고객의 요구 및 욕구를 충족시키는 장소로서 새로운 문화를 창출하여 고객들이 그 식당 문화를 즐길 수 있고 느낄 수 있도록 해야 한다.

식음료를 상품으로 하는 영업장에서 고객에게 제시하기 위하여 상품의 가격과 품목을 작성하여 고객이 식음료 상품을 구입하는 데 필요한 조건과 정보를 기록한 목록표를 메뉴라고 한다.

메뉴는 내부적인 통제 도구일 뿐만 아니라 판매, 광고, 판매 촉진을 포함하는 마케팅 도구라고 정의할 수 있다. '식사로 제공되는 요리를 설명한 상세한 표'라는 관점에서 메뉴의 역할을 정리해 보면 메뉴는 관리와 마케팅의 관점, 즉 관리자와 고객의 관점에서 관리되어야 하고 이 둘이 통합되어 관리되어야 한다. 최근에는 근무 직원도 만족을 해야 질 높은 서비스를 제공할 수 있기 때문에 근무 직원 관점에서도 관리되어 고객, 경영자, 근무 직원이 하나의 시스템으로 경영되고 있다.

즉, 메뉴는 식음 운영에 있어서 가장 중추적인 역할을 담당하는 관리 도구이며 통제 도구이다.

(1) 메뉴의 유래

메뉴(menu)는 라틴어 'Minutus'에서 파생된 프랑스 단어로 small, detailed, minute라는 단어에서 유래되었고 이 단어의 뜻인 '상세하게'라는 의미에 'food item'이 결합되어 'detail list of food item'으로 해석된다. 우리말로는 식단, 프랑스어로는 카르트(carte), 영어로는 빌 오프 페어(bill of fare), 독일에서는 스파이제카르테(speisekarte), 일본에서는 콘다테(献立)라고 하는 등 각각 다른 용어가 있지만, 오늘날에는 메뉴(menu)라는 말이 세계 공통어로 통용되고 있다.

유래를 요약해 보면 메뉴를 사용하기 시작한 것은 1498년 프랑스의 어느 귀족으로부터 나온 착안이라고 하나, 그 후 서기 1541년경 헨리 8세 당시 브런즈윅(Brunswick) 공작의 향연 때 연회를 열고 음식이 제공되는 순서 목록을 서비스함으로써 귀족들이 자기가 좋아하는 음식을 쉽게 찾을 수 있도록 한 것이 큰 호평을 받아 생겨난 것이라고 한다. 유럽의 왕조시대에는 어느 궁중에서나 초청된 요리장이 프랑스 사람으로 주된 구성을 이루고 있었으므로 자연히 프랑스 요리가 정식 연회의 대명사처럼 되고 그 전통이 확고해져서 오늘날의 명성을 가지게 된 것이다.

식당에서 사용하고 있는 메뉴는 그 후 19C 초에 파리에서 사용한 것이 시작이 되어 일반화된 것이고 크기, 소재, 명칭 등은 각 기업의 창의 또는 연구가 가미되어 여러 가지 형태로 사용되고 있다. 오늘날 세계적으로 메뉴를 프랑스어로 표기하는 경향이 많은 것은 앞서 말한 바와 같이 프랑스 요리가 세계적인 요리로 명성을 떨치고 있기 때문이며, 그 요리의 가짓수만도 1,500여 가지 이상이 넘는다고 하니 메뉴를 완전히 이해한다는 것은 많은 경험과 부단한 연구와 노력을 필요로 하는 것이다.

(2) 메뉴의 역할

고객의 마음을 사로잡는 메뉴는 과연 어떠한 것인가? 고객의 마음을 끌 수 있는 요인은 메인 컨셉에서 창출할 수 있다.

컨셉(concept)이란 경쟁사와 차별화 및 우위성 개념을 확보하는 것이다. 고객의 구매력을 유발하는 요인은 메뉴 이전에 메인 컨셉이다. 경쟁사와 다르면서도 앞서는 것을 보여주고 고객의 마음속에 메뉴의 본질과 특징을 심어주기 위해서는 식당의 기업 문화가 확립되어야 한다. 이러한 식당 문화가 창출되어 새로운 컨셉이 탄생하게 된다.

예를 들어, 한 회사가 양배추 인형에 인형의 이름과 생년월일을 붙인 탄생증서를 발행하고 구입한 사람이 인형에 이름을 붙여 입양신청서를 내면 매년 생일축하 카드를 보내주는 서비스도 새로운 문화 창출이고 컨셉이라 할 수 있다.

또 다른 회사의 메인 컨셉은 고객에게 음식의 냄새, 조리하는 소리 등 음식의 주문에서 조리까지 전 과정에서 발생하는 동적 에너지를 최대한 전달하는 것으로, 고객에게 양적 질감과 시각적 서비스를 동시에 제공하며 함께 느끼고자 하는 기업문화를 통해 창출된 컨셉이다.

이 외에도 여러 가지 예를 들면 해수면에 있는 페선박에서 직접 낚시하여 잡은 생선으로 요리하여 제공하는 것은 엔터테인먼트 컨셉이라 할 수 있고, 니코틴 해독과 중금속 제거, 혈액 정화에 효능이 있는 파래 등을 비롯한 해초를 주재료로 하는 해초 메뉴는 건강 컨셉의 한 예라 할 수 있다.

(3) 메뉴의 기능

1) 상품 및 레스토랑 정보 제공 기능

메뉴를 통해 고객은 주문 가능한 상품의 종류, 상품의 내용 및 가격 등에 관한 정보를 알 수 있다. 고객은 상품 정보 이외에도 레스토랑 기업에 관한 정보, 예를 들어 영업시간, 특별 고객 이벤트 혹은 서비스 그리고 기업의 역사 및 홍보 내용 등 다양한 기업 정보를 메뉴를 통해 확인할 수도 있다. 이때 해당 기업은 고객에게 정확한 제품 정보 및 기업에 관한 정보를 제공해야 한다. 메뉴에 언급된 상품정보 등은 기업이 고객에게 하는 약속이기 때문에 정확해야 한다.

2) 내부 마케팅 도구이며 통제 기능

메뉴는 고객에게만 정보제공의 기능이 하는 것이 아니라 종사자에게도 자신이 무엇을 어떻게 생산하고 고객에게 무엇을 어떻게 전달해야 하는지에 대한 정보를 제공해준다. 레스토랑 매니저의 경우 메뉴를 근거로 판매, 인원 및 운영 계획을 세우게 된다. 각 포지션의 직원은 메뉴를 근거로 자신의 업무내용을 파악하는 등 메뉴는 레스토랑 운영의 가장 기본적인 정보 제공의 기능을 하고 있다.

3) 레스토랑 이미지 형성 및 레스토랑 비즈니스 컨셉 제공 기능

고객은 메뉴를 통해 자신이 이용하는 레스토랑의 이미지를 형성하게 된다. 레스토랑의 핵심 상품인 음식 종류와 가격, 서비스 내용 등 다양한 정보를 가지고 고객 자신만의 주관적 이미지를 형성하게 된다. 따라서 메뉴는 고객 입장에서는 자신이 이용하는 레스토랑에 대한 정체성을 가지게 된다. 그러므로 기업들은 고객에게 해당 기업의 정체성을 가지게 하는 단서 중 하나인 메뉴를 통해 비즈니스 컨셉을 전달하고자 노력하기도 한다.

4) 레스토랑 기업의 중요한 마케팅 도구 기능

메뉴를 통해 해당 기업은 고객에게 상품 정보를 제공하면서 고객의 선택을 자극할 수 있다. 예를 들어 고객의 행동을 분석하여 고객의 시선에 쉽게 노출될 수 있는 공간에 해당 기업에서 팔고자 하는 상품을 제시함으로써 고객의 선택을 유도할 수도 있으며, 제품에 대한 정보를 자세하게 제공하면서 사진을 첨부하여 고객의 선택을 도울 수 있다. 뿐만 아니라 해당 레스토랑의 특별한 이벤트 등 다양한 기업 홍보자료를 첨부할 수도 있기 때문에 메뉴는 고객과 기업의 의사소통을 위한 도구로 활용될 수 있다.

2. 메뉴의 종류

메뉴는 고객에게 제공되는 시점, 메뉴의 구성내용, 메뉴의 지속성 및 변화정도에 따라 구분할 수 있다.

(1) 메뉴의 지속성과 변화정도에 따른 분류

메뉴의 지속성 및 변화정도에 따라 고정메뉴(fixed menu), 순환메뉴(cycle menu) 그리고 단기메뉴(short period menu) 등으로 분류할 수 있다.

고정메뉴란 해당 레스토랑의 대표 메뉴로서 장기간 변화하지 않고 제공되는 메뉴이다. 레스토랑의 비즈니스 컨셉을 대표하는 메뉴라 장기간 동안 변화하지 않고 고객에게 제공되지만 환경 변화 그리고 고객의 트렌드를 고려한 제한적 변화가 필요할 수 있다.

순환메뉴란 일정한 주기 예를 들어 계절 혹은 월 등에 맞추어 변화하는 메뉴를 말한다. 고객에게 변화된 메뉴를 제공할 수 있다는 장점이 있지만 식재료의 재고율이 높고 다양한 업무수행능력을 가진 높은 숙련도의 직원이 필요한 경우가 많다는 부담감이 있다.

끝으로 단기메뉴는 특별한 이벤트 혹은 행사기간 동안 짧은 시간에 고객에게 제공되는 메뉴이다. 예를 들어 '오늘의 특선 요리', '할로윈 파티 메뉴' 등이다.

(2) 메뉴의 구성내용에 따른 분류

1) 정식 메뉴(Table d'hôte menu : 테블 도-트 메뉴)

숙박을 제공하는 시설과 함께 탄생했다고 볼 수 있는 것으로, 원시적이던 옛 여인숙에서는 행상인이나 여행객들이 본인이 지참한 식량으로 숙박하였으나 교통의 발달로 왕래가 빈번함과 숙박자의 편의 도모 및 여인숙의 영업상황을 고려하여 숙박에 식사를 곁들여 제공하는 풀 빠시용(full pension ; full board)에서 정식(table d'hôte)이 생겨났다고 볼 수 있다.

정식의 차림표는 한 끼분의 식사로 구성되며 시각, 미각, 영양, 분량의 균형을 참작하여야 하고 요금도 한 끼분으로 표시되어 있으므로 고객은 그 차림표와 가격을 편리하게 이해할 수 있는 것이 이점이다. 또한 정식의 메뉴는 매일 작성하는 경우도 있으나 계절과 재료의 한계가 있으므로 같은 메뉴가 반복되는 사례가 많으며, 매일 오는 고객이 있는가 하면 가끔 오는 고객도 있으므로 변화 있는 메뉴로써 각 고객의 기대와 호기심을 충족시켜 많은 고객이 다시 찾아와서 즐길 수 있도록 해야 한다.

정식 메뉴는 주로 코스 음식이라 알려져 있으며, 애피타이저(appetizer), 수프(soup), 생선 요리(fish), 샐러드(salad), 주 요리(main dish), 후식(dessert), 그리고 차(tea) 등의 순서대로 제공되는 메뉴이다.

이 메뉴는 아침, 점심, 저녁 연회 등을 막론하고 언제든지 사용할 수 있으나 구성되는 코스는 오늘날 전 세계적으로 다음과 같이 정하는 것이 일반적이다.

- Luncheon : 4~5 courses
- Dinner : 5~6 courses
- Banquet : 5~8 courses

정식 메뉴는 여러 가지 장점이 있는데 우선 기업 입장에서는 정식 메뉴를 구성하면 고객이 지불하는 객(客)단가가 높아 매출 증진의 효과를 기대할 수 있으며, 조리과정의 일관성으로 인해 효율적인 인력 관리가 가능하며, 직원들의 신속한 서비스 제공 가능성이 높아진다. 또한 수요 예측이 일정 부분 가능해짐에 따라 식자재 관리가 용이하며 원가관리 과정이 수월해질 수 있다.

한편 고객의 입장에서는 각각의 음식상품을 구매하는 것보다 정식메뉴의 경우 상대적으로 낮은 가격으로 음식 상품을 구매할 수 있으며 메뉴 선택에 있어서 특별한 고민 없이 선택할 수 있는 장점이 있으나, 경우에 따라 불필요한 상품을 동시에 구매해야 하는 불편함이 발생할 수 있다.

2) 일품요리 차림표(À la carte menu : 알 라 카트 메뉴)

일품요리의 차림표를 가리켜 표준 차림표(standard manu)라고 일컬을 만큼 식당에서 제공되는 모든 요리의 품목을 가격과 함께 전부 표시하게 된다.

기호요리 차림표로서, 정식처럼 여러 가지 순서를 조립한 메뉴의 경우 반드시 좋아하는 요리를 먹을 수 있다고 기대하는 경우도 있겠으나 좋아하지 않는 요리가 포함되는 경우에는 그 대금까지 지불하지 않으면 안 되는 불편이 있으므로 자기에게 맞는 기호요리를 적당한 분량만 주문할 수 있게 고안한 것이다.

일품요리의 메뉴는 식당에 있어서 주가 되는 차림표로서 그 구성은 가장 정통적인 정식(classical formal dinner) 식사의 순서에 따라 각 순서에 해당하는 요리 품목을 몇 가지씩 명시하는 것으로, 다음과 같은 종류로 구성된다.

① 냉(冷) 전채요리(Cold appetizer(영) ; Hors-d'oeuvre froid(프) : 오르되브르 프로와)
② 온(溫) 전채(Warm appetizer ; Hors-d'oeuvre chaud : 오르되브르 쇼)
③ 수프(Soup ; Potage : 포타주)
④ 생선요리(Fish ; Poisson : 프와송)
⑤ 주 요리(Main dish ; Relevé : 릘르베)
⑥ 더운 앙트레(Warm entree ; Entree chaud : 앙트레 쇼)
⑦ 찬 앙트레(Cold entree ; Entree froid : 앙트레 프로와)
⑧ 가금류 요리(Poultry)
⑨ 더운 채소요리(Boiled vegetable ; Garniture, Légume : 레귬)
⑩ 채소(Salad ; Salade : 살라드)
⑪ 더운 후식(Warm dessert ; Entremets de douceur chaud : 앙트르메 드 두세르 쇼)
⑫ 찬 후식 및 아이스크림(Cold dessert and ice cream ; Entremets de douceur froid ou glacé : 앙트르메 드 두세르 프로와 글라세)
⑬ 생과일 및 과일조림(Fresh fruits or compote)

⑭ 치즈(Cheese ; Fromage : 프로마주)
⑮ 식후음료(Beverage ; Boisson : 부와송)

위와 같은 코스에서 ⑤, ⑥, ⑦, ⑧의 네 가지 순서는 따로 분리하지 않고 일반적인 주 요리로 함께 명시하는 것이 보통이다. 이 네 가지 코스가 실질적인 주 요리가 되기 때문이다.

이 메뉴는 한 번 작성한 후 단기간 내에 다시 변경하여 작성하면 메뉴 제작에 많은 비용이 들기 때문에 연중 계속 사용되는 차림표(all year round menu)이다. 간혹 새롭게 메뉴를 변경하는 경우는 계절에 따른 일부분이거나 혹은 일 년에 한 번 바뀌는 정도이다.

이러한 메뉴의 고정은 요리사나 조달 부서에 있어서는 재료구입이나 계획, 요리준비나 조리 등 매일 같은 일을 반복하게 되므로 업무의 단순화 또는 숙련화라는 이점은 있으나 새로운 메뉴의 개발이 없는 한 고객에게 보다 새로운 요리나 기술을 제공할 수 없다는 단점이 있다. 또한 메뉴가 고정되어 있으므로 계절에 따른 재료값의 변화로 일정한 이익 보장이 될 수 없는 점이 항상 이 차림표의 문제로 남아 있다. 메뉴의 수가 많아지면 음식의 품질을 유지하기도 곤란하게 된다.

따라서 아무리 주의 깊게 작성한 메뉴라 하더라도 고객이 그 음식을 여러 번 맛보게 되면 자연히 그 메뉴에 대한 신선한 매력을 잃게 되고, 좋은 품질의 음식과 적정한 가격으로 메뉴를 유지한다 하더라도 장기간 가격이 고정되어 있으므로 재료비의 상승으로 인하여 처음에 계획하였던 만큼의 이익을 올릴 수 없으며, 고객에게는 구태의연한 느낌을 주게 되므로 이러한 문제점을 해결하는 방안을 모색하지 않으면 안 된다.

3) 데일리 스페셜 메뉴(Daily special menu : 오늘의 특선 메뉴)

이 특별 메뉴는 당일 시장에서 구매한 신선한 재료를 가지고 고객의 기호에 맞추어 양질의 재료와 저렴한 가격으로 고객에게 서비스하는 메뉴를 의미한다. 경우에 따라서 정식 메뉴와 단품 메뉴의 장점만을 혼합시킨 메뉴가 될 수 있는데, 그 장점은 다음과 같다.

- 매일 새로 준비된 메뉴(음식)를 고객에게 빠르게 제공할 수 있다.
- 재료의 사용에 있어 저장재료를 낭비하지 않고 사용할 수 있다.
- 고객의 메뉴 선택을 쉽게 해주는 역할을 한다.
- 매출액 증가에 기여한다.

대개의 경우 오늘의 특선요리 메뉴는 다음과 같이 5~6가지 코스로 작성된다.

① 전채 요리(Appetizer : Hors-d'oeuvre : 오르되브르)
② 수프(Soup : Potage : 포타주)
③ 생선(Fish : Poisson : 프와송)
④ 주 요리 및 채소(Main dish & Salad ; Entree et salade : 앙트레 에 살라드)
⑤ 후식(Dessert)
⑥ 커피 또는 차(Coffee or tea)

근래에 와서는 호텔의 커피숍 등에서 데일리 스페셜 메뉴의 운용을 주간 메뉴화하여 요일 별로 동일 메뉴를 제공해서 고객으로 하여금 그 요일에 같은 메뉴의 음식을 먹기 위하여 재방문하게 하는 전략을 구사하기도 한다.

4) 정식 메뉴와 일품요리의 혼합형 (Combination of the table d'hôte and à la carte pricing style)

이와 같은 혼합메뉴는 정식 메뉴와 단품 메뉴로 구성되는 메뉴를 의미한다. 예를 들어 정식메뉴에서 제공되는 식사 중 디저트류 등을 개별적으로 가격을 선정한 후 고객으로 하여금 선택할 수 있도록 하는 경우가 있다. 반대의 경우 단품 메뉴에서 채소, 감자류 혹은 밥 종류를 선택할 수 있는 기회를 제공하게 함과 동시에 이 모든 사이드를 주 메뉴 가격 안에 포함시키는 경우도 있다. 레스토랑 기업의 경영효율성과 고객의 입장에서 선택의 기회 제공과 상대적으로 낮은 가격 혜택을 추구할 수 있다.

5) 기타 메뉴의 종류

① 뱅큇 메뉴(Banquet menu)

연회에 사용되는 메뉴로 파티의 형태와 유형 및 가격에 따라 다양한 메뉴가 제공되며 정식차림표(set menu), 뷔페 차림표(buffet menu), 칵테일 파티 차림표(cocktail menu) 등이 있으며 일품요리 또는 한식 · 일식 · 중식 메뉴도 연중 사용한다.

② 뷔페 메뉴(Buffet menu)

뷔페의 차림표로서 오픈 뷔페(open buffet)와 클로즈 뷔페(close buffet)가 있다. 전자는 각 요리의 명세 및 가격을 표시하여 예시된 가격만 지불할 수 있는 능력이 있는 고객이 이용할 수 있도록 하는 뷔페를 말하며 후자는 예정된 인원과 가격에 따라 음식을 준비하고 특정한 고객만 이용할 수 있도록 하는 뷔페이다.

③ 건강식 메뉴(Health food menu)

저지방(low fat), 무염(no salt), 무당(no sugar), 스테미너 식품의 요리로 구성된 메뉴로서 지방이 적은 생선(연어 등)과 가금류(칠면조 등) 등 특히 고단백성 식품을 주재료로 하여 구성한다.

④ 채식 메뉴(Vegetable menu)

육류, 가금류, 생선류를 제외한 채소 및 콩류를 주재료로 하며 달걀과 우유는 경우에 따라서 일부 사용된다.

⑤ 계절 특선 메뉴(Promotion menu)

계절 요인이 있는 식재료(생딸기, 복숭아, 연어 등)나 각국의 대표적인 음식을 선전하여 전채요리부터 후식까지 메뉴를 작성하여 일정한 기간 동안(약 1~2주)에만 사용하는 메뉴이다.

⑥ 기타

부활절, 추수감사절, 크리스마스, 혹은 어린이날 등 특별한 날을 위한 메뉴이다.

(3) 메뉴의 제공시점에 따른 분류

메뉴가 고객에게 제공되는 시간에 따라 조식, 중식, 석식 등으로 구분할 수 있다.

1) 브렉퍼스트 메뉴(Breakfast menu)

조식 메뉴로서 빵 종류와 주스류를 제공하는 대륙식 조식 메뉴(continental breakfast menu)와 빵 종류, 주스류에 달걀 요리를 함께 제공하는 아메리칸 조식 메뉴(American breakfast menu)가 있다. 그리고 고객이 각각의 음식을 선택할 수 있는 일품요리 메뉴(à la carte menu)로 구성된다.

브렉퍼스트 뷔페(breakfast buffet)는 특히 호텔에서 투숙객에게 제공하는 메뉴로써 고객의 성별, 국적별 취향에 맞도록 다양한 음식이 제공되는데 각종 주스류, 곡물류, 샐러드, 페이스트리, 과일, 소시지류, 음료 등이 서비스된다.

브렉퍼스트 뷔페(Breakfast buffet)에 제공되는 메뉴의 구성	
A. Your choice of chilled 4 kinds (orange, apple, tomatoes, grape)	
B. Cold counter	① head lettuce salad w/ 1000 dressing, French dressing ② assorted cold cut sausage(corner) ③ assorted cold cut ham(corner) ④ cole slow salad ⑤ Russian salad or potato salad ⑥ corn flake w/ cold milk ⑦ sliced tomatoes or cherry tomatoes
C. Hot counter	① brown toast(dark color) w/ butter, jam ② steam rice ③ abalone porridge ④ cream soup ⑤ oat meal w/ hot milk ⑥ pan cake(mini) w/ honey ⑦ French toast or cinnamon toast w/ syrup ⑧ baked bacon, ham, sausage ⑨ scramble eggs ⑩ fried eggs
D. Dessert counter	① assorted mini cake ② fresh fruit slice ③ cold rice punch(식혜), cold persimmon punch(수정과)

또한 한식, 일식 등에서도 조식 메뉴로 간단한 조정식이나 가벼운 아침식사 등의 메뉴로 구성되어 있다.

2) 브런치 메뉴(Brunch menu)

Breakfast와 lunch의 합성어로 공휴일이나 일요일에 늦게 일어나는 고객에게 제공하면서 생긴 메뉴로 바쁜 생활을 하는 도시인들이 많이 선호하는 메뉴이다. 아침과 점심 사이에 제공된다.

3) 런천 메뉴(Luncheon menu)

점심시간에 제공되며 아침이나 저녁 메뉴와 같이 전형적인 메뉴를 제공할 필요가 없이 회전율을 높이기 위해서 보다 축소된 메뉴를 구성할 수 있다. 샌드위치, 샐러드, 면 요리도

적당하고 일품요리를 폭넓게 선택할 수 있으며 그 중에서 풀코스 메뉴를 선정해 구성할 수 있지만, 동서양을 막론하고 정찬 형태인 세트 메뉴(set menu)보다는 일품요리 형태의 비교적 부담이 적은 쪽의 메뉴로 구성되며 정찬일 때도 코스가 적은 쪽을 선호하므로 그에 맞게 구성되어 있다.

4) 디너 메뉴(Dinner menu)

저녁식사 메뉴는 하루 중 가장 중히 여기는 식사 형태이다. 서양메뉴의 경우도 와인을 곁들인 정찬일 경우가 많으며 식사시간도 여유 있게 즐겨가며 시간을 보내는 경우가 흔하므로 레스토랑에는 여기에 걸맞은 메뉴가 구성되어 있다.

경우에 따라서는 파스타(pasta)류도 저녁 메뉴로 구성되기도 한다. 그러나 저녁 메뉴는 다양하고 시간과 비용 면에서 비싼 편이다. 대부분의 업소의 80% 이상이 일품요리(à la carte)를 제공하고 풀코스도 예전에 비해 축소되는 경향이 있다.

5) 스낵 메뉴(Snack menu)

18:00~22:00까지 저녁시간대에 제공되는 메뉴로서 점심 메뉴(luncheon menu)와 거의 같이 사용된다.

6) 나잇 메뉴(Night menu)

20:00~다음날 02:00까지 늦은 시간대에 제공되는 메뉴로서 주류와 안주류, 간단한 스낵 종류가 제공된다.

(4) 영업형태별 분류

영업형태별 분류라 하면 크게 레스토랑의 대분류에서 유흥음식점과 유흥주점 형태로 분류할 수 있으며 여기서 다시 전문음식점인가 특정 음식을 취급하는 음식점인가 일반 대중음식점인가에 따라 그 영업 형태에 적합한 메뉴를 구성한다는 특징이 있다.

1) 뷔페 메뉴(Buffet menu)

기본적으로 정식 메뉴(table d'hôte menu)를 화려하게 전시하여 고객이 원하는 메뉴를 직접 선택하여 자신의 좌석에 가져가 식사하도록 고안한 것으로 18세기 초 궁중연회에서 기원되었다. 카렘(Carême, 1784~1833)에 의해서 더욱 화려하게 연출되었고 얼음조각, 설탕 및 마가린 조각도 시도되기 시작했다.

한꺼번에 많은 고객을 맞이할 수 있어 단체관광객, 결혼식, 생일축하연회 및 특별행사에 많이 사용된다.

① 클래시컬 뷔페(Classical buffet)

일반적인 뷔페로 주로 저녁 식사에 찬요리, 더운 요리 등 여러 가지 요리를 테이블에 전시한다.

② 칵테일 뷔페(Cocktail buffet)

세미나, 연설회, 품평회, 전시회 등과 같은 모임에 적합하다.

③ 포크 앤 핑거 뷔페(Fork and finger buffet)

많은 인원이 적은 금액 또는 무료로 손이나 포크를 사용하여 입석한 채 시식할 수 있다.

2) 커피숍 메뉴(Coffee shop menu)

각국의 특징 있는 음식을 제공하는 영업장으로 메뉴는 영어, 일본어 그리고 한글로 표기하며 조식 메뉴(breakfast menu), 일품요리 메뉴(à la carte menu ; all year round menu), 오늘의 메뉴(daily special menu)가 제공되며 간혹 특선 메뉴(promotion menu)를 제공하기도 한다. 영업시간은 06:00~다음날 01:00까지 한다.

3) 룸서비스 메뉴(Room service menu)

객실에 투숙한 고객을 위한 영업장으로 각국의 특징 있는 음식을 제공하며 메뉴는 영어, 일본어, 한글로 표기하고 조식 메뉴, 일품요리 메뉴를 제공하고, 영업시간은 24시간 계속된다.

4) 펍 레스토랑 메뉴(Pob restaurant menu)

대개 유흥주점 형태의 식당으로 가벼운 경양식을 곁들여 칵테일 또는 생맥주 등을 판매하며 간단한 안주 등을 취급한다.

(5) 업태별 분류

업종별 분류라고도 할 수 있는데 크게 서양식 레스토랑과 동양식 레스토랑으로 구별하며 서양식 중에서도 프랑스 식당이나 이탈리아 식당 등을, 동양식에서도 한식당, 중식당, 일식당 등을 분류한다.

1) 프렌치 레스토랑 메뉴(French restaurant menu)

프랑스요리를 제공하는 영업장으로 메뉴는 불어와 영어로 표기한다. 정찬 메뉴, 일품요리, 오늘의 메뉴가 제공되며 간혹 특선 메뉴를 제공하기도 한다. 영업은 점심과 저녁에 하며 점심과 저녁 사이에 클로즈 타임이 있다.

2) 이탈리안 레스토랑 메뉴(Italian restaurant menu)

이탈리아요리를 제공하는 영업장으로 메뉴는 이탈리아어와 영어로 표기하며 메뉴의 종류와 영업시간은 프랑스 식당과 유사하다.

3) 코리안 레스토랑 메뉴(Korean restaurant menu)

한국요리를 제공하는 영업장으로 메뉴는 영어, 일본어 그리고 한글로 표기하고 조식 메뉴, 일품요리 메뉴가 제공되며, 간혹 특선요리를 제공하기도 한다. 영업은 점심과 저녁에 하며 점심과 저녁 사이에 클로즈 타임이 있다.

4) 차이니즈 레스토랑 메뉴(Chinese restaurant menu)

중국요리를 제공하는 영업장으로 메뉴는 중국어, 영어, 일본어 그리고 한글로 표기하고 조식 메뉴, 일품요리 메뉴, 오늘의 메뉴가 제공되며 간혹 특선 메뉴를 제공하기도 한다. 영업은 점심과 저녁에 하며 점심과 저녁 사이에 클로즈 타임이 있다.

5) 재패니즈 레스토랑 메뉴(Japanese restaurant menu)

일본요리를 제공하는 영업장으로 메뉴는 영어, 일본어 그리고 한글로 표기하고 메뉴, 일품요리 메뉴, 오늘의 메뉴가 제공되며 간혹 특선 메뉴를 제공하기도 한다. 영업은 점심과 저녁에 하며 점심과 저녁사이에 클로즈 타임이 있다.

3. 메뉴의 특성

(1) 상품의 특성

1) 보존상의 제약

미리 만들어 놓은 음식을 제공하는 것이 아니라 중간 가공되거나 예약 상황 등을 고려하고 주문에 따라 조리를 하여 즉시 서비스하는 시간적인 제약을 가지고 있기 때문에 식재료나 음식 자체의 품질유지 및 위생관리가 보존상의 제약이 되는 특성이 있다. 또한 식재료나 음식 자체의 품질유지 및 위생관리는 경영에 있어 상품의 원가 관리에 직접적인 영향을 미치므로 경영이익에 직결되는 문제이며, 외식 서비스 업체의 경영관리 활동에 전문적인 기술이 요구되는 주된 요인이기도 하다.

상품의 보존성 때문에 단기간 내에 판매하지 않으면 그대로 재고화할 수 없는 제약이 있으므로 정확한 수요 예측이 필요하다.

2) 장소와 시간적 제약

외식서비스 산업에 있어서 가장 문제가 되는 것이 장소와 시간적인 요인이라고 볼 수 있다. 고객이 밀리는 시간대에 한정된 장소와 시간을 어떻게 잘 활용하는가는 성공의 열쇠가 될 수 있을 것이다.

3) 식당의 설비와 이미지 또는 분위기 등의 영향

외식서비스산업의 이미지 또는 분위기는 고객만족과 재방문 의도에 밀접한 관계가 있으며 시설과 설비 또한 그 식당의 분위기를 고조시키는 데 지대한 영향을 미친다. 깔끔하고 청결하며 색다른 연출은 현대인들이 갈망하는, 즐기면서 식사하는 장소를 제공하게 된다.

(2) 생산적 제약

1) 동시적인 생산과 판매

일반 제조업과는 달리 외식산업의 서비스 품목인 메뉴는 현장에서 생산과 판매가 동시에 이루어진다. 즉석에서 고객의 주문(oder)에 의해 상품이 만들어져 즉시 판매되고 소비되는 특성을 가지고 있다. 메뉴는 일정한 시간이 지나면 상품의 맛과 질이 떨어져 상품의 가치를 저하시키는 요인이 되므로 순간적인 시간이 매우 중요한 요인이 된다.

2) 다품목 소량생산과 주문생산 판매

일반 상품은 정해진 품목을 일정한 규격과 표준에 의하여 대량 생산하지만 외식산업의 서비스 품목인 메뉴는 식당 내의 현장에서 다품목 메뉴 가운데 고객이 선택한 한정 품목을 주문한 양만큼 소량 생산하여 그 즉시 판매한다.

3) 수요예측의 어려움

소비자인 고객이 직접 식당을 방문하여 상품을 주문해야 생산이 이루어지기 때문에 계절, 지역 , 날씨, 고객층별로 식사의 수요 예측이 어려워 식재료를 구입하거나 상품을 제조하는 데 어려움이 따른다.

4) 인적 서비스의 높은 의존도

외식 서비스 산업은 기계적으로 이루어지는 부분은 극히 일부분이며 인적자원을 투여하지 않고는 생산이 불가능한 업종으로 타 산업에 비하여 각종 생산과 판매에 있어서 인적 의존도가 매우 높다.

Chapter 02

메뉴 기획과 계획

1. 메뉴 기획(Menu project)의 개념

메뉴 기획은 때로 메뉴 작성이라고도 하는데 고객에게 제공하는 여러 가지 음식에 대한 메뉴를 결정하는 것을 말하며, 고객의 욕구, 원가와 수익성과의 관계, 구입 가능한 식자재, 조리 시설의 수용력, 다양성과 매력도, 영양적인 요인을 모두 포함해야 한다.

메뉴를 작성할 때 기획은 필수적이며 각각의 과정에서 원칙에 입각한 세심한 기획과 주의가 요망된다. 메뉴는 조직의 다른 마케팅 활동을 보완해야 하며 특수한 마케팅 목적을 만족시킬 수 있도록 제안해야 한다. 그리고 성공적인 메뉴는 다음의 주요 목적을 만족시켜야 한다.

(1) 메뉴 기획의 목적

- 메뉴는 마케팅 컨셉(marketing concept)의 목표를 지향해야 한다.
- 메뉴는 경영의 지각된 이미지 확립에 기여해야 한다.
- 메뉴는 품목에 대한 고객의 수요를 증진시키는 수단으로서 존재해야 한다.
- 메뉴는 경쟁적 이점을 성취하는 수단이다.

(2) 메뉴 기획 전에 고려해야 하는 기초 요인

- 급식 대상자에게 필요한 열량과 영양량
- 인종이나 사회 환경의 차이에 따라 식습관이 달라 야기되는 기호성
- 피급식자들이 음식을 만족하게 먹도록 하는 식품의 배합과 조리 기술
- 식자재 원가에서 임금에 이르는 경제성
- 조리되어 배식될 때까지의 노동 시간
- 노동력과 필요 장비 등

(3) 메뉴의 기획 과정

메뉴 품목의 결정 순서를 정한다.

→ 각 식품군 간의 균형을 유지한다.

→ 메뉴를 다양화하여 요리를 구성한다.

→ 메뉴에 사용할 단어나 용어를 선택한다.

2. 메뉴 계획

메뉴 계획은 각종 요리와 그 기본 조리법, 서비스 방법에 대한 해박한 지식을 필요로 하는 과학인 동시에 예술이다. 즉, 음식의 영양가에 대한 이해와 음식의 복합 구성에 대한 심미안을 지녀야 한다. 카렘(Carême)은 정찬의 성공이 메뉴의 작성에 달려 있고 음식의 조리는 물론 완전해야 한다고 말했다. 어떤 다른 예술과 마찬가지로 메뉴 계획은 세심한 기획과 관리의 목적에 기본적으로 합당한가, 고객에게 만족을 주는가, 사용 인원의 가능한 수와 숙련도의 이용성 등 몇 가지 원칙을 준수해야 한다.

(1) 미식적 측면(Gastronomic aspects)

메뉴는 단편적으로 짜기보다는 전체적으로 조화롭게 짜서 음식의 색상, 재료, 질감 등이 다양성 있게 배합되도록 계획해야 한다.

(2) 경제적 측면(Economic aspects)

메뉴를 계획할 때에는 비용을 전혀 생각하지 않고 짜서는 안 되며, 식당과 고객의 수준에 맞도록 계획되어야 한다. 즉 고객에게 부담이 덜 되며, 주방에서도 원가에 맞게 계획해야 한다.

(3) 실제적 측면(Practical aspects)

식당, 주방, 설비 인원 등을 고려하여 정해진 시간 내에 음식을 조리하여 제공할 수 있는지, 서비스 형태에 맞는 메뉴인지를 확인하여 메뉴를 계획해야 한다.

메뉴 계획 시 고려해야 하는 가장 중요한 사항은 식음료 원가, 인건비, 경비 그리고 다양성이라 할 수 있다.

메뉴 계획은 모든 외식 식음 부분의 성공적인 운영과 관리에 있어 가장 중요한 과업 중 하나이므로 메뉴는 고객의 필요 또는 욕구의 충족과 조직의 목표를 달성할 수 있도록 계획해야 한다.

위에서 살펴 본 것을 요약해 보면 메뉴 계획을 할 때는 다음과 같은 사항이 중요하다.

- 주방 직원(조리사)의 특성을 살린다.
- 주방 설비와 공간 능력의 한계를 감안해야 한다.
- 주력메뉴, 보강메뉴, 중점메뉴, 임시메뉴, 보완메뉴의 균형을 결정한다.

- 입지에 따라서 자재 조달 능력을 고려한다.
- 칼로리, 염도, 색깔, 영양, 모양, 형태, 맛 등을 결정할 때 건강과 미용을 지향한다.
- 원가율과 이익률의 균형을 고려한다.
- 입지 지역의 특성에 대한 시장 조사를 실시한다.
- 판매 계획을 참고로 하여 작성한다.
- 계절 및 절기에 맞는 메뉴를 어필한다.
- 요리에 맞는 주류를 추천 권장한다.
- 어린이 메뉴도 몇 종류 준비한다.
- 자기 점포를 어필할 수 있는 독창적인 메뉴를 준비한다.
- 정식 메뉴(set menu)도 몇 종류 준비한다.
- 중식(점심), 저녁 등 시간대에 맞는 메뉴를 준비한다.
- 식재료 재고를 매일 파악하여 상품화할 수 있는 특별 메뉴를 준비한다.
- 식재료 공급사항을 미리 점검한다.
- 소비자들의 식생활의 변화에 대하여 주의를 기울여야 한다.

3. 메뉴 계획 시 고려할 사항

메뉴를 계획하는 데 있어 다음과 같은 사항을 고려해야 한다.

- 영업장의 형태
- 고객의 욕구 파악 및 성향분석
- 영양적인 배려
- 조리기구와 설비시설
- 조리인원
- 음식의 다양성
- 풍미의 조화
- 입지 및 시장 변화
- 연중의 호황기
- 예산
- 메뉴 용어
- 장기 계획

(1) 영업장의 형태(Type of institution)

영업장의 형태는 메뉴 계획 시 가장 먼저 고려해야 할 사항이다. 스낵 바(snack bar), 커피숍(coffee shop), 이탈리안 레스토랑(Italian restaurant) 등 그 식당의 형태에 맞는 메뉴를 구성해야 하기 때문이다.

(2) 고객의 욕구 파악 및 성향분석

메뉴는 음식을 먹는 고객에게 초점을 맞추어야 한다. 고객의 만족감을 충족시키기 위해서는 이용 고객층의 연령, 성별, 직업, 경제상태 등을 파악해 두어야 한다. 왜냐하면 이러한 요소들이 고객이 어떤 음식을 좋아할 것인가를 판단해주기 때문이다.

따라서 새로운 음식점을 계획할 때에는 잠재적인 고객의 그룹이 누구이며 또 그들이 어디에 살고 있는지 알기 위해 시장 조사를 하는 것이 현명한 방법이다. 기존의 음식점에서도 그러한 조사로 잠재적 고객을 발견하고 그들에게 접근하는 방법을 결정함으로써 이익을 얻을 수 있다.

현대적인 경향은 고객의 한 가지 특수한 유형에 맞추어 전체적인 운영, 메뉴, 서비스, 실내장식 등 그들의 흥미를 유발할 수 있는 판매 계획을 세우는 것이다.

(3) 영양적 배려

메뉴 계획에서 적용되는 영양적인 요소는 모든 사람들의 생활수준에 따라 다르며 대사과정에도 연령, 성별, 활동성에 따라 열량 요구량도 다르기 때문에 반드시 고려해야 한다. 특히 일반 사람들에게도 식품의 열량(calorie) 함유량에 대한 관심이 높아지게 되었다.

칼로리란 미터법의 단위로서 1g의 물의 온도를 1℃ 올리는 데 필요한 열량을 말한다. 영양학에서 사용되는 단위는 'Cal' 로서 물 1kg의 온도를 1℃ 올리는 데 필요한 열량이다. 이처럼 일정한 음식의 칼로리는 그 음식에 함유된 열이나 힘의 단위를 말하는 것이다. 만약 어떤 사람이 육체적인 활동을 통해 그가 섭취한 것보다 많은 양의 칼로리를 소모한다면 그의 체중은 떨어질 것이다. 그와 반대로 만약 그 초과량이 체내의 지방질에 축적되면 체중이 늘어나게 될 것이다.

매일 같은 사람들에게 하루 식사의 전부 혹은 대부분을 제공하는 메뉴를 계획하는 경우에는 균형 있는 영양식을 제공할 수 있다. 그리고 특이체질 혹은 건강식(health food)을 원하는 고객을 위한 메뉴도 포함되어야 한다.

1) 음식물의 분류

음식물은 일반적으로 5가지 요소로 분류하고 있다.

단백질(Protein), 탄수화물(Carbohydrate), 지방질(Fat),
무기질(Mineral), 수분(Moisture)

① 단백질

체세포의 성장과 회복을 유지하는 기능을 한다. 또한 음식에 탄수화물과 지방질이 부족할 때는 에너지를 공급하는 역할도 한다. 화학적으로 단백질은 아미노산(amino acid)으로 구성되어 있으며 우유, 달걀, 생선, 육류 등의 음식물에 많이 포함되어 있고 밀, 옥수수, 쌀, 밤 등에도 약간 포함되어 있다.

② 탄수화물

탄소, 산소, 수소의 복합물로서 신체에 열과 에너지를 공급한다. 탄수화물은 주로 식물성이며, 많이 함유되어 있는 음식물로는 쌀, 감자, 시리얼(cereals)과 밀가루 제품, 콩류와 다른 채소류 등이 있다.

③ 지방질

음식물로 공급될 수 있는 가장 압축된 에너지원이며, 음식물의 맛을 더해준다. 지방질은 옥수수, 땅콩, 올리브, 참깨 등의 식물성 기름과 버터, 마가린, 우유, 치즈, 달걀, 생선, 육류, 호두 등에 많이 함유되어 있다. 지방질은 신체의 여러 부위에 축적되며, 에너지의 원천인 동시에 추위를 막아주고 충격이나 상처로부터 보호해주며 몇몇 신체 기관을 둘러싸고 보호해준다. 일반적으로 그 물질이 실온에서 액체의 상태이면 기름이라 부르고 고체의 상태면 지방이라 부른다.

화학적 구조에 따라 지방질은 세 그룹으로 구분된다.

- 포화상태(saturated)
- 미포화상태(unsaturated)
- 극도의 불포화상태(polyunsaturated) 지방질이다.

포화상태의 지방질은 주로 쇠기름이나 돼지기름과 같은 단단한 동물성 기름이고, 미포화상태의 지방질은 주로 식물성 기름에서 나온다.

식물성 기름을 수소와 결합시키면 고체화되며 음식점에서 빵을 만들거나 조리할 때 많이 쓰이는 '경화 쇼트닝(hydrogenated shortening)'이 된다. 경화 쇼트닝을 프라이할 때 사용하면 경화되지 않은 지방보다 지방산으로 분해되는 속도가 느리고 보관하기가 훨씬 쉽다.

④ 무기질

수분, 비타민과 더불어 신체의 조절기능 요소로 불린다. 무기질은 혈관세포, 근육, 내분비선의 기능을 조절하는 물질로서 음식물이 에너지와 체력을 유지하는 데 가장 효과적으로 사용될 수 있도록 하는 것이다.

인체에 필요한 무기질은 13종이며 모두 음식물을 통해 섭취해야 한다. 그 외에도 신체 내에는 현재로는 그 기능을 알 수 없는 다른 무기질들이 있다. 음식물의 다른 요소와 비교할 때 무기질은 비교적 적은 양을 필요로 한다. 신체의 건강을 유지하는 데 꼭 필요한 것은 다음의 세 가지로 생각되고 있는데 그것은 칼슘, 철분, 요오드(iodine)이다.

신체 내 칼슘의 90%는 뼈와 이에 함유되어 있다. 칼슘이 부족하면 골격의 기형이나 충치의 원인이 될 수도 있다. 칼슘이 많이 함유된 음식물로는 우유와 모든 유제품, 조개, 달걀노른자, 연어, 정어리 뼈, 콩과 채소류이다.

철분은 적혈구를 유지시켜주는 중요한 역할을 한다. 철분이 결핍되면 혈액의 산소 운반 능력이 감소하는 원인이 될 수도 있는데 이런 상태를 빈혈증이라고 한다. 철은 동물의 간, 염통, 콩팥, 살코기, 조개, 달걀노른자, 말린 강낭콩이나 다른 콩류, 말린 과일, 통밀이나 색이 짙은 시리얼, 검은 당밀 등과 같은 음식물에 많이 함유되어 있다.

요오드는 음식물의 필수적인 요소이다. 요오드가 결핍되면 갑상선이 붓는 '갑상선종'이라는 병의 원인이 된다. 요오드가 많이 함유된 천연식품은 해산물과 요오드가 풍부한 토양에서 재배되는 채소류이다. 이런 음식물을 구할 수 없을 때에는 요오드염(iodized salt)이 좋다.

2) 수분(Moisture)

수분은 필수적인 음식물인 동시에 체액에 의해 운반되는 여러 가지 음식과 화학적 요소의 운반 수단이 되기도 한다. 특히 입안이 마르면서 일어나는 갈증은 체내의 탈수현상에 대한 위험신호이다. 영양학자들은 물 또는 액체를 마시거나 고체 음식물에 함유된 수분을 통해 하루에 평균 2.5쿼트(guart)의 수분을 섭취해야 한다고 말하고 있다. 대부분의 고체 음식물에도 많은 수분이 함유되어 있다.

3) 산소(Oxygen)

산소는 일반적으로 음식물로 생각되지는 않지만 음식물을 체내의 열과 에너지로 변화시키는 중요한 역할을 담당한다. 숨을 들이마실 때 산소는 허파로 운반되어 거기서 혈관으로 가게 되며 탄산가스로 바뀌어 숨을 내쉴 때 밖으로 나가게 된다.

산소는 체내의 여러 세포로 운반되어 에너지를 생성하는 역할을 한다.

4) 비타민(Vitamin)

비타민은 적은 양이지만 건강을 유지하는 데 꼭 필요한 유기적 복합물의 그룹을 구성한다. 비타민은 정상적인 신체의 기능을 발휘하는 데 필요하다. 그 외에도 비타민은 촉매작용을 하는데, 소화작용에 매우 중요한 효소의 작용을 촉진시킨다.

비타민은 내분비선의 분비물처럼 체내에서 만들지 못하며 음식물에서 섭취해야만 한다. 대부분의 음식물은 여러 가지 비타민을 함유하고 있지만, 어떤 음식물도 모든 종류의 비타민을 정상적인 필요량을 충족시킬 만큼 함유하고 있지는 않다.

현대적인 영양학의 연구로 여러 가지 비타민의 정체를 알 수 있게 되었으며 또한 이러한 복합물의 인공적인 합성이 가능하게 되었다.

비타민에는 두 종류가 있는데 지용성 비타민과 수용성 비타민이다. 지용성 비타민은 음식물의 지방질과 함께 흡수되어 체내에 적당량이 축적되는 성질을 가지고 있다. 이렇게 적당량이 축적되지 않기 때문에 그 고갈을 방지하기 위해 매일 음식물로 공급해 주는 것이 좋다. 수용성 비타민이 함유된 식품을 조리할 때는 물을 너무 많이 붓거나 너무 익히면 비타민이 파괴되므로 조심해야 한다.

(4) 조리기구와 설비, 시설

조리기구와 설비 및 시설은 메뉴 계획에 크게 영향을 미친다. 공간의 크기와 장비의 종류 및 수용능력은 조리사의 수와 음식의 가짓수를 결정해 준다.

만약 주방에 튀김용 냄비(deep fat fryer)가 2개뿐인데 그 중 하나를 매일 감자튀김(French fried potatoes)용으로 사용한다면, 메뉴에 2가지 혹은 그 이상의 튀김(fried) 품목을 넣는 것은 현명하지 못한 일이다. 메뉴 계획자는 조리기구의 한계를 늘 염두에 두어야 한다. 오븐의 크기와 작업능력도 고려해야 할 또 하나의 문제이다. 그러나 오븐으로는 생산 계획을 효과적으로 세우면 동시에 많은 일을 할 수 있다.

이 모든 것이 메뉴 계획자가 사용 가능한 조리기구와 그 한계성에 익숙해야만 한다는 사실을 지적해 주는 것이다. 또한 메뉴의 수요가 능력을 초과하지 않는지를 알아보기 위해 주방장과 지배인 사이의 긴밀한 협조가 필요하다는 것을 의미한다. 따라서 메뉴는 장비의 이용과 장비의 수에 따라 작업부담을 덜어줄 수 있는 한에서 계획해야 한다.

(5) 조리인원

정해진 시간에 조리 업무를 담당하도록 계획한 고용인의 수와 그들의 기술과 능력, 총 노동시간은 메뉴 계획을 조절하는 요소이다. 한두 명의 요리사를 고용하는 조그만 업소에는 그 메뉴가 간단하여 선택에 제한을 받게 된다. 반면에 규모가 큰 외식산업의 경우 그 기술과 업무수행 능력의 크기로 인해 메뉴를 제공할 수 있는 선택권이 늘어난다. 식품과 임금의 변동이 심해서 간단한 메뉴의 개발과 식품 생산제도의 품질관리를 증진시켜야만 한다. 미리 요리된 식품, 개별 포장된 고기, 가금류와 생선 제품, 가공채소, 혼합물과 동결식품 이용의 추세는 메뉴 작성자에게 생산단계의 업무 부담을 줄이는 데 도움을 주고 있다. 현명한 메뉴 계획자는 시간을 소비하는 일과 마지막 요리에서 소요되는 시간을 예상하여 적절하게 메뉴의 수를 정하여 고용인 개개인의 부담을 덜 수 있다. 균형 잡힌 작업 계획은 품질수준 관리에 중요하며 작업자의 사기를 증진시켜 준다.

(6) 음식의 다양성과 조화

매일 같은 고객을 상대로 하는 음식점이나 식음료 서비스에서는 다양성이 필수적인 요건이다. 어떤 식음료 서비스를 막론하고, 아무리 메뉴가 한정되고 고객이 바뀐다 하여도, 서비스하는 음식은 식욕을 돋우어 줄 수 있도록 제공해야 한다. 이것은 메뉴 계획자에게 문제점을 부과하는 것이지만 한편으로는 창조적인 상상력과 연구심을 발휘할 수 있는 기회를 주는 것이기도 하다.

보편적 식음료 서비스 메뉴의 대부분을 이루고 있는 음식의 종류는 비교적 적은 편이다. 예를 들어 대중적인 식당에서 제공되는 음식의 40% 정도를 차지하는 육류는 쇠고기, 돼지고기, 양고기, 송아지고기, 조류 혹은 해산물이다. 그리고 이러한 재료들의 조리법은 끓이기(boiling), 데치기(blanching), 조리기(poaching), 찌기(steaming), 튀기기(deep fat frying), 볶기(sauteing), 굽기(broiling, grilling), 그라탱(gratinating), 베이킹(baking), 로스팅(roasting), 브레이징(braising), 글레이징(glazing), 프왈레(poeler), 스튜(stewing) 등을 사용하고 있으며, 또한 다양한 색과 형태 그리고 음식의 종류에 따라서도 달라진다. 조리의 기본적인 형태는 단일 메뉴의 종류에 의해서만 결정하는 것이 아니라 조리법에 따라 달라질 수도 있고 매일 달리 준비할 수도 있다. 그리고 사람의 눈길을 끄는 데 효과적으로 음식의 색깔을 내기 위해 사용하는 가니쉬(garnish)와 접시의 테두리 장식의 색깔을 조화시킬 수 있도록 메뉴의 다양성을 잘 고려해야 한다.

(7) 풍미의 조화

풍미의 조화는 음식의 맛에 영향을 주는 가장 중요한 요소이다. 여러 종류의 풍미를 이해하고 효과적으로 활용하려면 4가지 기본 맛(단맛, 짠맛, 신맛, 쓴맛)뿐만 아니라 재료의 독특한 향과 제철 수확기를 고려해야 한다.

향기는 다양성을 이룩하는 데 놀라울 만큼 크게 기여한다. 종종 맛과 혼동되기도 하는데, 향기란 실제로는 3가지 종류의 감각적 자극의 복합체이다. 맛, 방향, 촉각 혹은 감각적 요소가 혼합된 것이다. 입과 혀의 맛 촉수는 앞서 말한 네 가지 맛밖에 느낄 수 없다. 입안에 있는 감각 촉수가 페퍼민트(peppermint)처럼 시원한 음식인지, 설익은 감처럼 떫은 음식인지, 후추처럼 톡 쏘는 맛인지, 마늘처럼 얼얼한 맛인지, 또는 대황(rhubarb)처럼 '이에 묻어나는' 음식인지를 느끼게 해 준다. 코 또한 양파의 얼얼한 맛과 같은 감각을 느끼게 해 준다. 코 안의 상부에 있는 후각 대를 통해 향기를 느끼는 데 있어 맛이나 감각보다 방향이 더욱 중요한 역할을 한다.

정상적인 인간은 200,000가지 이상의 냄새를 구분할 수 있다고 화학자들은 말하고 있다. 그중 많은 냄새는 음식이 아닌 화학약품에서 생겨난 것이지만 훌륭한 메뉴 계획자는 향기의 대조를 통해 여러 가지 다양한 풍미를 창조할 수 있다.

향기의 대조는 정식에서 순서에 따라 나오는 각각 다른 음식에서도 찾을 수 있지만, 한 접시에 담긴 각각의 식재료에서도 발견할 수 있다. 돼지고기와 같이 기름기가 많은 육류는 애플소스처럼 신맛이 나는 조미료와 함께 서비스하고, 칠면조는 크랜베리 소스와 함께 구운 햄 파인애플 링을 곁들여 서비스하는 것이 향기를 대조시키는 방법의 실례이다.

(8) 입지 및 시장 변화 예측

교외, 번화가, 오피스가, 관광지, 주택가 등 입지조건에 따라 고객이 결정되기 때문에 입지조건을 고려한다. 주변 환경 경쟁을 파악하여 차별화 전략을 모색하고, 주변에서 경쟁력 있고 인기 있는 메뉴인지 파악하는 등 시장 변화에 민감해야 하며, 경기 순환에 따른 고객의 지불능력도 고려하여 계획해야 한다.

(9) 연중 호황기

연중의 계절은 음식의 선호에 영향을 준다. 추운 계절에는 중량음식(chowder, roasts and rich pastries 등)의 소비량이 증가한다. 더운 여름날에는 차가운 수프나 전채, 신선한 샐러드, 얼리거나 차가운 디저트와 차가운 뷔페 등이 인기이다. 뜨거운 음식을 좋아하는 사람을 위한 메뉴를 한두 가지 포함시킬 수도 있다. 특정 장소에서 특정 음식의 이용 가능성은 계절과 함께 변하게 된다.

일부 지역에서는 성수기에 따라 식품을 다양하게 구입할 수 있다. 계절식품이 시장에 나와 있으면 뷔페에는 계절식품이 최대로 많이 사용된다. 이런 시기에 구입한 식품은 질 면에서 최고이며 가격은 최저이므로 질이 좋은 식자재의 공급으로 특색 있는 음식을 만들어 이익을 남길 수 있을 것이다. 신선한 채소류는 가을철이, 버찌(cherries)는 봄철이, 바다가재는 여름철이 성수기이다. 그러나 수송과 배급, 저장수단의 발달에 따라 반대로 '제철이 아닌 음식'을 활용해 메뉴에 활력을 불어넣어 줄 수도 있다.

특히 전통적인 특징을 가진 음식과 휴일에 적당한 음식명은 특별히 메뉴에 관심을 돋우어 주는 요소이다. 그 예로는 발렌타인 데이(Valentine's day), 부활절(Easter), 추수감사절(Thanksgiving day), 크리스마스 등이 있다. 그 외에도 지역에 따라 오랜 관습으로 내려온 여러 가지 휴일을 위한 음식이 있다. 예를 들면 뉴잉글랜드 지방에서 독립기념일에 먹는 전통적인 음식은 싱싱한 연어와 완두이다. 유태인들은 그들의 유월절을 축하하기 위해 맷죠즈(matzoth : 발효시키지 않은 비스킷)를 먹는다. 이러한 휴일들은 훌륭한 메뉴 계획지로 하여금 축하행사에 특별한 음식을 적절히 준비할 수 있는 기회를 마련해주고 평범한 음식을 휴일의 화려한 옷으로 성장시킬 수 있는 기회를 주는 것이다.

(10) 예산

예산은 수입금액과 예상수입을 기준으로 각과의 수입금액에서 비용이 차지하는 비율을 결정하는 것이다.

먼저 영업장의 추정수입을 산출해야 한다.

1) 영업 추정수입

식당의 영업 추정수입 계획은 식당의 규모가 정해지면 그 규모에 따라 식탁을 배열하고 좌석 수를 결정한다. 다음 공식을 적용시켜 영업 추정수입을 산출한다.

좌석수 × 만석률 × 회전율 × 평균단가 × 영업일수

① 좌석수

영업장의 좌석총수를 합한 수이다. 1개의 표준규격(90×90cm)의 식탁은 4인 기준으로 설정하지만, 코너 혹은 서비스 통로에 있는 식탁은 고객이 전부 사용할 수 없기 때문에 이런 경우에는 4인석으로 계산하지 않고 2인으로 계산한다.

② 만석률

만석률은 좌석의 빈 공간이 많으냐 적으냐에 따라 결정된다. 영업장에 따라 2인용 혹은 3~4인용 식탁에 좌석이 배치되어 있으므로 동행하는 고객의 수에 따라 배치된 좌석의 일부를 사용하지 못하는 경우가 발생하게 된다.

이와 같이 고객의 수에 따라 사용되는 좌석을 기준으로 수입의 규모를 산정하는 것이 만석률이다. 배열된 식탁의 좌석 수에 따라 동행고객의 수가 일치하여 전부 사용되면 100%의 만석률을 적용할 수 있으나, 보편적으로 만석률은 약 60% 전후로 계산한다.

③ 회전율

회전율은 영업장의 좌석을 고객이 1회 혹은 2회 사용하는 것을 말한다. 조식과 중식, 석식에 따라 회전율을 달리하는데 이는 영업시간과 메뉴의 종류와 밀접한 관계가 있다. 코스가 많은 메뉴는 고객의 식사시간이 길어지므로 시간이 많이 소요되기 때문에 회전율이 떨어지나, 영업시간이 긴 저녁시간대의 경우에는 회전율이 높아진다. 따라서 보편적으로 조식의 회전율은 1~2회, 중식은 1회, 석식은 1~2회로 산정한다.

④ 평균단가

평균단가는 영업장 전체 메뉴의 가격을 합산하여 메뉴의 수대로 나눈 것을 말한다.

⑤ 영업일수

영업장의 영업일수를 합산한 것으로, 국경일 혹은 공사 등으로 영업을 하지 않은 경우는 포함하지 않는다.

⑥ 계산

• 좌석수 : 80석 • 만석률 : 80%(0.8)
• 매식 : 2회전 • 평균단가 : 9,000원 • 영업일수 : 25일

위와 같이 산출되며 여기서 이용률이 증가하면 이익률도 상승된다. 그러나 처음부터 이용률을 너무 높게 산정하지 말고 일단 영업을 개시한 후 점차 조정해 나가는 것이 좋다. 이러한 산출방식으로 조식, 중식, 석식을 각각 산출하여 합산하면 일일 매출 예상을 할 수 있고, 이를 기준으로 주 단위, 월 단위, 연 단위로 산출하여 예산을 편성할 수 있다. 그리고 이와 같은 계산방법으로 다른 영업장에도 적용하여 추정수입을 산출한다.

2) 예산에 포함할 사항

잠정수입의 주 급원인 음식 판매가는 노임과 운영비가 모두 포함되어야 한다.

경영 관리자는 각과의 수입금액에서 비용이 차지하는 비율을 결정해야 한다. 메뉴는 설정된 음식원가 비율에 따라서 계획해야 하고 이 비율을 유지하기 위해서는 매일의 음식 원가를 계산하고 표준 조리법을 마련하여 사용하며, 원재료 식품과 가격을 조정할 필요가 있다.

매일의 음식원가는 창고의 구매와 청구서에 기준을 둔다. 표준화된 조리법은 식품원가관리를 성공적으로 해내기 위해서는 필수적이다. 이 조리법에는 전체 원재료 식품원가와 개인당 음식원가를 기재해야 하며 작성자는 최근의 원가를 확보하고 파악해 두어야 한다. 이러한 시스템을 이용하지 못하면 원가관리와 품질관리에 차질이 발생한다. 개인당 음식량의 관리는 미학적이고 경제적인 측면에서 필요하며, 그 양을 표준화하여 적정 원가를 초과하거나 재료를 낭비하는 일 없이 여러 종류의 음식을 즐길 수 있도록 한다.

(11) 메뉴 용어

메뉴의 철자 규칙은 다음과 같은 법칙을 따라야만 한다. 이른바 국제메뉴는 명사의 첫 글자와 추상명사를 대문자로 써야 하고 그것은 어떠한 경우도 변하지 않는다.

1) 메뉴 스펠링 표준에 대한 참고서적

① 불서 : 「Larousse Gastromique」

② 영서 : 「Oxford conscise and Webster international dictionary」

2) 프랑스 메뉴에서는 줄의 첫 글자를 제외하고 모든 단어는 소문자로 써야 한다. 고유명사, 추상명사, 지역이름, 지명은 명사로 사용될 때만 대문자로 쓴다.

- Potage parisienne
- Asperges du Valas(지명)
- Entrecôte Café de Paris(장소명)
- Émincé Touring(추상명사)
- Coupe Melba(고유명사)

3) 'à la' 나 'à la mode de'

영어로 해석하면 'style' 이란 뜻이며, 우리말로는 '~식' 으로 옮겨진다.

- Russian style, Milanese style, Viennese style, Charterhouse style

메뉴의 반복을 줄이기 위해 가능한 적게 사용해야 한다.

① à la : 다음과 같은 의미로만 쓰인다.

㉠ À la façon de(du, de, la) : ~식의, ~처럼
㉡ À la mode de : ~풍의, ~에서 유행하는
㉢ À la manière de : ~처럼, ~식의

이것은 음식 이름에서 사용된다.

- Épinards la crème(음식 이름) : 시금치 크림 소스
- Risotto à la turque(à la manière) : 터키식 리조또
- Sole à l'italienne(à la mode) : 이탈리아식 혀가자미요리
- Truite à la brunoise(à la façon) : 브르노아식 송어요리

따르는 명사가 모음으로 시작할 때 모음충돌의 회피를 위해 à l' 로 모음 축약되기도 한다.

- Ravioli à l'italienne : 이탈리아식 라비올리
- Pêche à l'impératrice : 복숭아 칵테일

때때로 지역이나 장소의 이름과 함께 사용한다. (의심이 갈 때는 'à la' 를 생략할 수도 있다.)

- à la mode de Caen : Caen 지방식의
- Ravioli à la milanaise or Ravioli milanaise : 밀라노식 라비올리

② À la : 사람에 대한 명예나 칭호로 사용되는 고유명사와 함께 쓰이지 않는다.

- Tournedos Rossini : 거위 간을 곁들인 소 안심 스테이크
- Pêche à l'Melba : 피치 멜바
- Poularde pochée Demidoff : 데미도프식 닭고기요리

③ À la, au, aux : 'à la' 가 따르는 명사의 성에 따라 변화하기 때문이다.

- Spaghetti à la crème(여성명사가 뒤따를 때) : 크림 스파게티
- Spaghetti au fromagé(남성명사가 뒤따를 때) : 치즈로 맛을 낸 스파게티
- Spaghetti aux morilles(복수명사가 뒤따를 때) : (삿갓)버섯 스파게티

④ 형용사로서의 'à la' 는 생략된다. 'à la' 가 생략될 때 그 형용사는 여성을 나타내기 때문에 'à la mode' 대신에 'à la' 를 사용하기도 한다.

- Potage parisienne : 파리식 포타주

예외로 음식이름을 뜻하는 경우 형용사 'à la' 는 뒤따르는 명사와 같은 성을 취한다.

- Saumon fumé suédois(Swedish smoked salmon : 스웨덴식 훈제 연어)
  → Saumon fumé à la suedoise(à la mode)

4) 러시아어 고유명사 철자에서 일반적으로 'ov' 나 'of ' 로 끝나는 어미는 모두 'off ' 로 끝난다.

- Demidoff, Malakoff, Stronganoff

5) 영어철자의 대문자와 소문자는 고유명사나 지역명칭을 제외하고 모든 것은 소문자로 쓴다.

- Swiss cheese, Peter the great

① 고유명사에서 모든 형용사들은 대문자로 쓰인다.

- English style, French dressing, Parisian steak, Victorian pies

② 영국과 프랑스에서 판매되는 음료는 Grand Marnier, Campari, Canadian Club, Courvoisier, Martell 등과 같은 상품명을 제외하고는 소문자로 쓴다.

- 올바른 표기 : Omelet with rum(영), Omelette au rum(프)
- 예외 : Omelet with Grand Marnier(영), Omelette with Grand Marnier(프)

6) 모든 용어에 적용되는 규칙

① 철자의 오기 : 메뉴 표기의 오류는

㉠ 불서 : 「Larousse gastronomique and Larousse」

㉡ 영서 : 「Oxford conscise and Webster international dictionary」나 뒤샹(Duchamp), 제닝(Jenning)이 저술한 「Menus Translated For You」라는 메뉴 해설서를 사용하면 피할 수 있다.

② 국적 : 메뉴명은 관련된 나라의 언어로 쓰는 것이 원칙이며 국제적인 요식업소는 프랑스어로 표기해야 한다.

③ 메뉴의 표기 : 메뉴의 배치와 철자는 오류가 없어야 한다. 단어는 대칭으로 써야 하고 새로운 줄은 왼편의 빈칸부터 시작해야 한다.

④ 새로운 줄 : 일반적으로 첫 줄의 첫 글자는 대문자이나, 요리 이름이 길 경우는 예외이다.

- Roast saddle of venison with game sauce
- Selle de chervil roti chasseur

⑤ **메뉴의 단순표기** : 메뉴는 항상 고객 1인을 기준으로 하여 작성 및 표기한다.

⑥ **일인분의 양**

만일 손님들이 음식의 한 조각씩만 제공받는다면 그것은 단수로 서술해야 한다.

- Leg of lamb, boulangere style
- Gigot d'agneau, boulangere

음식을 최소한 두 조각 이상 각 손님에게 제공한다면 그것은 복수로 표기해야 한다.

- Fillets of golden trout, bonne femme style
- Fillet de Rouget bonne femme

⑦ **각각의 코스 분리** : 각 코스는 줄이나 칸을 분명하게 분리시킨다.

⑧ **줄 끝에서 나뉘는 설명** : 함께 속하는 서술적인 단어는 줄 끝에서 줄을 바꾸지 말고 계속 써준다.

- Fillets de sole, bonne femme style
- Filles de sole bonne femme

⑨ **축약** : 메뉴에서 사용되는 축약은 거의 없다. 예를 들면 'sauce' 대신에 'sc', 혹은 'fresh' 대신에 'fr.' 등으로 표기할 수 없다.

⑩ **고유명사** : 전통적인 요리이름인 고유명사는 해석하지 않도록 하고 설명에 사용하는 'a la' 나 'style' 의 형태로도 사용하지 않는다.

- Ice Coupe Melba
- Coupe Melba

⑪ **민속음식** : 잘 알려진 민속음식은 어원 그대로 표기한다.

- Minestrone
- Ravioli
- Welsh rarebit

⑫ **이중서술** : 요리의 기본명에 음식의 설명이 포함되어 있다면 그것을 다시 반복 묘사할 필요는 없다.

- Fère meuniere
- Irish stew
- Roast prime rib of beef

(12) 장기 계획

메뉴는 단순하게 계획하는 것이 아니라 장기적인 안목을 가지고 해야 한다. 메뉴는 한 번 바꿀 때마다 많은 비용이 들뿐만 아니라 잘못된 메뉴로 인하여 경영에 막대한 지장을 초래하게 되므로 장기적인 계획을 세워야 한다.

특히 연중 메뉴(all year round menu)의 단점을 보완하기 위하여 실시하는 계절 특선 메뉴(promotion menu), 오늘의 메뉴(daily special menu)는 일별 판매량, 판매금액 등을 분석하고 기록하여, 손님에게 인기 있는 품목은 메모해 두었다가 메뉴를 바꿀 때 새 메뉴에 삽입하는 것도 좋은 방법 중의 하나이다.

그리고 연중 메뉴의 변경, 특선 메뉴 계획(promotion plan) 등은 연간 메뉴 일정 계획을 작성하여 실시하는 것이 좋다.

4. 메뉴 계획의 기교

주간 메뉴를 작성하기 위해 큰 종이를 준비해서 가로 난에는 날짜를 표시하고 세로 난에는 식사를 표시한다. 공공기관의 경우 식사 중간에 커피나 스낵 또는 자양물(nourishments)을 제공하면 가로 난이 더 필요하게 될 것이다.

아침 식사의 메뉴는 간단히 작성할 수 있다. 과일이나 주스, 시리얼, 과자류 또는 팬케이크(pancakes)나 토스트(toasts) 그리고 달걀이나 육류 등의 제공할 음식물에 간단히 연필로 표시해 넣을 수 있을 것이다. 최근에는 포장된 시리얼과 꿀(honey), 잼(jams), 젤리(jellies)등 편리하게 사용할 수 있는 식재료와 조미료 등이 널리 유통되고 있다. 이러한 것들은 노동력을 절약하고 낭비를 줄일 수 있는 동시에 고객들로 하여금 여러 가지 다양한 품목을 선택할 수 있게 해준다. 분량이 미리 정해져 있기 때문에 정확한 단위 식품의 원가를 산출해 낼 수 있다.

점심이나 저녁 식사의 계획에는 메뉴 작성자의 기술과 지식이 필요하다.

우선 각 날짜와 때의 주요 앙트레를 선정한다. 각 앙트레에 적합한 채소를 첨가한다. 선정된 주요 앙트레에 주스(juice), 수프(soup), 전채(appetizer), 후식(dessert) 등이 첨가될 수 있다. 매일 기본 제공하는 음료수에 대해서도 마찬가지이다.

다음 주의 메뉴를 계획할 때에는 계속해서 메뉴에 올라 있는 여러 가지 음식의 판매 숫자를 알아보기 위해 최근 몇 주간의 기록을 참조하는 것이 좋다. 바로 전 주의 메뉴도 참고로 해야 한다. 메뉴 작성자들이 메뉴를 계획할 때에는 고객의 기호, 수익성, 구입 가능한 식품, 조리기구의 한계성, 다양성, 필요한 경우 영양의 균형 등 여러 가지 요소를 늘 명심해야 한다.

(1) 주기적 메뉴

많은 식음료 서비스에서는 2주~6주 혹은 그 이상의 일정한 기간 중의 주요 앙트레를 정해 놓은 주기적 또는 기본적 메뉴를 사용한다. 일정 기간이 끝나면 다시 그 주기가 반복된다. 주기적 혹은 기본적 메뉴는 기후나 시장조건에 항상 정확하게 적용할 수는 없다 하더라도 특히 뷔페식당에서는 유용한 지침임은 틀림없다.

(2) 대체기능

메뉴는 지침(guidelines)이어야지 구속(strait jacket)이 되어서는 안 된다. 이 말은 항상 어느 정도의 융통성이 있어야 한다는 뜻이다. 기후가 갑자기 변한다거나, 과일이나 채소가 시장에 대량으로 공급될 때 혹은 육류의 가격에 변동이 생겼을 때에는 이미 정해진 메뉴에 어떤 품목을 더하거나 뺄 수도 있을 것이다.

메뉴에 이러한 변화가 생겼을 때 메뉴 계획자는 모든 관련 부서, 구매, 주방, 식당 운영진에게 이 사실을 즉시 알려야 한다.

(3) 단일화 또는 간단한 메뉴

최근 간단한 메뉴를 사용하는 경향이 늘어나고 있다. 메뉴를 간단히 하는 극단적인 예로서 햄버거, 프라이드 치킨, 팬케이크, 도넛과 커피 혹은 생선과 칩 등과 같이 한 가지 음식만 취급하는 특수 음식점이 늘어나고 있다.

메뉴를 간편하게 함으로써 디자인과 설계의 비용을 절약하고 적은 운영비로 최대의 관리효과를 얻을 수 있다.

전에는 많은 음식점들이 여러 가지 앙트레를 복잡하게 나열하는 것을 자랑으로 여겼다. 주문 받은 음식을 조리해서 천천히 식사할 수 있는 호화로운 음식점에서는 여전히 그러하다. 그러나 이러한 형태의 서비스는 다재다능한 주방장과 직원들을 필요로 하게 된다. 오늘날 많은 음식점들은 다방면의 조리기능이 월등한 조리사를 가지고 있지 못하다. 더구나 준비하고 조리할 앙트레가 많을수록 각각에 쏟는 주의력이 분산되어 전체적인 요리의 질이 떨어질 수 있다. 한 명의 조리사가 몇 가지 품목에만 집중할 수 있는 조건을 만들면 조리의 질을 개선할 수 있고, 동시에 남는 식품 재료로 인한 낭비를 최소한으로 줄여 음식의 원가도 절감할 수 있다.

메뉴 카드에 기재된 모든 음식을 살펴보고 생각하는 데 시간을 낭비할 고객은 별로 없다. 긴 메뉴는 혼동하기 쉽고 때로는 고객을 당황하게 만들 수도 있다. 간단한 메뉴는 고객을 즐겁게 해 준다. 단일 메뉴를 사용하는 식당에서는 이러한 점을 이용하여 분명하고 읽기 쉬운 메뉴를 만들 수 있으며 고객의 눈길을 끌어 판매를 촉진할 수 있다. 그러나 지나치게 간단한 메뉴는 선택의 폭을 좁게 하므로 효과적인 메뉴 디자인에 신경 써야 한다.

미리 조리된 냉동 앙드레와 전자 또는 진공 포장된 봉지에 넣은 채 끓이는 것과 같이 다시 익히는 방법의 사용이 증가함에 따라 전과 같이 낭비에 의한 손실이 없이 많은 양의 앙트레를 운반할 수 있게 되었다.

(4) 팀 운용 메뉴 계획

매일 혹은 매주 일상적인 메뉴 계획을 작성하고 또한 그에 대한 책임을 지는 것이 개인에게는 부담이 되므로 메뉴 작성자를 도와줄 사람을 배정하여 그 짐을 덜어주고 새로운 아이디어의 출처를 크게 넓힐 수 있다. 보통 2인 또는 그 이상이 1개월 정도씩 교대로 메뉴 계획에 관여한다. 그 팀은 통제하기 어렵지 않도록 3인 혹은 최대 5인 이하로 구성해야 한다. 주방, 구매, 혹은 서비스 종사자의 대표를 뽑아 그 팀을 활용할 수도 있다. 그렇게 함으로써 팀원들이 메뉴 작성의 문제점을 깨닫게 할 수 있으며 때로는 귀중한 의견을 제시하도록 한다. 고객들을 가까이서 접하는 직원들도 때로는 훌륭한 아이디어를 제공할 수 있다. 구성원을 선출하는데 있어서 신중을 기해야 하나, 적절하게 운영하면 그 팀의 구성원은 모든 사람들에게 인정을 받게 될 것이고 그 조직의 전체적인 사기 진작에도 도움이 될 것이다.

(5) 어린이용 메뉴

가족동반 고객을 중요시하는 음식점에서는 보통 어린이들에 대한 급식에 중점을 두게 되는데 그 까닭은 어린이들이 부모를 동반하고 오기 때문이다. 12세 이하의 어린이들에게는 보통 분량이 적은 음식을 제공하게 되며 따라서 값도 저렴하다. 어린이들은 포테이토 칩(potato chips), 통 옥수수(corn on the cob), 프렌치 프라이(french fried potato : 감자튀김), 당근 스틱(carrot sticks), 팝콘(popcorn) 등과 같이 바삭바삭한 감촉을 느낄 수 있는 것들을 좋아하고 손가락으로 집을 수 있는 과일과 채소 조각이 들어 있는 샐러드도 좋아한다.

어린이용 메뉴는 간단하고 색깔이 다양하며 적은 분량의 음식을 접시에 다채롭게 담아서 제공하는 특색이 있어야 한다. 접시에 음식을 너무 많이 담으면 식욕을 저해하는 경향이 있다.

어린이용 메뉴는 또한 부모들의 흥미를 끌 수 있어야 하는데, 그 까닭은 보통 부모들이 음식을 선택하는 것을 도와주고 어린이들에게 필요한 영양에 관심을 가지고 있기 때문이다.

어린이용 메뉴 카드는 동요나 동물 이야기의 주제를 그림으로 그려 호기심을 끌게 할 수도 있다. 어린이들이 좋아하는 헬로우인, 크리스마스, 부활절 등의 명절에 맞도록 음식과 메뉴를 장식할 수도 있다.

5. 메뉴의 구성과 배열

메뉴의 구성과 배열은 동서양식 또는 고급 레스토랑이나 경양식 등을 막론하고 그 레스토랑에서 판매하고자 하는 메뉴를 차림표에 표기할 때, 그 구성은 가장 정통적인 정식(classical formal dinner) 식사의 순서에 따라 각 순서마다 요리 품목을 몇 가지씩 명시하는 것이 상식화되어 있다. 즉 메뉴판 맨 위쪽에 전채(appetizer)류를 나열하고 다음에 수프(soup)류와 샐러드(salad)류, 다음에 생선 요리(seafood)와 주 요리(entrees), 다음에 후식(desserts)류, 음료(beverage)는 맨 나중에 표기한다.

서양조리에서 각 코스에 흔하게 사용하는 식재료의 용도와 명칭 그리고 용어 해설을 나열해 보면 다음과 같다.

(1) 오르되브르(Hors-d'oeuvre ; Appetizer : 전채)

1) 찬 오르되브르(Cold hors-d'oeuvre)

오르되브르는 '~밖에, ~외에' 라는 뜻의 hors, '~의' 를 뜻하는 de, '작품 또는 요리' 라는 뜻의 oeuvre가 조합된 용어로 '주 요리(entree) 외의 요리' 로 풀이할 수 있다. 에스코피에(Escoffier, 1846~1935)는 식사하기 전에 내는 요리로 첫눈에 고객의 관심과 기호를 만족시켜야 한다고 지적했다. 오르되브르는 소량이어야 하고 식욕을 돋우어 주기 위해 색과 모양이 돋보이게 한다. 침의 분비를 촉진시켜주는 신맛, 짠맛을 가미해도 좋다. 세계적으로 유명한 전채요리는 거위 간(foie gras), 송이버섯(truffle), 철갑상어 알(caviar)을 들 수 있는데 철갑상어 알의 종류는 벨루가(béluga), 말로솔(malosol), 오세트라(osietra)로 나누고 가격이 비싸 모조 알을 내기도 한다.

다음은 전채요리에 많이 사용하는 식재료들이다.

① 해물류(Seafood)

㉠ 정어리(Anchovy) : 정어리 절임(올리브오일에 절인다)
㉡ 청어(Herrirg) : 청어 절임(올리브오일에 절인다)
㉢ 바닷가재(Lobster) : 샐러드
㉣ 철갑상어 알(Caviar) : 알젓
㉤ 큰새우(Prawns) : 새우 칵테일, 마리네이드(marinated), 무스(mousse)
㉥ 해산눌(Sea food) : 해산눌 모듬 마리네이드(marinated)
㉦ 훈제장어(Smoked eel)
㉧ 훈제연어(Smoked salmon)
㉨ 송어(Trout) : 구이, 아스픽(aspic)

② 육류(Meats)

육포(dried meats), 거위 간(foie gras), 무스(mousse), 테린(terrine), 햄(ham), 파테(pate), 살라미소시지(salami sausage) 등이 있다.

③ 카나페(Canapés)

식빵조각을 노릇하게 구운 다음 수프레드(겨자버터, 마요네즈)를 바르고 그 위에 캐비어, 훈제연어, 거위 간, 앤초비(anchovies), 새우, 달걀, 햄, 소 혀(ox torgue), 살라미소시지, 그뤼에르 치즈(Gruyère cheese), 아스파라거스 등을 가니쉬로 올린다.

④ 샐러드(Salads)

러시안 샐러드, 소 혀, 오이 샐러드, 감자 샐러드, 토마토 샐러드, 사탕무 샐러드, 꽃양배추 샐러드, 셀러리, 적채(red cabbage) 등이 있다.

⑤ 트리밍(Trimmings)

양파 절임(pickled onion), 피클류(vinegar pickles), 올리브(olive), 래디쉬(radishes) 등을 사용하며, 그밖에 크래커(crackers), 멜바 토스트(Melba toast), 비스킷(biscuit), 감자 칩(potato chip)등이 있다.

찬 오르되브르(Cold appetizer) 예

- Thinly sliced prosciutto ham with musk melon
- Smoked salmon, caviar, and asparagus
- Lobster salad balsamic dressing
- Goose liver terrine with port wine jelly and Melba toast
- Salmon and halibut terrine with dill dressing
- Shrimp cocktail
- Terrine of leek with lobster and a truffle vinaigrette
- Prosciutto wrapped prawns with mimosa salad
- Beef capaceio and arugula mixed olive oil balsamic
- Chilled seafood and Korean vinaigrette
- Ducking galantine with Cumberland sauce
- French goose liver terrine with truffles
- Iranian malossol caviar, served with vodka and blinis
- Smoked salmon and sturgeon with sauerkraut
- Chilled tomato mousse with basil
- Halibut parfait with lobster tail
- Fresh shrimps with heart of palm

2) 더운 오르되브르(Hot hors-d'oeuvre)

일반적으로 수프(soup)다음에 제공된다. 앤초비(anchovy), 달팽이(escargot), 바케트(barquettes), 키쉬 로렌(quiche lorraine), 라비올리(ravioli), 튀긴 굴(fried oyster), 식용 개구리 다리(frog legs) 등이 사용된다.

더운 오르되브르(Hot appetizer) 예

- Sauteed snail with herbs and garlic butter
- Pork tenderloin and grill mushroom, snail, cheese
- Oven roasted quail breast and gilled zucchini
- Oven baked fillet of salmon with risotto and curry sauce
- Feuillete of scallops, tomato and sweet basil
- Poached scallops in chabis and saffron
- Puff pastry with veal sweetbread and assorted mushrooms
- Oysters baked on spinach leaves, glazed with creamy cheese sauce
- Morels and fresh mushroom in cream sauce on toast
- Steamed lobster medallion in red wine sauce
- Vinegared snails baked in their shells with a spicy butter mixture

(2) 수프(Potage ; Soup)

전채요리 바로 다음에 제공하는 코스로 위에 부담을 주지 않고 주 요리를 보완해 주도록 소량으로 부드럽게 준비한다.

수프의 종류는 맑은 수프(clear soup)인 콩소메(consommés), 부용(bouillons)과 진한 수프(thick soup)인 벨루테(velouté), 크림(crèmes), 퓌레(purées), 유럽식 수프로 나눌 수 있다.

1) 맑은 수프 (Clear soup)

① 콩소메(Consommés)

부용(bouillons)을 정제한 맑은 수프(clear soup)로 가니쉬에 따라 메뉴 이름을 달리한다.

㉠ 브르노아즈(Brunoise) : 채소를 주사위 모양으로 잘라 콩소메에 넣는다.
㉡ 더블(Double) : 진하게 농축한 콩소메이다.
㉢ 줄리엔(Julienne) : 여러 가지 채소를 채 썰어 고명으로 얹는다.
㉣ 로열(Royal) : 달걀노른자를 주사위 모양으로 잘라 고명으로 얹는다.

2) 진한 수프(Thick soup)

① **벨루테 수프(Velouté soup)** : 농도가 있는 수프(thick soup)로 벨루테는 흰색 육수에 루(pâle roux)를 섞어 농도를 맞춘다. 크림과 달걀노른자로 농도를 더 진하게 할 수

도 있고 마지막으로 버터를 약간 넣어주면 쉽게 막이 생기지 않는다.

② **크림 수프(Cream soup)** : 루(roux)에 우유(milk)를 넣어준다.

③ **퓌레 수프(Purées soup)** : 채소를 데쳐 체에 걸러낸 것으로 육수를 첨가하여 농도를 조절한다.

㉠ 아메리칸(American) : 토마토 크림수프에 바닷가재와 버터를 넣고 가니쉬로 새우를 넣는다.

㉡ 비스큐 드 에크로비스(Bisque de écrevisses) : 벨루테 수프에 새우를 고명으로 얹는다.

㉢ 파르망티에(Parmentier) : 감자 퓌레 수프

수프(Soup) 종류 예

- Asparagus cream soup
- Minestrone
- Oxtail soup
- Vichyssoise with cream(cold)
- Avocado cream soup(cold)
- Mushroom cream soup
- Cream of yellow pumpkin
- Double boiled quail consommé
- Cream of coriander with snail
- Lobster bisque
- Persimmon soup
- Seafood bisque covered with pate and baked in the oven
- Chilled green asparagus cream soup
- Lobster and cauliflower cream soup
- French onion soup with cheese crouton
- Curried cream of chicken
- Duck consommé with stuffed Morel
- Light mussel cream with saffron
- Clear turtle soup
- Cream of yellow mushrooms

④ 유럽형 수프(European soup)

㉠ 치킨 브로스(Chicken broth, 영국) : 닭 육수에 쌀을 넣고 끓인 수프이다.

㉡ 미네스트론(Minestrone, 이탈리아) : 채소에 토마토, 스파게티 면, 베이컨, 마늘을 육수에 넣어 끓인 토마토 향이 짙은 수프이다.

㉢ 물리가토니(Mulligatawny, 영국) : 닭 벨루테 수프에 카레를 넣고 닭살 채를 고명으로 얹는다.

㉣ 옥스테일(Oxtail) : 소꼬리 맑은 수프로 소꼬리 살, 채소를 고명으로 쓰고 마데이라 포도주로 맛을 낸다.

(3) 생선요리(Fish)

생선요리는 수프 다음에 서빙되는 코스로 생선살이 연하기 때문에 신선한 식재료의 구입과 관리가 요구된다. 특히 최근에는 건강식으로 육류 대신 주 요리 코스로 택하는 경우도 많다.

생선의 종류는 바다생선류, 조개류, 갑각류, 연체류와 민물생선류로 나눌 수 있다.

튀김(fried), 그릴(grilled), 뫼니에르(meuniere), 포치(poached), 마틀로트(matelote) 등의 조리방법을 사용한다.

1) 앙글레즈(Anglaise)

튀김옷을 입혀 튀긴 후 메트르 도텔(maître d'hôtel)버터를 곁들인다.

2) 케이퍼(Caper)

포치한 후 케이퍼 소스를 낸다.

3) 더글레르(Duglere)

포치한 후(잘게 썬 토마토 등) 백포도주 소스를 넣어 낸다.

4) 플로렌타인(Florentine)

포치하여 시금치를 생선 밑에 깐 후 그 위에 놓고 모르네이 소스(mornay sauce)와 함께 낸다.

5) 니코스(Nicose)

뫼니에르(밀가루를 입혀 버터에 굽은 조리방식)하여 잘게 썬 토마토, 마늘, 케이퍼, 레몬을 곁들인다.

6) 테르미도르(Thermidor)

생선 육수에서 살은 건져내고 크림 소스를 넣고 조려 껍질 안에 살을 넣고 소스로 덮은 다음 오븐에 굽는다.

생선요리(Fish dishes) 종류 예

- Halibut meuniere
- Grilled salmon marinated in tarragon
- Poached lobster and scallops with white wine sauce served with green asparagus, sauteed lettuce
- Poached snapper with red wine sauce, asparagus, boiled potatoes, and sauteed Spinach
- Halibut fillet and scallop mousse

(4) 작은 앙트레(Small entrees)

'입구, 시작' 이라는 뜻인 앙트레는 코스에서 주 요리의 첫 번째로 내는데 간단한 식사에는 작은 앙트레를 첫 번째로 서빙한다.

1) 알루메트(Allumettes)

직사각형의 퍼프 페이스트리(puff pastry : 밀가루 반죽에 버터를 넣고 세 겹 이상 밀어 만든 반죽)에 치즈, 앤초비, 다진 새우를 채워 낸다.

2) 바게트와 타르트(Baguette and small tarts)

배 모양이나 동그란 틀에 버터와 밀가루로 반죽한 페이스트리를 구운 후 속을 채워 낸다.

3) 베이네(Beignets)

다진 고기에 송아지 목젖, 개구리 다리, 굴 등을 섞어 묽은 반죽(batter)에 담가 튀겨 낸다.

4) 볼로방(Vol-au-vent) 또는 부셰(Bouchèe)

퍼프 페이스트리의 가운데를 비어 있는 모양으로 만들어 구운 다음 속을 채워 넣은 후 뚜껑을 덮는다.

5) 크로켓(Croquette)

다진 고기에 화이트 소스를 섞어 여러 가지 모양으로 튀겨 낸다.

6) 슈(choux)

양배추라는 뜻으로 밀가루, 우유, 버터를 풀보다 약간 되게 익혀 오븐에 공기팽창으로 부풀리는 페이스트리로 여기에 다진 가금류, 육류를 속으로 채워 다시 오븐에 구워 낸다.

7) 수플레(Soufflés)

우유, 버터, 밀가루, 달걀로 반죽해 달걀흰자 기포를 부풀리는 것으로 치즈 수플레, 송아지 목젖(sweetbread) 수플레 등이 있다.

(5) 파스타와 쌀요리(Pasta and rice)

1) 카넬로니(Cannelloni)

얇게 민 파스타에 가금류, 육류, 시금치를 곱게 갈아 속을 채운 후 작고 동그랗게 만두처럼 말아 오븐에 구워 토마토 소스를 얹고 치즈를 뿌려 낸다.

2) 라비올리(Ravioli)

카넬로니와 같은 파스타에 작은 정사각형 모양으로 표시한 후 속을 채워 넣고 같은 파스타로 덮어 작은 정사각형 모양으로 자른다. 소금물에 데친 다음 토마토를 얹고 치즈를 뿌린 후 오븐에 구워 낸다.

3) 스파게티(Pasta-macaroni, spaghetti, noodles)

끓는 물에 소금과 올리브 오일을 조금 넣고 9~11분 정도 익힌 다음 찬물에 헹구지 말고 그대로 식힌다.

① **알프레도(Alfredo)** : 생크림과 파르마산 치즈로 만든 알프레도 소스에 베이컨과 새우를 넣은 파스타이다.

② **봉골레 에 루꼴라(Vongole e rucola)** : 봉골레(조개)와 루꼴라(로케트라고 불리는 허브)를 넣은 파스타이다.

③ **상하이(Sanghai)** : 청경채와 굴소스를 이용한 퓨전 파스타이다.

④ **나폴리테인(Napolitaine)** : 버터, 치즈, 토마토 소스와 토마토 다이스(diced)를 첨가

한다.

⑤ **그라탱(Gratin)** : 베샤멜 소스(béchamel sauce)를 얹고 치즈를 뿌린 후 오븐에 굽는다.

4) 쌀요리(Rice)

① **필라프(Pilaf)** : 양파를 버터에 볶은 후 고기육수(bouillon : 부용)로 밥을 짓는다.

② **밀라네즈(Milanaise)** : 버섯과 토마토 다이스를 넣은 사프란 리조또(saffron risotto)이다.

③ **리조또(Risotto)** : 필라프와 같이 조리한 후 버터와 파르마산 치즈 가루를 첨가한다.

(6) 육류요리(Meat)

앙트레(entree)는 입구라는 뜻으로 주 요리 코스의 시작이다. 뜨겁게 제공해야 하므로 접시도 뜨겁게 준비한다.

육류의 종류는 쇠고기(beef), 송아지 고기(veal), 돼지고기(pork), 양고기(lamb), 가금류(game)로 분류할 수 있다.

1) 쇠고기(Beef)의 조리방법 용어

① 브로일(Broiled)와 그릴(Grill)

직화열을 가해 굽는 조리방법으로 요철이 있는 석쇠에 굽는데 구운 후 빗살 모양의 자국이 생기도록 하기도 한다. 살라만더(salamander)의 상방향과 토스터(toast)의 상방향의 가열 기구를 사용한다.

② 브레이즈(Braised)

중등육의 질긴 부위를 찜하는 조리방법으로 육수, 덩어리 고기, 그리고 채소를 넣고 뚜껑을 덮어 장시간 천천히 끓여준다.

③ 스튜(Stew)

중등육중 살코기가 많은 사태(top round : 허벅지살)나 목심(chuck : 어깨살) 부위와 채소를 먹기 좋게 주사위 모양으로 자른 다음 육수와 소스를 넣고 뚜껑을 덮어 장시간 천천히 끓여준다.

④ 로스트(Roast)

지방이 함유된 큰 고깃덩어리를 지방이 위쪽으로 향하게 하여 지방이 고기 안으로 배어 들게 하여 굽는 조리방법이다.

⑤ 소테(Saute)

팬을 센 불에 달구고 약간의 기름을 두르고 빠른 시간에 볶는 조리 방법이다.

2) 로스트 비프(Roast beef) : 40~60분

겉은 살짝 색을 낸 후 속은 핑크빛이 나게 오븐에 굽는다.

① **암바서드(Ambassadeur)** : 더치(duchess)감자, 아티초크(artichoke), 버섯을 가니쉬로 낸다.

② **부크티에르(Bouquetière)** : 컬리플라워(cauliflower), 토마토, 당근, 샤토(château) 감자를 가니쉬(garnish)로 낸다.

③ **브뤼셀로와(Bruxelloise)** : 치커리(chicory), 브뤼셀 수프라우트(Brussels sprouts), 샤토 감자를 가니쉬로 낸다.

3) 립 아이 스테이크(Rib eye steak, Entrecote)

① **마샨 드 뱅(Marchand de vin)** : 데미글라스(Demi glace)와 연골(bone marrow)을 가니쉬로 낸다.

② **타이롤리엔(Tyrolienne)** : 튀긴 양파 링과 으깬 토마토를 가니쉬로 낸다.

4) 비프 굴라시(Beef goulash)

어깨살 부위(chuck)나 엉덩이 살 부위(topside)와 양파, 베이컨, 파프리카(paprika), 감자, 당근 등을 주사위 모양으로 스톡(stock)에 썰어 넣고 장시간 뚜껑을 덮어 브레이징(braising)한다.

5) 쇠고기 필레(Filet of beef steak, Tournedos)

베아네즈(Béarnaise), 쇼롱(choron), 포요트(foyot), 보르돌레즈(Bordelaise), 메트르 도텔(maître d'hôtel), 베르시 소스 등을 곁들인다.

① **아흘레지엔즈(Arlésienne)** : 구운 토마토, 가지, 양파를 가니쉬로 낸다.

② **보헤미안(Bohémienne)** : 리조또를 깔고 으깬 토마토와 튀긴 양파를 가니쉬로 한다.

③ **더글레르(Duglere)** : 토마토, 치커리, 버섯을 가니쉬로 한다.

④ **포레스티에르(Forestiere)** : 모렐(morel)이나 세프(cèpes) 버섯, 베이컨 조각, 감자를 가니쉬로 올린다.

⑤ **프로방살(Provençale)** : 토마토, 버섯, 올리브와 앤초비살(anchovy fillets)을 곁들인다.

⑥ **로시니(Rossini)** : 거위 간(foie gras), 송로버섯(truffles) 슬라이스 한 쪽, 마데이라 소스(Madeira sauce)를 가니쉬로 한다.

(7) 가금류(Poultry)

가금류도 앙트레로 낼 수 있으며 완전히 익혀 뜨겁게 제공한다.

가금류의 종류는 닭고기(chicken), 오리고기(duck), 거위고기(goose), 칠면조고기(turkey)로 분류할 수 있다.

1) 닭고기(Chicken)

- 영계(spring chicken) : 2~3개월 산이고 300~500g 정도이다(로스트 15~20분).
- 영계(grain-fed chicken) : 영계로 700~800g 정도이다.
- 성계(chicken) : 1.2 ~1.7kg(로스트 35~45분).
- 카폰(capon) : 거세된 닭으로 1.8~2.51kg 정도이다(로스트 45~60분).

① **본 페엠(Bonne femme)** : 로스트한 후 감자, 베이컨 조각 그리고 작은 양파를 가니쉬로 한다.

② **마렝고(Marengo)** : 튀긴 후 튀김달걀, 버섯, 크루통(croutons)을 가니쉬로 한다.

③ **몬테카를로(Monte-Carlo)** : 포치(poached)한 후 토마토로 풍미를 낸 수프렘 소스(supreme sauce)와 가금류 고기경단(quenelle)을 가니쉬로 올린다.

④ **페리고르(Périgord)** : 소테(saute)한 후 송로버섯(truffles)과 데미그라스 소스를 곁들인다.

2) 오리고기(Duck)

1~1$\frac{1}{2}$kg이면 45~60분 정도 로스트한다.

① **비가레이드(Bigarade)** : 카세롤에 넣어 로스트한 후 오렌지 1/4쪽과 비가레이드 소스(bigarade sauce)를 곁들인다.

메인 코스(Main course) 종류 예

- Medallion of veal with port wine sauce
- Grilled tenderloin with green pepper corn sauce
- Smoked lamb with garlic and rosemary jus
- Fillet of beef and prawn with lobster sauce
- Crispy duck breast and braised endive with artichoke croquette
- Stuffed persimmon duck breast with persimmon sauce

(8) 샐러드(Salad)

어원은 'herba salata'로 '소금을 뿌린 허브'라는 뜻이며, 순수 샐러드(simple salad)와 복합 샐러드(compound salad)로 구분한다. 앙트레 다음에 내지만 때로는 앙트레 전에 내기도 한다.

1) 순수 샐러드(Simple salad : 순수한 채소로만 만든 샐러드)

① **그린 샐러드(Green salad)** : 순수한 녹색 채소로만 구성한 샐러드이다.

② **립 샐러드(Leaf salad)** : 잎 채소로 구성된 샐러드이다.

③ **채소 샐러드(Vegetable salad)** : 여러 가지 채소로만 혼합한 샐러드이다.

2) 복합 샐러드(Combined Salad : 여러 가지 채소와 함께 과일, 생선, 육류, 조류 등을 혼합한 샐러드)

① **과일 샐러드(Fruit salad)** : 과일과 채소로 구성된 샐러드이다.

② **가금류 샐러드(Poultry salad)** : 조류와 채소로 구성된 샐러드이다.

③ **생선 샐러드(Fish salad)** : 생선과 채소로 구성된 샐러드이다.

④ **육류 샐러드(Meat salad)** : 육류와 채소로 구성된 샐러드이다.

3) 샐러드의 종류

① **안달루즈(Andalouse)** : 셀러리, 양파, 고추, 토마토 그리고 프렌치 드레싱을 곁들인다.

② **아르장퇴유(Argenteuil)** : 주사위 모양의 모둠 채소에 아스파라거스 팁(tips)와 슬라이스, 완숙달걀에 마요네즈를 곁들여 낸다.

③ **미모사(Mimosa)** : 양상추, 오렌지, 포도, 바나나에 크림과 레몬주스를 곁들인다.

④ **토스카(Tosca)** : 가금류, 표고버섯, 셀러리를 마요네즈와 함께 낸다.

⑤ **월도프(Waldorf)** : 사과, 셀러리, 건과류를 마요네즈와 같이 낸다.

(9) 디저트(Desserts)

후식(desserts)은 주 요리가 끝나면 제공하는 코스로 단맛이 나는 주류나 치즈를 내는 경우도 있다.

1) 찬 디저트

① **바바리안(Bavarian)** : 우유, 달걀노른자, 설탕, 바닐라 향, 젤라틴, 거품 낸 크림을 가볍게 섞어 초콜릿, 레몬, 커피, 오렌지, 버찌술 중에 원하는 것을 넣고 틀(mould)에 넣어 차게 굳힌다.

② **블랑망제(Blanc-manger)** : 아몬드 페이스트(almond paste)에 우유, 설탕, 바닐라 향, 젤라틴과 휘핑크림(wipped cream)을 섞고 틀에 넣어 굳힌다.

③ **셔벗(Sherbet ; Sorbet au Fraise)** : 과일즙과 리큐르(liqueur)를 첨가해 냉동시킨다. 샴페인 셔벗(champagne sherbet), 오렌지 셔벗(orange sherbet), 레몬 딸기 셔벗(lemon strawberry sherbet) 등이 있다.

④ **아이스 푸딩(Ice Pudding)** : 아이스크림에 과일 퓌레와 달걀노른자를 섞어 용기에 채운 다음 냉동시킨다. 이때 소스를 첨가한다.

⑤ **무스(Mousse)** : 달걀, 초콜릿 등과 거품 낸 크림을 섞어 차게 식힌다.

⑥ **피치멜바(Peach melba)** : 아이스크림 위에 설탕에 조린 복숭아를 올려 놓는다.

⑦ **샤로테(Charlottes)**

㉠ 애플(Apple) : 두 장의 식빵 사이에 주사위 모양으로 썬 사과를 채우고 오븐에 구운 다음 틀을 제거한다.

㉡ 샹트리(Chantilly) : 스펀지케이크에 샹트리(chantilly) 크림을 채워 넣는다.

⑧ 푸딩(Pudding)

우유, 설탕, 달걀, 거품 낸 흰자에 마른 과일을 술에 담가 첨가하고 틀에 넣어 중합(bain-marie)한다. 이때 스펀지케이크 시트를 푸딩 밑에 깔 수도 있다.

㉠ 말테이즈(Maltais) : 오렌지를 넣고 오렌지 소스를 첨가한다.

㉡ 플럼 푸딩(Plum pudding) : 술에 담근 건과일, 빵가루, 쇠기름을 첨가하고 테이블 서비스로 럼주로 플람베(flambe)하여 불꽃을 낸다.

2) 더운 디저트

① 베이그네(Beignets)

㉠ 프루츠(Friuts) : 파인애플, 사과, 바나나 등을 묽은 반죽(batter)에 담갔다가 바로 꺼내 튀긴다. 사과를 튀겨 내면 애플 프리터(apple fritter)가 된다.

㉡ 마리루이즈(Marie-louise) : 동그란 모양의 슈(choux) 페이스트리에 설탕에 절인 과일과 튀긴 과일을 담아 낸다.

② 수플레(Soufflés)

밀가루, 설탕, 우유, 버터, 달걀노른자와 거품 낸 흰자를 섞어 오븐에 익힌다.

③ 크렙 슈젯(Crêpe suzette)

밀가루, 우유, 버터, 설탕으로 빈대떡처럼 얇게 부쳐낸 팬케이크(crepe)에 설탕, 오렌지 즙으로 만든 시럽을 넣고 끓인 다음 그랑 마니에르(Grand Marnier)나 쿠앵트로(cointrean) 리큐르를 플람베하여 낸다.

④ 체리 쥬빌레(Cherry jubille)

체리시럽에 그랑 마니에르를 넣어 플람베한 후 아이스크림 위에 체리와 체리시럽을 얹어 서빙한다.

디저트(Dessert) 예

- Ginseng and persimmon sherbet
- Cheese cake with orange compote
- Crepes with orange ragout and almond ice cream
- Strawberry mousse with chocolate sabayon
- Peach and chocolate parfait
- Chestnut mousse with jasmin sherbet
- Cream of caramel with amaretto
- Seasonal fruits
- Strawberry sable with cream cheese and strawberry coulis
- Baked apple tart topped with vanilla ice cream

(10) 음료(Beverage)

1) 커피(Coffee)

① **카푸치노(Capuccino)** : 커피에 카카오, 럼주, 휘핑크림을 얹고 계피가루를 뿌린다.

② **카페오레(Café au lait)** : 'lait'는 프랑스어로 우유이며, 커피에 우유를 넣는다.

③ **비엔나(Vienna)** : 커피에 설탕을 넣은 휘핑크림을 얹어 낸다.

④ **아메리칸(American)** : 원두커피를 갈아 뜨거운 물에 연하게 낸다.

⑤ **에스프레소(Espresso)** : 원두커피를 갈아 쓴맛이 강한 정도로 진하게 낸다.

⑥ **아이리시(Irish)** : 아이리시 위스키, 설탕, 커피에 휘핑크림을 얹어 낸다.

⑦ **카페 로열(Café royal)** : 커피에 브랜디를 첨가한다.

2) 리큐르(Liquier)

① **쿠앵트로(Cointreau)** : 오렌지 에센스(essence)를 뽑아 브랜디와 섞어 숙성시킨다.

② **그랑 마니에르(Grand Marnier)** : 꼬냑 오크통 속에 오렌지 껍질을 넣어 향을 내 숙성시킨다.

③ **베네딕틴(Bénédictine)** : 꼬냑에 여러 가지 독특한 향신료를 첨가하여 숙성시킨다. 16세기 프랑스의 베네딕틴 수도원에서 만들어졌으며 현재도 이 수도원의 관리 하에 제조하고 있다.

3) 브랜디(Blandy)

① **꼬냑(Cognac)** : 포도주를 증류한 브랜디의 상표명이다. 프랑스 북동부지방에서 생산하는 와인으로 생산지를 제한하고 있다.

② **키르시와서(Kirschwasser)** : 체리를 증류한 브랜디이다.

(11) 와인(Wine, Vin, Vino)

넓은 의미의 와인은 과실을 발효시켜 만든 알코올 함유 음료를 말하지만 일반적으로 신선한 포도를 원료로 한 포도주를 의미하며 우리나라 주세법에서도 역시 과실주의 일종으로 정의하고 있다.

와인의 색깔, 맛과 향은 어느 하나로 규정할 수 없을 정도로 그 종류가 다양하다. 이렇듯 다양한 와인의 종류를 몇 가지 기준에 의해 분류해 보면 다음과 같다.

- 색깔에 의한 분류
- 식사 시 용도에 따른 분류
- 제조빙빕에 의한 분류
- 당분함량에 따른 분류

1) 색깔에 의한 분류

① **화이트 와인(White wine)**

물처럼 투명한 것에서부터 엷은 노란색, 연녹색, 볏짚 색, 황금색, 호박색을 띤다. 잘 익은 청포도 또는 적포도를 이용하여 만드는데, 포도를 으깬 뒤 바로 압착하여 나온 즙을 발효시킨다.

맛이 순하고 상큼하다. 일반적인 알코올 농도는 10~13% 정도이며, 8℃ 정도로 차게 해서 마셔야 제맛이 난다.

② **레드 와인(Red wine)**

붉은 벽돌색, 자주색, 루비 색, 적갈색을 띤다. 적포도로 만드는 레드 와인은 포도껍질에 있는 붉은 색소를 추출하는 과정에서 씨와 껍질을 그대로 함께 넣어 발효하므로 떫은맛이 난다.

일반적인 알코올 농도는 12~14% 정도이며 화이트 와인과는 달리 상온(18~20℃)에서 제맛이 난다.

③ 로제 와인(Rose wine)

엷은 붉은색이나 분홍색을 띤다. 레드 와인과 같이 껍질을 같이 넣어 발효시키다가 어느 정도 우러나오면 껍질을 제거한 채 과즙만을 가지고 와인을 만든다.

보존기간이 짧고 오래 숙성하지 않고 마시는 로제 와인은 색깔로는 화이트 와인과 레드 와인의 중간이라 할 수 있지만 맛으로 보면 화이트 와인에 가깝다.

2) 식사 시 용도에 따른 분류

① 식전용 와인(Aperitif wine)

본격적인 식사를 하기 전에 식욕을 돋우기 위해서 마신다. 한두 잔 정도 가볍게 마실 수 있도록 산뜻한 맛이 나는 화이트 와인이나 샴페인, 셰리 등을 내면 좋다.

② 식사 중 와인(Table wine)

보통 와인이라고 하면 식사 중에 마시는 와인을 의미한다. 테이블 와인은 식욕을 증진시키고 분위기를 좋게 하는 역할 외에도 입안을 헹궈내어 다음에 나오는 음식의 맛을 잘 볼 수 있게 해준다.

③ 식후용 와인(Desert wine)

식사 후에 입안을 개운하게 하기 위해 마시는 와인이다. 약간 달콤하고 알코올 도수가 조금 높은 디저트 와인을 마신다. 포트나 셰리가 대표적인 디저트 와인에 속한다.

3) 제조방법에 의한 분류

① 스파클링 와인(Sparkling wine)

발포성 와인이라 부르는데, 이것은 발효가 끝나 탄산가스가 없는 일반 와인에 다시 설탕을 추가하여 인위적으로 다시 발효를 유도해서 기포가 생긴 와인을 가리킨다. 특히 프랑스 샹파뉴 지방에서 생산되는 것만을 샴페인이라고 부르는데, 이 샴페인과 이탈리아의 스푸만테(spumante)가 대표적인 스파클링 와인이다. 알코올 도수는 대체로 9~14%이다.

② 스틸 와인(Still wine)

비발포성 와인이라고도 하는 스틸 와인은 우리가 흔히 마시는 보통 와인이다. 제조 과정에서 발생하는 탄산가스를 제거한 것으로 보통 알코올 도수가 8~14%이며 단맛부터 쌉쌀한 맛까지 다양하게 있다.

③ 주정강화 와인(Fortified wine)

스페인의 셰리나 포르투갈의 포트 와인처럼 발효 중 증류주를 첨가해 알코올 함유량을 16~20% 정도로 높인 것이다.

④ 가향 와인(Flavored wine)

와인 발효 전후에 과실즙이나 쑥 등 천연향을 첨가하여 향을 좋게 한 것이다. 베르무스(Vermouth)가 가향와인의 대표적인 예로 칵테일용으로 많이 쓰인다.

4) 당분 함량에 따른 분류

맛은 포도즙 내 당분이 완전 발효되지 않고 남게 되는 잔당에 의해 느껴진다. 레드 와인은 대부분 드라이한데 색깔이 짙을수록 드라이한 경향이 있어, 화이트 와인은 색깔이 엷을수록 드라이한 성향을 띤다. 단맛의 유무에 따라 크게 분류해 볼 수 있는데 드라이 와인과 스위트 와인, 그리고 중간격인 미디엄 드라이 와인으로 나눌 수 있다.

① 드라이 와인(Dry wine)

포도 발효 시 천연 포도당이 모두 발효되어 단맛이 거의 나지 않는다.

② 미디엄 드라이 와인(Medium dry wine)

드라이와 스위트의 중간으로 약간의 단맛이 있다.

③ 스위트 와인(Sweet wine)

드라이와는 반대로 발효 시 천연 포도당이 남아 단맛이 난다. 주로 식후 디저트와 함께 마신다.

5) 이탈리안 와인과 요리(Italian wine and food)

와인은 그냥 마시는 것보다 어울리는 음식과 함께 마실 때 더욱 돋보이다. 이탈리아에서는 와인을 이야기할 때 빠지지 않는 단어로 '아비나멘토(abbinamento)' 라는 말이 있는데 이는 연결, 조화를 의미하는 단어로 와인과 음식의 조화를 가리킨다.

식탁에 와인을 빼놓는 법이 없는 이탈리아인들은 음식과 이에 어울리는 와인 고르는 일을 매우 중요시한다. 음식의 맛에 따라 선택할 수 있는 종류의 폭이 다양하고 그 음식의 맛을 한층 돋워주는 와인은 식탁에서 마시기에 가장 적절하다.

와인과 음식의 아비나멘토에는 몇 가지 규칙이 있는데 서로 부족함은 채워주고, 장점은 부각시켜 주는 것이다. 대개 와인의 특성이 음식의 특성과 반대될 때 가장 잘 조화된다. 예를 들어 지방이 많은 음식에는 연하면서도 약간 신맛이 도는 와인을 곁들이면 입안을 개운하게 하고 느끼한 맛을 줄여준다. 반면 디저트처럼 단맛이 강한 음식에는 오히려 단맛을 강조하는 달콤한 와인을 곁들이는 것이 좋다.

또한 와인은 요리의 구조와 균형을 이루어야 한다. 여러 가지 재료가 들어가고 조리하는 데 많은 손길을 필요로 하는 음식일수록 잘 숙성된 와인의 깊은 맛이 어우러져야 한다. 이에 비해 가볍고 부드러운 요리는 향이 너무 강한 와인보다는 순수하고 가벼우며 신선한 와인과 함께 하는 것이 좋다.

아비나멘토(abbinamento)의 예

- 생선이 들어간 전채요리 : 약간의 발포성이 있는 드라이한 화이트 와인
- 오믈렛 또는 튀김요리 : 숙성이 잘 된 로제 와인
- 해산물 파스타 : 약간의 단맛이 나거나 드라이하면서 부드러운 화이트 와인
- 송아지 고기 요리 : 가볍고 신선한 레드 와인
- 돼지고기 요리 : 2년 정도 숙성시킨 레드 와인
- 붉은살고기 요리 : 2~5년 정도 숙성시킨 풍부한 맛의 레드 와인

6. 메뉴 개발의 절차

(1) 대상 고객층 선택에 따른 메뉴 범위의 결정

메뉴 개발에 있어 가장 우선적으로 고려해야 할 부분으로 대상 고객층의 결정을 들 수 있다. 누구를 대상으로 영업을 할 것인지 분명하지 않으면 우선 영업장의 경영개념을 잡는 것부터 혼선을 빚을 수 있기 때문이다.

대상으로 할 고객층이 고단가의 품격 있는 영업소를 지향하는 계층인지, 아니면 기초 욕구 충족을 기본으로 한 고객인지 등에 따라 메뉴의 종류와 질, 가격, 서비스 형태, 마케팅 전략 등이 달라지므로 대상 고객층의 필요한 욕구에 대한 정확한 이해는 바로 번성업소가 되기 위한 초석이자 메뉴 개발의 첫 단계가 된다.

하나의 예로 주요 고객이 영업소 주변의 직장인들일 경우 이들에게 적합한 메뉴는 빠른 좌석 회전율을 목표로 한 비교적 저렴한 제한 메뉴일 것이고, 대단위 아파트나 주택가 주변에 위치한 가족 단위를 목표로 하는 일반 패밀리 식당의 경우에는 중저가의 일반적인 메뉴를 택하는 것이 적합할 것이다.

(2) 아이디어의 창출

표적 고객층의 필요와 욕구에 부응하는 시장성 있는 메뉴를 개발하기 위해서는 다양한 정보를 수집해야 한다. 각종 외식 관련 정보는 물론 지역적 특성과 표적 고객층에 대한 이해를 바탕으로 영업장소의 목적과 고객의 욕구를 동시에 충족시킬 수 있는 메뉴 품목들을 개발해야 한다. 이 단계에서는 조리 방법, 사용 재료, 소스, 드레싱 등도 참신한 개발 아이디어를 제공할 수도 있다.

(3) 표준 조리량목표의 작성

발상의 단계에 있는 메뉴를 실제화하는 과정으로 실험적인 조리 과정을 통해 표준 조리량목표(standard recipes)를 작성하는 단계이다.

품목별로 필요한 식자재의 종류와 양, 주방 기기, 인력, 조리 시간, 조리법 등을 일목요연하게 기술해 놓은 것으로 메뉴의 질적, 양적 관리의 기준이자 원가 관리의 중심이 된다.

(4) 메뉴의 수익성 분석

모든 사업이 그렇듯이 외식업소의 경우도 이익을 내는 것을 업소의 최종 목표로 한다. 메뉴를 개발하여 판매를 시작하기 전에 반드시 거쳐야 할 단계 중 하나가 바로 수익성 분석이다. 수익성에 대한 분석 없이 가격을 임의로 결정한다면 다량의 판매에도 불구하고 결과적으로는 영업자의 손실을 가져올 가능성이 있기 때문이다.

자재 원가와 원가율, 실제 마진 액, 예상 판매량에 대한 정확한 이해를 바탕으로 이익을 낼 수 있는 메뉴를 결정하는 것이 무엇보다도 중요하다.

(5) 가격 결정

수익성 분석을 통해 우열이 가려진 품목들에 적절한 판매가격을 부여하는 단계이다. 총매출의 60%대에 머물러야 이상적이고 식자재 원가만은 33% 이하로 유지해야 이상적인 원가 비율을 달성했다고 볼 수 있다. 물론 임대료나 지대가 상대적으로 높은 상태의 영업장이라면 식자재 원가율은 이것보다 낮은 25% 이하를 지향해야 하는데 특히 음료는 최저 12~16%, 최고 18% 이하로 유지해야 하는 경우도 발생한다.

Chapter 03

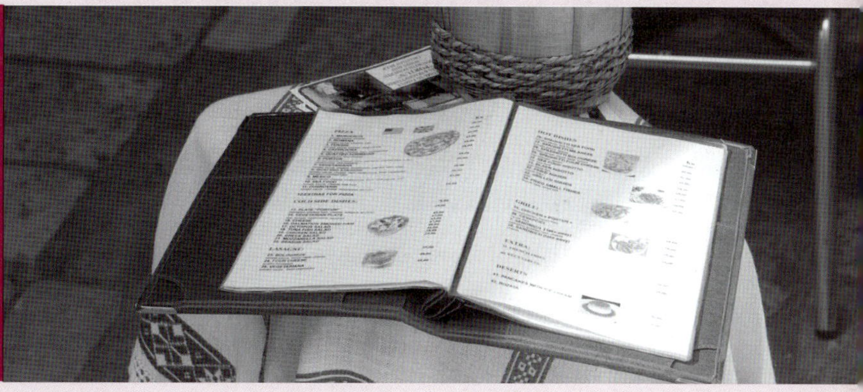

메뉴 작성

1 메뉴 컨셉 구축
2 메뉴 작성에 영향을 미치는 요인
3 기준량의 표준화 관리
4 식재료의 수확시기와 성수기 관리

1. 메뉴 컨셉(Menu concept) 구축

메뉴의 컨셉이란 식당에서 판매하고자 하는 음식의 특성 등을 드러내는 주된 생각을 의미하며 우선적으로 그 식당이 추구하는 컨셉과 일치하여 조화를 이루어야 하므로 메뉴를 선정하기 위한 선행단계로 식당의 컨셉이 명확하게 설정되어야 한다.

또한 자신의 식당에서 목표고객에게 어떤 음식과 음료를 어떠한 스타일로 제공할 것인가를 결정하는 일이다. 메뉴의 컨셉을 결정할 때는 그 메뉴의 특징을 명확히 아는 것이 무엇보다도 중요하다. 자신만의 독특한 메뉴 컨셉을 정해야 더욱 매력적이고 인기 있는 식당이 될 수 있다. 이때 관리자가 주의해야 할 것은 식당에서 목표로 하는 고객이 원하는 바를 지향하지 않고 자신이 판매하고 싶은 것이 우선이 되어서는 안 된다는 것이다. 이러한 경우에는 관리자 자신만을 위한 식당 만들기가 되어 실패할 가능성이 높아진다.

특별한 아이디어가 없다 하여 기존의 식당들이 추구하는 컨셉을 그대로 답습하기보다는 다양한 음식과 음료의 장단점을 파악하여 식당의 컨셉과 어울리는 메뉴 컨셉을 지속적으로 연구 및 발전시키는 것이 그 식당의 성공적인 메뉴 컨셉의 바탕이 될 것이다.

2. 메뉴 작성에 영향을 미치는 요인

- 운영 형태(type of institution)
- 영양적 균형(nutritional principles)
- 설비(physical facilities)
- 음식의 다양성(variety of foods)
- 풍미의 조화(combination of flavors)
- 계절성(season of the years)
- 예산(budget)
- 메뉴의 표현력(terminology of menu)
- 장기 계획(long range planning)
- 노동력(labor cost)
- 장비(equipment)
- 공간(space control)
- 배치와 디자인(layout, interior, exterior & design)
- 재료(ingredients)

- 시간(time)
- 예정 가격(cost implication), 원가(cost)

(1) 메뉴 작성 시 유의사항

메뉴를 작성한다는 것은 하나의 예술과 같다. 영양의 균형, 조화로운 코스, 적절한 가격 등을 세심하게 고려하여 꾸며야 한다.

통상 메뉴는 호텔이나 일반 식당의 식음료 정책에 따라 주방장(chef)이 작성하지만 연회나 파티의 경우처럼 외부의 주문에 따라 메뉴를 작성할 때는 대개 연회 지배인(banquet manager)이 조리장과 상의하여 결정하게 된다. 일반적으로 정식의 메뉴를 작성할 때의 기본적인 원칙은 다음과 같다.

1) 같은 종류의 음식이 중복되어서는 안 된다.

이는 생선, 육류, 가금류, 엽조류, 각종 채소류나 과일을 막론하고 마찬가지이다. 예를 들어 닭고기 크림수프(cream of the chicken soup)를 한 번 서브했다면 그 다음 코스에는 닭고기(chicken) 요리를 내어서는 안 된다. 또한 컬리플라워 수프(cauliflower soup)가 수프 코스에 제공된다면 그 다음의 어떠한 채소 요리에도 컬리플라워(cauliflower)가 나와서는 안 된다.

2) 같은 색깔의 육류나 생선을 두 번 제공해서는 안 된다.

예를 들어 흰살을 지닌 해물인 새우 요리 다음에 흰살생선인 송어 요리가 나오거나, 또는 붉은살 고기인 돼지고기 요리가 쇠고기나 양고기 요리와 함께 나와서는 안 된다.

3) 비슷한 소스를 두 가지 이상 제공해서는 안 된다.

예를 들어 베아네즈 소스(Béarnaise sauce)를 육류요리와 함께 제공한다면 더치 소스(Dutch sauce ; hollandaise sauce)는 그 다음 생선이나 채소 요리에 사용하는 것을 피해야 한다. 이 두 가지의 소스는 만드는 재료가 거의 같기 때문이다.

4) 조리방법(cooking methods)의 중복을 피한다.

같은 조리방법을 두 가지 이상 같은 메뉴에 사용하는 것은 금물이다. 예를 들어 생선튀김(fried fish)다음에 닭튀김(fried chicken), 비프 커틀릿(beef cutlet) 등의 튀김요리를 주요리로 내거나 생선튀김의 가니쉬로 감자튀김(fried potato)을, 또는 후식으로 애플 프리터(apple fritter) 등을 제공해서는 안 된다.

5) 코스의 균형을 맞춘다.

코스의 균형을 경식(light dish)에서 중식(heavier dish)으로 맞춘다. 보통 애피타이저나 수프 같은 경식에서 시작하여 앙트레나 주 요리로 다음을 구성한다.

6) 식당의 장비(utensils) 및 주방과 서비스 인원에 맞는 요리를 제공한다.

7) 메뉴 표기는 원칙을 따른다.

메뉴는 프랑스어로 표기하는 것을 원칙으로 하되 각국의 고유한 요리는 그 나라의 표기법을 따른다. 또한 나라 이름, 지명, 지방 명칭, 사람 이름, 고유명사는 첫 글자를 대문자로 표기한다.

(2) 메뉴 카드(Menu card)의 연구

1) 청결해야 한다.

메뉴 카드는 모든 식음료 서비스의 첫인상 역할을 한다. 고객은 자기가 선택할 메뉴를 살펴보기 전에 메뉴 카드를 전체적으로 훑어보면서 자신이 방문한 식당과 그 식당에서 받게 될 서비스에 대한 이미지를 그려보게 된다. 그러므로 메뉴 카드는 고객의 눈길을 한 번에 끌 수 있게 꾸며야 하며, 카드에 사용되는 재료의 재질과 색상, 디자인 등이 식당의 컨셉과 어울리도록 해야 한다. 메뉴 카드의 청결을 유지하는 것이 무엇보다 중요하며, 쉽게 더러워지지 않도록 커버를 사용하는 것이 좋다.

2) 메뉴에 대한 매력을 느낄 수 있도록 한다.

많은 음식점에서 메뉴 앞표지에 천연색 그림이나 꽃무늬 등을 넣기도 하고 업체를 상징하는 사진이나 표지디자인을 사용하기도 한다. 그 표현이 잘 되었을 경우 고객은 식당에 호감을 느끼고 식사에 대한 기대를 하게 된다. 그러나 너무 많은 활자를 넣거나 디자인 요소가 과하게 들어가면 고객이 오히려 혼동하기 쉬우므로 주의해야 한다.

3) 보기 쉽고, 읽기 쉬워야 한다.

메뉴는 대조적인 활자를 사용해 읽기 쉽게 해야 하고 그 활자는 알아보기 좋을 만큼 커야 하며, 글귀가 눈에 잘 띄도록 여백이 있어야 한다. 모든 운영자나 경영자는 고객이 메뉴를 쉽게 읽을 수 있는지 직접 확인하기 위해 식당의 여러 곳에 있는 식탁에 앉아 그것을 읽어보아야 한다. 확인 후 문제가 발생하면 식탁의 조명을 바꾸거나 메뉴를 수정하여 문제를 해결할 수 있다.

4) 디자인과 재질이 좋아야 한다.

보통 메뉴의 커버는 많이 인쇄해 두는 것이 경제적이며 안쪽 페이지는 따로 필요한 만큼 인쇄하면 된다. 메뉴 인쇄는 전문적인 시설을 갖추고 있는 곳에서 하는 것이 좋다. 일부 음식점에서는 메뉴 카드의 안쪽 페이지에 카본(carbon)지를 대고 복사한 것을 사용하는데 이러한 것은 쉽게 더러워져 읽기 힘들게 된다. 안쪽 페이지는 등사를 하거나 오프셋(offset) 과정으로 레이저 복사기를 사용해 깨끗하게 만드는 것이 좋다.

고객들은 때때로 훌륭한 고객이 될 만한 친구에게 보내기 위해 메뉴를 요청하기도 한다. 그러므로 식당의 명칭과 주소를 표지에 넣는 것은 바람직한 일이다. 값이 비싼 메뉴를 사용하는 몇몇 음식점에서는 조그만 복사판을 만들어 고객들에게 기념품으로 주기도 한다.

5) 색상이나 형태가 미려해야 한다.

메뉴는 보통 한 장으로 된 매끄러운 종이를 사용해서 만드는데 한 번 접어서 네 페이지를 만들어 앞표지와 뒤표지가 각각 1페이지와 4페이지가 되도록 하고, 안쪽 부분을 2페이지와 3페이지가 되도록 해서 거기에 품목을 인쇄한다. 메뉴의 크기는 식당의 종류에 따라 다른데 가로 $5\frac{1}{2}$인치, 세로 9인치의 작은 것에서부터 가로 $8\frac{1}{2}$인치, 세로 12인치의 큰 것이 널리 사용되고 있다. 호화로운 음식점에서는 대형 메뉴를 사용함으로써 그들의 명성을 강조하기도 한다. 재료는 여러 가지가 있지만 매끄러운 종이를 가장 많이 사용한다.

6) 균형이 잘 잡혀져야 한다.

문제는 호화로운 음식점의 메뉴이든 드라이브-인(drive-in), 카페테리아(cafeteria) 혹은 식당차의 메뉴이든 그것이 운영의 형태에 적합한 것이어야 한다는 점에 있다. 비드 샌드위치 숍에서 매너 하우스, 필라 하우스 혹은 글랜이글스 호텔의 메뉴를 사용하는 것이 어울리지 않듯이, 호화로운 식당에서 드라이브-인의 메뉴를 사용하는 것도 어울리지 않는다. 각각의 메뉴는 그 업체의 이미지를 적절히 반영해 주는 것이어야 한다.

7) 스토리(story)가 있어야 하며 고객과 화제의 단서가 될 수 있도록 연구한다.

메뉴의 판매를 촉진하는 힘은 그 음식점의 컨셉과 이미지를 전달하는 메뉴의 표지에 달려 있으며, 메뉴의 구성은 그 음식점의 관록을 말해주고 신뢰감을 갖게 하며 고객들로 하여금 메뉴의 수익성이 높은 품목에 집중하도록 인도해 준다.

(3) 설명문구

말이란 생각을 표현할 뿐 아니라 감정을 불러일으키는 힘을 갖고 있다. 셰익스피어가 "장미꽃을 어떤 다른 이름으로 부른다 해도 그 향기는 변함이 없을 것이다"라고 말했듯이 비프스튜는 간단히 '비프스튜' 라고만 불러도 그 맛에는 변함이 없다. 그러나 '부드러운 살코기 덩어리, 통 양파, 셀러리, 완두, 잘게 썬 당근을 진한 고기 국물에 넣고 볶은 것' 이라는 설명 구절을 첨가했다고 가정해보자. 이 구체적인 설명으로 인해 그 음식은 보통의 비프스튜와는 다른 것처럼 보일 것이다.

요즈음은 메뉴의 음식을 돋보이게 하기 위해서 이러한 설명 문구를 많이 사용하는데, 그 문구는 정확한 것이어야 한다. 실제로 비프스튜는 가격이 비싸지 않은 등급의 고기로도 만들 수 있다. 그러나 만약 등급을 적어 넣을 때는 정확하게 적어야 한다. 만약 어떤 고객이 글귀에 속아서 선택한 음식이 설명과 다르다는 것을 알게 된다면 그는 몹시 실망하게 될 것이고 그 식당을 두 번 다시 찾지 않게 될 것이다. 특정 음식, 특히 고객에게 익숙하지 않은 음식에 대한 설명을 정확하게 함으로써, 고객이 음식을 선택하는 데 도움을 줄 수 있어야 한다.

설명 문구는 간단하고 최대 2~3줄로 너무 길지 않도록 주의해야 한다. '부드러운', '향기 있는', '진한', '불에 구운', '바삭바삭한', '고풍의', '특히 진한', '짙은', 그밖에도 이와 비슷한 형용사를 사용하면 식욕을 돋우고 음식에 대한 흥미를 높여 줄 수 있다.

(4) 덧붙이는 카드(Clip-ons or tip-ons)

이것은 메뉴 카드에 덧붙이는 조그마한 카드로서 가끔 남은 재료로 만든 특별품목을 선전하기 위해 보통 짧은 기간 동안 사용하게 된다. 덧붙이는 카드는 그 품목이 다 팔리면 즉시 떼어내야 하므로 메뉴 카드의 '매진' 된 품목을 가리는데 사용될 수도 있다.

이러한 카드를 붙이는 데 클립(clip)을 사용하는 대신 조그만 스카치테이프 조각이나 스테이플(staple)을 사용하면 더욱 보기 좋다. 덧붙이는 카드를 너무 많이 사용하면 메뉴가 보기 흉하게 되고 고객을 혼동시키므로 꼭 필요한 경우에만 이따금씩 사용하는 것이 좋다.

3. 기준량의 표준화 관리(portion control)

1인 기준량은 고객에게 제공하는 1인분량을 정하여 원가 및 이익 관리를 하기 위한 것으로 정량 서빙 관리를 철저히 시행해야 한다. 1인 기준량 표준 관리에 영향을 주는 요인은 다음과 같다.

- 고객유형 : 육체노동자와 사무직 노동자의 서빙량이 차이가 있다.
- 식재료 구매 가격

(1) 1인 기준량

1) 전채류(Hors-d'oeuvre)

- 오르되브르(hors-d'oeuvre) : 100g
- 훈제연어(smoked salmon) : 40g
- 멜론(melon) : 1/8개
- 거위 간(foie gras) : 15g
- 철갑상어 알(caviar) : 15g
- 해산물 칵테일(seafood cocktail) : 50g

2) 수프류(Soup)

- 컵(cup)에 담아 서빙할 때 : 160cc
- 접시(bowl)에 담아 서빙할 때 : 180cc

3) 빵류(Bread)

- 빵(bread) : 50g
- 토스트 또는 시리얼(toast or cereal) : 100g

4) 해산물류(seafood)

- 대구(cod) : 120g
- 광어(halibut) : 120g
- 굴(oyster) : 6개
- 바다가재(lobster) : 250~360g

5) 육류(Meat)

- 샤토브리앙(chateaubriand) : 120~180g
- 설로인(sirloin) : 120~200g
- 토르네도스(tournedos) : 120g

- 스튜, 푸딩, 파이류(stew, pudding, pies) : 100~125g
- 소 혀요리(ox-tongue) : 160g
- 송아지목젖(sweetbreads) : 125g
- 폭찹(pork-chop) : 180g

6) 소스류(Sauce)

- 네덜란드 소스, 토마토 소스, 데미글라스 소스 : 40cc(1인분)
- 커스타드, 초콜릿 소스 : 40cc
- 사과소스, 크랜베리 소스 : 35cc
- 타르타르소스(tartare), 비네그레트(vinaigrette) : 25cc
- 마요네즈 : 25cc

7) 샐러드류(Salads)

- 사과(waldorf) 샐러드 : 110g
- 채소 샐러드 : 110g
- 치킨 샐러드 : 110g
- 콜스로우(cole slaw) : 85g

8) 샌드위치류(Sandwiches)

- 햄버거(hamburgers) : 80~120g
- 치즈 샌드위치 : 60g

9) 디저트류(Dessert)

- 과일 : 110g
- 케이크 : 56g
- 아이스크림 : 110g

표 3-1 1인 기준량 (단위: g)

Menu	À la carte	Set menu A	Set menu B	Menu	À la carte	set menu A	set menu B	Menu	À la carte	Set menu A	Set menu B
Tenderloin	180	170	160	Prime rib	200	200	200	Salmon	230	230	230
Rib eye	210	180	170	Lamb chop	180	180	180	Fish terrine	80	80	80
Striploin	210	200	180	Lobster	300	300	300				
Stew	120	120	120	Sea bass	70 ~80	70 ~80	70 ~80				
Casanova	140	140	140	Sea bream	70 ~80	70 ~80	70 ~80				

4. 식재료의 수확시기와 성수기 관리

식재료는 대개 제철 성수기에 품질이 최고이고 가격이 저렴하기 때문에 메뉴 작성 시 가급적 제철 성수기 식재료를 사용하여 만들 수 있는 것을 우선으로 고려한다. 냉동시설이 갖추어져 있을 시 제철 식재료를 구입해 냉동 저장하여 비수기에도 식재료 준비에 어려움이 없게 하면 메뉴 관리를 용이하게 할 수 있다.

채소는 최근에 냉동제품도 증가하고 있고 온실 재배 등으로 4계절 모두 공급 가능한 편이지만 일부 품목은 품귀 현상 또는 고가의 가격을 지불해야 하는 경우가 있는 등 불리한 점이 많으므로 성수기 점검이 필요하다. 예를 들어 양파는 6월(40%), 7월(20%)이 성수기로 3, 4월은 품귀 현상이 많이 나타나 고가에 구입해야 하고 시금치는 10월에서 3월까지 재래종을 구입할 수 있지만 3월 이후에는 대가 나와 사용하기 어렵다.

표 3-2 연중 어패류, 채소, 과일의 성수기

	어패류	채소류	과일류
1월	대구, 명태, 굴, 삼치, 병어, 도미, 참치, 갑오징어	연근, 표고버섯, 무, 시금치	귤, 사과
2월	참게, 참치, 삼치, 굴, 가자미, 정어리, 도미, 방어	무, 쑥갓, 컬리플라워	귤
3월	가자미, 소라, 대합	쑥갓, 두릅	귤
4월	가자미, 도미, 삼치, 참치, 갈치, 청어, 게	두릅, 우엉, 죽순	귤
5월	쥐치, 다랑어, 갈치, 도미, 문어	죽순, 양파, 양배추	딸기
6월	갈치, 차새우, 광어, 작은 방어, 문어	감자, 양파, 콩, 깻잎, 토마토	딸기
7월	갈치, 농어, 가자미, 문어	오이, 토마토, 호박, 가지, 양파	수박
8월	갈치, 정어리	토마토, 오이, 호박, 가지, 깻잎, 풋고추	복숭아, 포도, 살구
9월	고등어, 꽁치, 도미, 갈치, 농어, 오징어	오이, 토마토, 연근, 호박, 가지, 콩	포도, 배
10월	삼치, 참치, 오징어, 꽁치, 정어리, 옥도미	고구마, 배추, 연근, 토란, 송이버섯	감, 배, 밤
11월	가자미, 삼치, 참치, 꽁치, 갑오징어	배추, 시금치, 우엉, 무	배, 사과, 감, 밤, 귤
12월	삼치, 굴, 대합, 대구, 방어, 게, 도미, 바닷가재	무, 배추, 고구마, 연근	귤, 감, 사과

Chapter 04

메뉴 가격 결정

1 가격 결정의 논리
2 메뉴 가격 결정 방법
3 식자재 원가 분석
4 손익분기점
5 식음료 원가를 상승시키는 요인
6 음식물과 위생

1. 가격 결정의 논리

메뉴 계획의 성공 여부의 또 하나는 적정한 가격을 책정하는 것이다. 일반적 가치 개념은 아이템의 품질과 가격 간의 변수에 의하여 결정된다.

경쟁가격으로 가격이 경쟁업소와 같다면 품질 차이에 의해 가치가 달라진다. 그러나 다른 경쟁업체에서 흉내낼 수 없는 최고의 음식 맛과 서비스라면 가격이 높더라도 가치가 상승할 수 있기 때문에 가격 책정은 다양한 변수를 갖고 있다.

수익성 분석에서 보면 식자재 원가와 인건비의 비율을 더하면 판매가의 60%를 넘지 않고 식자재 원가가 35% 이하로 유지되는 것이 바람직하다. 임대료가 높은 곳은 훨씬 더 낮은 20% 이하에서 운영해야 한다.

음식을 주요 판매 상품으로 하는 외식업체는 업태[다이닝 레스토랑(dining restaurant), 패밀리 레스토랑(family restaurant), 퀵 서비스 레스토랑(quick service restaurant)]와 고객들의 계층도 아주 다양하다. 분류된 각 레스토랑은 업태에 맞는 음식을 판매하며 음식의 가격은 다양한 계층으로 구성된 고객의 요구에 적합해야 한다.

메뉴의 적합한 가격은 타 경쟁업소와의 가격경쟁에서 우위를 차지할 수 있는데 이러한 경쟁우위는 고객들의 꾸준한 이용과 그로 인한 안정된 수익률을 보장할 수 있다. 특히 동종업체끼리의 무리한 가격경쟁은 외식업소에 큰 손해로 돌아오기도 하므로 협의에 의한 가격 결정도 필요하다.

일반적으로 메뉴의 가격을 결정하는 방법으로는 타 업체의 벤치마킹을 통하여 이루어지는 경우가 많다. 즉 업소들의 평균 가격을 조사하여 유사한 가격을 메뉴에 적용하는 것이다. 이렇게 결정된 가격은 업소가 고객들의 시선을 끄는 여러 가지 요소들(교통, 주차, 종업원의 서비스 정도, 업소의 청결도 등)과 복합적인 관계를 가짐으로써 고객의 충성도에 영향을 미치게 된다. 특히 도심지에 위치한 외식업체를 이용하는 고객들에게는 그 업체에 이르는 편리한 교통, 차량을 안전하게 주차할 수 있는 공간 확보, 화장실과 업소의 청결 등이 중요한 업체 선택요소로 작용하기도 한다. 이러한 요소를 적절히 구비한 업체를 고객들은 찾게 되고, 음식의 가격이 다소 높더라도 음식의 맛, 영양가 등 품질이 뛰어나면 꾸준한 재방문이 이어지기도 한다.

메뉴 가격은 식자재 시장의 원가가격 변동에 아주 민감하다. 호텔 내의 레스토랑과 같은 파인 다이닝 레스토랑(fine dining restaurant)에서 판매하는 샐러드 재료나 고급 수입 육류, 바닷가재와 같은 고급 해산물 등은 산지의 시가 변동과 물류비의 변화에 민감하게 반응한다. 따라서 고정된 메뉴 가격은 이러한 경우 적정이윤에 기여할 수 없기 때문에 불이익을 감수할 수밖에 없다. 그렇다고 해서 상승한 물류비와 원가에 따라 메뉴의 가격을 매번 올릴 수는 없기 때문에 최초 메뉴 계획을 수립할 때 전체 메뉴의 가격을 균형 있게 책정하는 것이 좋다. 또한 어느 정도 기간이 지난 뒤 사회적인 물가변동에 맞추어서 메뉴의 가격에 변동을 주는 것이 바람직하다.

수익성 분석에서 보면 식자재 원가와 인건비의 비율을 더하여 판매가의 60%를 넘지 않게 하고 식자재 원가의 비율은 35% 이하로 낮추는 것이 바람직하다. 임대료가 높은 곳은 더 많은 음식의 판매와 기타 원가 절감 및 인건비 축소 등 긴축 정책을 사용하기도 하며 보통 식자재 원가율을 20% 이하로 조정하기도 한다. 식자재비, 인건비, 기타 발생하는 직·간접비용 등을 정확하게 계산하기 어려우므로, 원가수치와 기타 변수를 고려하여 계산하는 가격 책정법을 사용하며, 수요자 입장에서 받아들이는 가격 및 경쟁업소에 의해 결정되는 가격 책정법도 있다.

(1) 메뉴 가격 결정의 목적

- 업장의 매출목표 달성과 수익성 확보
- 객단가의 이익 극대화
- 고객별 점유율 유지
- 주방과 식당 경영의 합리화 방안 모색

(2) 가격의 결정 요소

- 수요의 탄력 : 메뉴에 제공되는 아이템, 가격, 질
- 고객이 인지한 가치
- 경쟁 : 가장 큰 영향을 주는 변수
- 정부의 규제
- 업장의 위치
- 서비스 형태
- 질과 맛
- 매출액(량)
- 제비용
- 식음료 원가
- 생산방식

- 가격 정책
- 원하는 수익률
- 가격 수준과 가격 폭
- 식자재의 공급시장

2. 메뉴 가격 결정 방법

(1) 비구조적인 방법

1) 모방 가격 결정

모방이란 규모나 업태가 유사한 다른 식당의 메뉴와 가격을 그대로 도입하거나 약간의 수정을 거쳐 도입하는 것을 말한다. 식당 경영의 경험이 부족하거나 새로 시작하는 경우에 이러한 모방이 나타난다. 이러한 방법을 사용할 경우 원가에 대한 정확한 분석 없이 판매가가 결정되기 때문에 바람직하지 못한 방법이다.

2) 수요중심의 가격 결정

① **단수 가격** : 매가의 마지막 수치를 홀수로 끝을 내는 방식이다.

② **가격 단계 설정법** : 가격점에서는 수요가 탄력적이지만 가격점 사이에서는 비탄력적이라는 원칙을 이용한다.

③ **유인 가격 설정법** : 백화점, 연쇄점에서 특정 상품을 싸게 유도함으로써 다른 상품의 구매를 유도한다.

3) 경쟁 중심의 가격 결정

① **가격 선도제** : 선도기업이 가격을 결정하면 나머지 기업들은 이에 따라서 가격을 결정한다.

② **관습적 가격 설정법** : 기업들이 사회관습에 의한 관행에 따라 결정하는 가격이다.

③ **시장 점유율 확보가격 설정법** : 자사의 상품을 처음 판매하는 경우에 소비자들이 자사가 제시하는 정도의 침투가격이면 기존에 사용하던 상표를 포기하고 자사 상품을 구입할 것이라는 전제 하에 시도하는 방법이다.

(2) 구조적인 방법

양적인 방법 또는 합리적인 방법이라 할 수 있는 것으로 주로 수치를 이용하여 원가를 계산한 후 기타의 변수를 고려하여 판매가를 결정하는 방식이다. 상당히 객관적인 가격 결정 방법으로 다음과 같은 방식들이 있다.

1) 팩토(factor)를 이용한 판매가 결정 방식

호텔경영을 위한 회계원칙이라 할 수 있는 〈Uniform Sytem of Account for Hotel〉을 채택하고 있는 미국을 포함한 전 세계 여러 국가의 호텔에서 이용하는 FBC(Food & Beverage Cost)와 맞물려, 식음료 원자재의 원가를 산정하고 그 외의 인건비나 제반 비용은 별도로 계산하는 방법이다. 이 방식은 승수(multiplier) 또는 원가에 가산되는 금액(mark-up) 방식이라고도 한다.

판매가의 산정 공식은 다음과 같다.

판매가 = 식음료 원가 × 팩토

여기에서 식음료 원가는 아이템별 표준조리량 목표(standard recipe)가 만들어지고 원가가 계산된 것을 전제로 한다.

표준량 목표상에 계산된 어떤 품목에 대한 원가가 5,000원이라고 하였을 때 판매가는 원가 5,000원 × 3배 = 15,000원이 된다.

판매가(15,000원) = 식음료 원가(5,000원) × 3

순수 식음료 원가의 2.5배~3배로 판매가를 결정하는데 지금까지 축적된 호텔들의 경영분석을 통해 얻은 것을 근거로 판매가 15,000원에서 식음료 원가 5,000원을 감하면 10,000원이 남게 된다. 이 10,000원에서 식음료 원가를 제외한 모든 비용을 제하고 일정액의 이윤을 남겨야 한다.

일반적으로 호텔에서 적용하는 각종 비용의 비율(percentage)은 다음과 같다.

표 4-1 일반적인 호텔식 판매가의 비용 비율

비용	비율(%)
식음료 원가율	33
노무비	28
수도광열비	8
제세공과금	10
홍보선전비	5
기타 비용	6
이윤	10
총매출(계)	100

※ 총매출 100% - 식음료 원가 33% = 67%(각종비용 + 이윤)

이상과 같은 경영분석에서 얻은 결과를 토대로 하여 식음료 원가만을 가지고 판매가를 결정하는 때 식음료 원가율이 33%를 넘어서면 결과적으로 이윤이 그만큼 줄어든다는 것이다.

상기에 제시한 원가의 구성 비율은 한 특급호텔의 원가구성 비율을 예로 든 것이지 이것이 표본이 될 수 없으며 영업의 형태에 따라 그 구성 비율이 달라질 수 있다. 또한 단체급식 업소나 일정액 이상 판매가격을 조정할 수 없는 업장의 경우에는 음식물의 생산 원가가 높아질 수 있다. 따라서 식음료 원가가 높을 경우에는 다른 비용을 줄이는 방법을 강구해야만 이윤을 창출할 수 있다.

또한 판매가를 결정할 때 한 가지 방법을 모든 품목에 일률적으로 적용할 수는 없으며 각종 변수를 고려해야 한다. 상기에서 제시한 식음료 원가율 25~30%의 적용 또한 전체적인 원가총액을 의미하는 것이지 모든 아이템에 동일하게 적용하는 것은 아니다. 정책적으로 내놓은 높은 원가의 품목도 있을 수 있으나 그 구조상 아주 낮은 원가로 높은 가격을 형성하고 있는 품목도 있다. 예를 들어 커피 한잔의 생산원가는 판매가의 15% 이내의 아주 낮은 원가로, 원가가 높은 다른 품목의 단점을 커버해 주는 효자 품목이라 할 수 있다. 따라서 매월 결산을 통해 원가총액를 분석해 보고 원가가 지나치게 높을 경우에는 원인을 찾아 이를 수정해야 한다.

2) 프라임 코스트(prime cost)에서의 판매가 결정 방식

프라임 코스트란 팩토에서 식음료 원가를 기준으로 판매가를 결정하는 방식에 직접인건비를 포함하여 판매가를 결정하는 방식이다.

판매가 = 식음료 원가 + 직접인건비

여기 포함되는 인건비는 어떤 아이템을 생산하는 데 직접적으로 요구되는 인건비를 말한다. 식당의 형태, 생산 시스템, 조리 형태에 따라 요구되는 인건비는 각각 다를 수 있다. 그래서 전체 노무비의 약 1/3을 직접인건비로 간주하여 식자재의 원가에 추가하여 프라임 코스트를 설정한다. 예를 들어 전체 식음료 원가율이 33%, 그리고 전체 노무비율이 27%이고 어떤 아이템을 생산하는데 들어가는 생산원가가 5,000원, 직접인건비가 2,000원이라는 조건하에서 판매가는 다음과 같은 공식과 절차에 의해서 계산된다.

식료 원가율 : 33%
전체 인건비율 : 27%
표준량 목표상의 식음료 원가 : 5,000원
직접인건비 : 2,000원

① **프라임 코스트** : 식음료원가(5,000원) + 직접인건비(2,000원) = 7,000원
② **프라임 코스트율** : 식음료 원가율(33%) + 직접인건비율(9% = 27% × 1/3) = 42%
③ **팩토** : 매가(100%) − 프라임 코스트율(42%) = 마진(58%) → 매가(100%) / 마진(58%) = 1.72
④ **판매가 결산** : 7,000원 × 1.72(① × ③) = 12,040원
⑤ **판매가 결정** : $+\alpha$를 고려하여 결정

3) 식음료 원가를 제외한 모든 비용과 이윤을 이용한 방식

① **식음료 원가를 제외한 제비용과 이윤을 결정한다**(전년도의 데이터, 예측된 데이터를 이용).

② **식음료 원가가 차지하는 비율을 계산한다**(판매가를 100%로 보고 식음료 원가를 제외한 제비용과 이윤을 100%에서 감한다).

③ **팩토를 계산한다**(판매가 100%를 식음료 원가율로 나눈다).

④ **판매가를 계산한다**(식음료 원가에 계산된 팩토를 곱한다).

⑤ **판매가 결정**(+α 를 고려)

판매가(100%) – 제비용(57%) – 이윤(10%) = 식음료 원가(33%)
→ 팩토 = 판매가(100%) / 식음료 원가(33%) = 3
→ 판매가(원) = 식음료 원가(원) × 3

4) 실제 원가를 이용한 방식

생산 및 운영에 소요되는 제비용과 원하는 이윤까지를 포함하여 판매가를 계산하는 방식이다. 식음료 원가, 노무비, 변동비율, 고정비율, 그리고 이윤을 바탕으로 다음과 같은 공식으로 판매가가 계산된다.

판매가(100%) = 식음료 원가 + 총 노무비 + {총매출액에 대한 변동비(%) + 총매출액에 대한 고정비(%) + 총매출액에 대한 이윤(%)} 판매가

① **판매가 계산에 요구되는 정보를 수집한다.**

판매가에서 고정비, 변동비, 이윤이 차지하는 비율을 계산한다.

② **특정 아이템에 대한 식음료 원가와 인건비를 금액으로 표시한다.**

- 식음료 원가 : 5,000원
- 총 인건비 : 2,000원
- 변동비 : 매출액의 10%
- 고정비 : 매출액의 15%
- 이윤 : 매출액의 10%

※ 판매가는 항상 100%가 된다.

③ **식음료 원가와 인건비가 매가(100%)에서 차지하는 비율 계산**

변동비(10%)+고정비(15%)+이윤(10%)–100% = 식음료 원가와 인건비 비율(65%)

④ 판매가 계산

식음료 원가(5,000원) + 총 인건비(2,000원) + {변동비(0.10) + 고정비(0.15) + 이윤(0.10)}판매가 = 판매가(100%)

7,000원 + 0.35 판매가
7,000원 = 0.65 판매가
판매가 = 7,000원 / 0.65
판매가 = 10,769원

⑤ **판매가 결정**(+α 를 고려)

5) 매출 총이익(gross profit)을 이용하는 방식

일정기간 동안의 총매출액에서 식음료 원가를 감하면 매출 총이익이 된다. 그리고 매출 총이익을 그 기간 동안의 고객 수로 나누면 객당 평균 매출 총이익이 된다. 여기서 얻은 총 이익은 식음료 원가만을 제외한 나머지로 모든 비용과 이윤까지 충당해야 한다. 예를 들어 어떤 식당의 1년간 영업활동 결과를 정리한 손익계산서상의 식음료 총매출이 1,200,000,000원이었고 식음료 원가가 330,000,000원이었으며 고객의 수가 300,000명이었다면 이를 아래와 같이 계산해 보면 객당 매출 총이익은 2,900원이 된다.

총 매출액(1,200,000,000원) − 식음료 원가(330,000,000원) = 매출 총이익(870,000,000원)
→ 매출 총이익(870,000,000원) ÷ 고객 수(300,000명) = 객당 매출 총이익 = (2,900원)

이러한 과정을 거쳐 계산된 2,900원의 객당 매출 총이익을 레시피 상에 나타나는 품목의 원가에 추가로 부과하여 판매가를 계산하는 방식이다.

어떤 메뉴를 고객에게 서비스하기 위해 부수적으로 제공하는 아이템이 있다면 이것들은 별도로 원가를 계산하여 판매가 결정 시에 포함해야 한다. 예를 들어 경양식 레스토랑에서 메인 메뉴를 주문하면 수프와 샐러드, 빵과 커피가 제공된다고 한다면 이들의 원가를 산출하여 판매가에 추가해야 하는 것이다.

① 제공되는 다른 아이템의 생산 원가

수프(800원) + 샐러드(650원) + 빵(300원) + 커피(500원) = 생산원가(2,250원)

② **메인 아이템들의 생산 원가**

- 메인 아이템 A : 3,500원
- 메인 아이템 B : 6,000원
- 메인 아이템 C : 8,500원
- 메인 아이템 D : 12,500원

③ **메인 아이템들의 판매가를 계산**

아이템명	생산원가	다른 아이템의 생산원가	GP	판매가
메인 아이템 A	3,500원	2,250원	2,900원	8,650원
메인 아이템 B	6,000원	2,250원	2,900원	11,150원
메인 아이템 C	8,500원	2,250원	2,900원	13,650원
메인 아이템 D	12,500원	2,250원	2,900원	17,650원

④ **판매가 결정**(+α 를 고려)

6) 평균 객단가를 이용하는 방식

고객(시장)의 수준에 따라 판매가를 계산하는 방식으로 예측된 평균 객단가의 범위 내에서 제비용과 이윤을 고려한 뒤 식음료 원가를 산정하여 범위 내에서 적절한 아이템을 찾는 역방향의 계산방식이다.

① **평균 객단가를 이용한 판매가 계산**

> 고객의 수준[평균 객단가 : 6,000원(100%)] − 식음료 원가를 제외한 제비용[2,000원(50%)] − 원하는 이윤[1,000원(17%)] = 식음료 원가[예상판매가 − 제비용과 이윤 : 3,000원(33%)]
> → 아이템 선정(3,000원에 해당하는 식자재)

② 평균 객단가 계산

투자액	20,000,000원	원하는 이윤	12%
은행대출	50,000,000원	금리	10%
이자를 제외한 고정비	10,000,000원	세율	30%
변동비	50,000,000원	식음료 원가율	40%
좌석수	100석	좌석회전수	2회
영업일수	313일		

㉠ 원하는 이윤 계산 : 20,000,000원 × 0.12 = 2,400,000원
㉡ 세금을 포함한 이윤 계산 : 순수익 / (1 − 세율) = 2,400,000원 / 1 − 0.3
= 2,400,000원 / 0.7 = 3,428,571원
㉢ 이자 계산 : 50,000,000원 × 0.1 × 1 = 5,000,000원
㉣ 고정비 계산(이자 제외) : 10,000,000원
㉤ 변동비 : 50,000,000원
㉥ 식료수입 : (㉡ + ㉢ + ㉣ + ㉤) / (1 − 원하는 원가율)
= 68,428,571원 / 1 − 0.4 = 68,428,571원 / 0.6 = 114,047,618원
㉦ 매출량(고객 수) : 영업일수 × 좌석 수 × 좌석회전수 = 313 × 100 × 2 = 62,600명
㉧ 평균 객단가 : 총 식료 수입 / 예측된 고객 수(커버)
= 114,047,618원 / 62,600명 = 1,822원

③ 점심, 저녁의 객단가

총 식료수입 중			
점심 좌석회전수	45%, 1.25회	저녁 좌석회전수	55%, 0.75회

㉠ 식료 총 수입 : 점심 = 114,047,618원 × 0.45 = 51.321.428원
저녁 = 114,047,618원 × 0.55 = 62,726,190원
㉡ 고객 커버 수 : 점심 = 313 × 100 × 1.25 = 39,125명
저녁 = 313 × 100 × 0.75 = 23,475명
㉢ 평균 객 단가 : 점심 = 51,321,428원 / 39,125명 = 1,312원
저녁 = 62,726,190원 / 23,475명 = 2,672원

결론적으로 말하면 모든 레스토랑 또는 식음료업장에서 판매가를 결정할 때 위에서 설명한 방식들 중 한 가지 방법만을 택할 수는 없다. 경쟁사와의 가격비교, 입지에 대한 조건, 판매우위 전략 등 여러 가지 변수가 많기 때문에 각 아이템의 특성에 맞는 방식을 채택하여 판매가를 결정해야 한다.

이상적인 판매가는 계산에 의해서만 결정되는 것이 아니며, 수익에 영향을 주는 다양한 요인들을 세심하게 분석할 수 있는 경영자 및 관리자의 능력이 요구된다. 판매가 결정의 궁극적인 목표는 이익의 극대화이기 때문이다. 기업의 입장에서 보면 가격은 이익의 원천으로 총수익에 큰 영향을 주며, 목표 이익을 달성하기 위한 기본요건이 되는 동시에 판매량에도 영향을 주기 때문에 여러 가지 변수를 복합적으로 분석하고 고려하여 판매가를 결정하는 것이 바람직하다.

3. 식자재 원가 분석

(1) 원가 관리의 개념

1) 원가

기업경영의 중요한 목적이 있는 재화나 용역을 생산 · 판매하기 위하여 정상적으로 소비되었거나 소비될 것으로 기대하는 경제가치를 화폐금액으로 표시한 것이다(한국공인 회계사 〈1973년 제정한 원가계산 기준〉). 원가라 함은 경영에 있어 일정한 급부에 관련하여 파악된 재화 또는 용역의 소비를 화폐가치로 표시한 것이다. 원가는 경영목적 이외의 경제가치의 소비나 이상상태하의 경제가치의 감소를 포함하지 않는다(원가기준 제3조 제1항 제2장).

2) 원가와 비용

① **원가** : 급부생산을 위한 경제가치의 소비이다.

② **비용** : 손익계산상 수익에 대응하는 개념으로서 기업 자체의 유지활동을 위하여 이바지한 경제가치의 소비이다.

3) 원가와 지출

① **지출이 없는 원가** : 무상취득자산의 생산을 위한 소비, 자가생산 재화의 생산을 위한 소비, 개인 기업가의 보수

② **원가가 아닌 지출** : 공장용 토지 취득을 위한 비용, 영업 관련 비용

(2) 원가의 분류

1) 형태별 분류(원가의 3요소)

① **재료비** : 물품의 소비에서 발생하는 원가이다(예 : 원료, 재료 등).

② **노무비** : 노동력의 소비에서 발생하는 원가이다(제조에 관계한 사람의 급여).

③ **경비** : 물품 및 노동력 이외의 재화나 용역의 소비에서 발생하는 원가이다(예 : 수도, 광열비, 교통비 등).

2) 제품과의 관련성에 의한 분류

① **직접비** : 특정제품 제조에만 소비되어 그 원가를 직접 부가할 수 없는 원가이다(예 : 가구제조업에서의 목재).

② **간접비** : 여러 제품에서 공통적으로 발생하는 원가이다. 인위적으로 적절한 배부기준에 의하여 각 제품에 배부한다(예 : 감가상각비 등).

※ 동일한 원가 요소라도 원가대상이 달라짐에 따라 직접비가 되기도 하고 간접비가 되기도 한다.

(3) 원가의 구성도

표 4-2 원가의 구성도

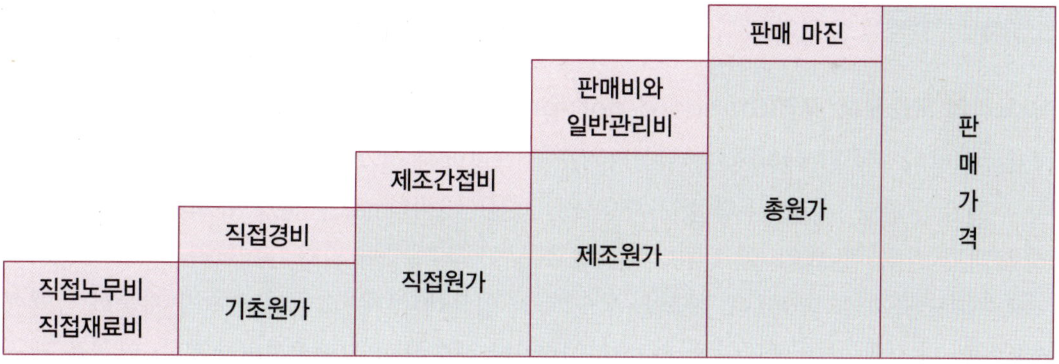

(4) 표준 설정의 실제

식당경영에 있어 식자재 표준원가 관리의 토대가 되며 제조활동 과정에서 발생할 가능성이 있는 과다한 낭비 요인의 파악과 그의 시정대책 수립의 기준 설정을 목적으로 시행하는 표준화의 대상 업무는 다음과 같다.

- 요리의 표준분량 규격(standard portion sizes)
- 요리의 표준조리량 목표(standard recipes)
- 자재의 표준 구매명세서(standard purchase specification)
- 자재의 표준산출율(standard yield)

식음료 자재를 구입하고 조리과정을 통해 가공하여 서비스 요원에 의해 고객에게 판매하기까지의 업무를 철저하게 표준화함으로써 각 단계의 원가를 측정할 수 있는 계량화 업무의 기초를 수립하기 위해서는 실측작업과 그의 분석을 꾸준히 수행해야 한다. 표준원가계산의 절차는 아래와 같다.

① 원가의 표준(이상적인 원가기준)을 설정한다.
② 원가표준에 의한 원가를 계산한다.
③ 실제원가에 의한 원가를 계산한다.
④ 표준원가와 실제원가의 비교를 통해 그 차이를 산정한다.
⑤ 원가의 차이를 분석한다.
⑥ 분석 결과를 보고하고 다음 단계로 이행한다.

1) 요리의 표준분량 규격(Standard portion sizes)

표준분량 규격이란 메뉴에 표시된 가격으로 식당에서 고객에게 판매하는 모든 요리에 대한 주재료의 중량, 분량, 수량 등의 규격을 나타낸 것이다. 표준 분량 규격 설정은 각 단계별 요리인 전채, 주 요리, 채소류, 후식, 음료 등이 그 대상이 된다.

표준분량 규격 설정의 주요 목적은 두 가지가 있는데 첫째, 고객이 자기가 지불한 금액에 해당하는 음식의 양을 제공받게 하는 것이다. 한 테이블의 고객은 180g의 소 안심을 제공받았는데 옆의 고객은 170g의 양을 받아서는 안 된다. 둘째, 적정의 원가율을 유지하여 목표이익을 실현하는 것이다. 소 안심 가격이 180g을 기준으로 결정되었는데 200g의 중량으로 제공한다면 식당이 손해를 보는 것이다.

① 요리의 표준분량 규격 결정방법

고객이 지불하는 요금을 기준으로 얼마만큼의 원가에 해당하는 분량의 요리를 제공할 것인지를 결정하는 원가적 접근방법과 식당을 이용하는 대다수의 고객이 원하는 분량규격의 수량을 중심으로 한 결정방법 등이 있다.

능률적인 분량규격 관리를 위해서는 표준의 설정과 종업원에 대한 교육 및 작업과정의 검사를 통한 실행 여부 확인이 경영자에 의해 꾸준히 이루어져야 한다.

2) 표준 식자재 구매 명세서(Standard food purchase specification)

표준 구매명세서는 각 구매 품목별 내용의 간략한 기술서로 이것이 형식적으로 작성되면 구매방침의 일관성과 통일성의 결여로 구매활동 수행 시 혼란을 야기하여 결국 원재료의 선택에 있어 일정한 품질수준을 유지하기 어렵게 된다. 그러므로 명세서 설정 시에는 실질성과 유용성의 원칙을 지키며, 업체에서 수립한 식자재 구매계획과 원가정책에 따라 메뉴 품목별로 필요한 식자재에 대해 철저한 질량연구를 시행하여 그 결과를 토대로 표준 명세서를 설정해야 한다. 구매 관리자와 납품업자 모두 이 표준 명세서를 상호 확인하여 그들의 직무 기능을 원활히게 수행할 수 있게 해야 한다.

① 표준 식자재 구매명세서 설정의 목적

㉠ 구매입찰의 견적기준 제시
㉡ 검수기준의 명시화
㉢ 식자재 원가 및 요리의 품질보관 관리의 기초
㉣ 식자재의 산출을 측정과 요리규격 및 추정 판매가격 선정

② 표준 식자재 구매명세서 설정의 절차

㉠ 구매 책임자, 조리 책임자, 식자재 관리자의 합의사항을 경영자의 재가로 정한다.
㉡ 시장, 산지, 계절, 납품업계의 현실적 수준을 분석
㉢ 수익성보다는 메뉴를 상품화한 이후 조리 과정에서 나타나는 식자재의 특성에 대해 실제적인 실험을 반복 수행한 결과를 기준으로 한다.

③ 표준 식자재 구매명세서 기술사항

㉠ 정확한 품명(원어와 한글 병행표기 권장)
㉡ 등급, 상표, 교역조건, 품질명세
㉢ 컨테이너 크기, 포장단위
㉣ 특별히 요구되는 사항(산지 지정, 수확시기, 견양 등)

3) 표준산출량(Standard yield)

산출이라는 용어는 구매한 상태의 식자재에 손질 작업을 가하여 얻은 순중량, 다시 말해 식자재를 가공하여 고객에게 판매할 수 있게 만든 상태에서의 수 또는 중량을 의미하는 것이다.

식자재의 구매 당시 중량과 판매 가능 상태 시 중량 간의 차이가 발생하는 것을 작업상의 손실이라 하며, 이 작업 단계는 식자재 기초손질 작업과 조리작업 단계로 구분되며 주 요리(main dish)의 경우에는 표준분량 규격의 작업단계가 추가되기도 한다. 이러한 조리작업 단계 즉 원가의 흐름 과정상에서 발생하는 상태별 수량 감량은 손실을 의미하기 때문에 그의 최소화를 위한 관리방법의 하나가 산출량 표준화인 것이다.

표준산출율의 측정은 두 가지의 중요한 목적으로 사용되는데 첫째, 식자재 원가산출에 사용되는 원가인수 설정과 요리량의 원가배수 등의 산정에 있다. 둘째, 보다 높은 산출 획득을 위한 각종 조리방법의 개선책 강구에 있다.

4) 표준산출율의 산정공식

① 판매가능 육류의 산출율(Ratio of servable weight)

$$\frac{\text{서비스 무게}}{\text{최초의 무게}} \times 100$$

② 판매가능 육류의 단가(Cost per servable weight)

$$\frac{\text{구매단가}}{\text{판매가능 육류의 산출율}}$$

③ 원가인수(Cost factor)

$$\frac{\text{판매가능 육류의 단가}}{\text{구매단가}}$$

④ 규격 요리당 원가(Portion size per cost)

$$\frac{\text{1kg당 판매원가}}{\text{1kg당 생산가능 규격의 수}}$$

⑤ 규격 요리당 원가배수(Portion cost multiplier)

$$\frac{\text{원가인수}}{\text{1kg당 1인분 수}}$$

(5) 원가계산을 위한 절차

1) 원가계산의 목적

F.B.C(Food & Beverage Cost)의 기능은 식당의 경영방침 또는 이익계획에 입각하여 식음료 메뉴의 품질 조건을 결정하고 그에 합당한 식자재 구매, 메뉴 상품 제조 및 판매를 실행하여 가능한 한 최대의 이윤을 확보하기 위한 식자재 원가 관리이다.

2) 준비절차

① 식자재 구입가격 확정

- 수입 식자재
- 저장 자재
- 일일 식자재

② 재료별 수율가 분석

㉠ 육류

표 4-3 육류의 수율가 분석

품명	단위	단가(원)	주산물	햄버거용	기름과 피 로스분	국물용	수율가 (원)
안심	kg	13,450	75	8	10	7	17,002
등심	kg	7,680	60	10	15	15	11,060
목살	kg	5,480	70		10	20	7,393
국산갈비	kg	7,500	50		15	35	13,932
잡뼈	kg	1,450	95		5		1,526
수입갈비	kg	8,250	90		5	5	8,322

〈계산방법〉
안심 13,450원(단가) – 햄버거용 80g의 수율가 591원 – 국물용 수율가 107원
= 12,752 ÷ 주산물 75% = 17,002원

㉡ 생선류

표 4-4 생선류의 수율가 분석

품명	단위	단가(원)	수율(%)	수율가(원)	비고	
					국물용	로스분
선도미	kg	11,000	60	18,333	25	15
서해광어	kg	7,000	70	10,000	20	10
참치아까미 1급블럭	kg	13,000	85	15,294		15
광어살대	kg	9,000	95	9,473		5

㉢ 채소류

표 4-5 채소류의 수율가 분석

품명	단위	단가(원)	수율(%)	수율가(원)	비고
셀러리	kg	1,800	70	2,571	
양상추	kg	2,700	80	3,375	
오이	kg	800	90	889	
토마토	kg	2,800	95	2,947	

㉣ 일반재료

구입가 ÷ 사용량

토마토케첩 1병 구입가 555원, 사용량 1/2병
→ 555원 ÷ 2 = 277원

(6) 요리의 표준조리량 목표(Standard recipes)

표준조리량 목표는 식당의 경영목적에 합치하는 자체 표준으로서 품질과 분량 규격에 맞는 특정 요리를 생산하기 위하여 설정된 요리의 표준에 대한 기술서이다. 따라서 각종 요리 생산에 소요되는 식자재의 품목별 수량과 요리의 특성 및 조리방법 등에 관한 내용이 요구되는 처방서라고 할 수 있다.

1) 표준조리량 목표 작성의 목적

① 요리에 대한 식자재 원가산정의 기준이 되며 원가에 의한 판매가격의 산출에 기여한다.
② 표준 식자재 원가의 산정에 기여한다.
③ 요리생산의 일괄성을 유지한다.
④ 요리 및 제품의 표준화와 식자재의 공급 및 관리에 기여한다.
⑤ 조리사들의 업무, 숙련도 측정 및 교육훈련 등의 관리에 기여한다.
⑥ 판매가격의 결정은 식당의 형태와 요리에 따라 차이가 있으나 일반적으로 원가의 2.5~3배 선에서 정한다.
⑦ 원가비율 :

$$\frac{\text{표준원가}}{\text{판매가}} \times 100$$

(7) 표준조리량 목표 카드(Standard recipes card)의 작성

표준조리량 목표 카드는 일반적으로 영업장에서 조리를 위한 카드와 원가 분석을 위한 카드로 구분하는데 업장용 카드는 원가 분석 없이 다음 카드 서식에 그 요리에 필요한 항목을 적어 넣고 조리 순서 방식 등을 나열하며 경우에 따라 요리 사진을 부착한다.

1) 표준조리량 목표 카드(Standard recipes card)의 양식

<table>
<tr><th colspan="2">NO. OF PORTIONS</th><th>B.S* PORTION SIZE</th><th>ITEM CORD</th><th colspan="4">P.CH.S* SPECIFICATION & PRICE</th></tr>
<tr><td colspan="2">1인분</td><td></td><td></td><td></td><td></td><td></td><td></td></tr>
<tr><td rowspan="2">QTY</td><td rowspan="2">UNIT</td><td colspan="2" rowspan="2">INGREDIENTS</td><td colspan="2">DATE :</td><td colspan="2">DATE :</td></tr>
<tr><td>UNIT C,</td><td>AMOUNT</td><td>AT</td><td>AMOUNT</td></tr>
<tr><td></td><td></td><td colspan="2"></td><td></td><td></td><td></td><td></td></tr>
<tr><td></td><td></td><td colspan="2"></td><td></td><td></td><td></td><td></td></tr>
<tr><td></td><td></td><td colspan="2"></td><td></td><td></td><td></td><td></td></tr>
<tr><td></td><td></td><td colspan="2"></td><td></td><td></td><td></td><td></td></tr>
<tr><td></td><td></td><td colspan="2"></td><td></td><td></td><td></td><td></td></tr>
<tr><td></td><td></td><td colspan="2"></td><td></td><td></td><td></td><td></td></tr>
<tr><td colspan="2"></td><td colspan="2">TOTAL COST</td><td></td><td></td><td></td><td></td></tr>
<tr><td colspan="2"></td><td colspan="2">COST PER PORTION</td><td></td><td></td><td></td><td></td></tr>
<tr><td colspan="2"></td><td colspan="2">SALE PRICE</td><td></td><td></td><td></td><td></td></tr>
<tr><td colspan="2"></td><td colspan="2">COST PERCENTAGE</td><td></td><td></td><td></td><td></td></tr>
<tr><td>NO. :</td><td colspan="3">ITEM :</td><td colspan="4">RESTAURANT NAME :</td></tr>
<tr><td colspan="4">PREPARATION AND SERVICE</td><td colspan="4" rowspan="6">사진</td></tr>
<tr><td colspan="4"></td></tr>
<tr><td colspan="4"></td></tr>
<tr><td colspan="4"></td></tr>
<tr><td colspan="4"></td></tr>
<tr><td colspan="4"></td></tr>
</table>

*B.S = Basic, P.CH.S = Purchase

2) 표준조리량 목표 카드(Standard recipes card)의 작성 예

NO. OF PORTIONS		B.S PORTION SIZE	ITEM CORD	P.CH.S SPECIFICATION & PRICE			
2인분							
QTY	UNIT	INGREDIENTS		DATE :		DATE :	
				UNIT C,	AMOUNT	AT	AMOUNT
100	g	새우(껍질째)					
100	g	백합조개(껍질째)					
50	g	양파					
1	쪽	마늘					
30	g	버터					
20	g	밀가루					
30	ml	화이트 와인					
100	g	토마토					
20	g	토마토 페이스트					
1	개	달걀					
50	ml	생크림					
1	Ts	다진 파슬리					
		소금, 후추 약간					
		TOTAL COST					
		COST PER PORTION					
		SALES PRICE					
		COST PERCENTAGE					
NO. :	ITEM : Vellutata Di Gambertti						

PROCEDURE

1. 조개는 잘 씻어 500ml 분량의 물에 넣어 스톡(stock)을 만든다.
2. 새우는 껍질을 벗기고 조갯살과 같이 분쇄한다.
3. 새우껍질은 버터 10g에 넣어 볶다 ①을 넣어 끓인다.
4. 다른 팬에 버터 20g을 넣고 다진 마늘, 양파를 넣어 볶다 밀가루를 뿌려 다시 볶은 후 토마토 다이스(dice)와 토마토 페이스트를 넣어 볶는다.
5. 스톡을 넣어 끓이다가 와인을 넣고 다시 거른 다음 별도로 준비한 크림에 달걀노른자 섞은 것을 넣어 마무리 한다.

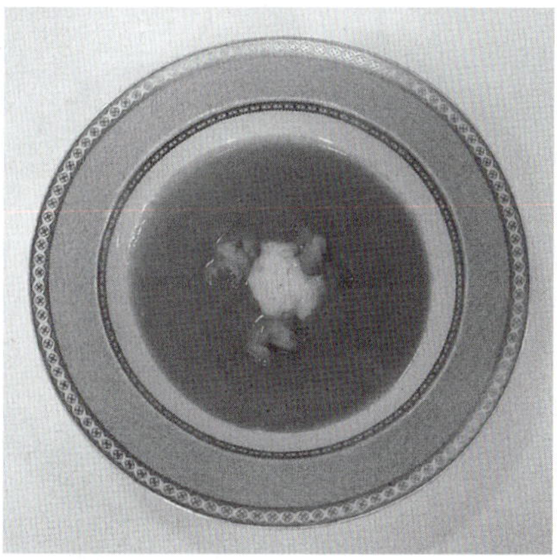

(8) 원가계산의 실제

서양요리 가운데 경양식당에서 제공하는 간단한 정찬에 대한 원가를 계산해 보자.

Set Menu, A
Cream of mushroom soup
Fresh vegetable salad
Tenderloin steak w/ red wine sauce
Fresh fruits
Coffee or tea

A라는 양식당에서 상기와 같은 정식 메뉴(set menu)를 내놓고 1인분당 20,000원에 판매하고 있다면 이 식당 경영자나 조리책임자는 해당 메뉴가 적정한 가격에 판매되고 있는지, 원가(cost)는 적당한지 분석해 보아야 한다. 그런데 이것 역시 코스마다 표준조리량(standard recipe)이 있어야 하고 생산 원가가 나와야만 'Set Menu, A'의 원가를 알 수 있다.

수프는 수프대로, 샐러드는 샐러드대로 생산원가가 나와야 하며 스테이크에 곁들여 나가는 모든 재료와 빵, 버터까지도 전부 계산해야 정확한 생산원가를 산출할 수 있다.

1) 버섯 크림수프(Cream of mushroom soup) – Standard recipe card

NO. OF PORTIONS		B.S PORTION SIZE	ITEM CORD	P.CH.S SPECIFICATION & PRICE			
10인분(1.5L)							
QTY	UNIT	INGREDIENTS		DATE :		DATE :	
				UNIT C,	AMOUNT	AT	AMOUNT
1	kg	버섯(fresh mushroom)		5,000원	5,000원		
1	L	치킨 스톡(chicken stock)		900원	900원		
100	ml	생크림(fresh cream)		1,800원	180원		
100	g	양파(onion)		1,300원	130원		
200	g	루(roux)		1,200원	240원		
10	g	소금(salt)		950원	10원		
3	g	후추(paper)		2,300원	7원		
		TOTAL COST			7,367원		
		COST PER PORTION			737원		
		SALES PRICE					
		COST PERCENTAGE					

NO. :	ITEM : Cream of mushroom soup	RESTAURANT NAME :
PREPARATION AND SERVICE		
※ 버섯 크림수프 1인분이 150ml일 때 생산원가는 737원이다.		사진

2) 신선한 채소 샐러드(Fresh vegetable salad) – Standard recipe card

NO. OF PORTIONS		B.S PORTION SIZE	ITEM CORD	P.CH.S SPECIFICATION & PRICE		
5인분						
QTY	UNIT	INGREDIENTS	DATE :		DATE :	
			UNIT C,	AMOUNT	AT	AMOUNT
400	g	양상추	2,571원	1,028원		
500	g	양배추	1,067원	534원		
200	g	오이	1,374원	275원		
250	g	토마토	1,412원	883원		
100	g	레드 캐비지	1,320원	132원		
150	g	치커리	1,882원	282원		
250	ml	드레싱	2,500원	625원		
		TOTAL COST		3,759원		
		COST PER PORTION		752원		
		SALES PRICE				
		COST PERCENTAGE				
NO. :	ITEM : Fresh vegetable salad		RESTAURANT NAME :			
PREPARATION AND SERVICE						
※ 채소 샐러드 1인분의 생산 원가는 752원이다.			사진			

3) 텐덜로인 스테이크(Tenderloin steak) – Standard recipe card

NO. OF PORTIONS		B.S PORTION SIZE	ITEM CORD	P.CH.S SPECIFICATION & PRICE			
1인분							
QTY	UNIT	INGREDIENTS		DATE :		DATE :	
				UNIT C,	AMOUNT	AT	AMOUNT
180	g	쇠고기 안심		24,870원	4,477원		
60	g	감자		2,771원	166원		
60	g	당근		1,512원	91원		
50	g	브로콜리		3,231원	162원		
40	g	가지		4,267원	171원		
60	ml	레드 와인 소스		2,500원	150원		
10	g	소금		950원	10원		
3	g	후추		2,300원	7원		
20	g	버터		1,800원	36원		
		TOTAL COST			5,270원		
		COST PER PORTION			5,270원		
		SALES PRICE					
		COST PERCENTAGE					
NO. :	ITEM : Tenderloin steak			RESTAURANT NAME :			
PREPARATION AND SERVICE				사진			

4) 과일(Fresh fruits) - Standard recipe card

NO. OF PORTIONS		B.S PORTION SIZE	ITEM CORD	P.CH.S SPECIFICATION & PRICE		
1인분						
QTY	UNIT	INGREDIENTS	DATE :		DATE :	
			UNIT C,	AMOUNT	AT	AMOUNT
1/4	개	사과	745원	186원		
1/4	개	바나나	240원	60원		
1/32	개	수박	4,500원	141원		
		TOTAL COST		387원		
		COST PER PORTION		387원		
		SALES PRICE				
		COST PERCENTAGE				
NO. :	ITEM : Fresh fruits		RESTAURANT NAME :			
PREPARATION AND SERVICE						
			사진			

5) 정식 메뉴 A(Set Menu, A) – Standard recipe card

NO. OF PORTIONS		B.S PORTION SIZE	ITEM CORD	P.CH.S SPECIFICATION & PRICE			
1인분							
QTY	UNIT	INGREDIENTS		DATE :		DATE :	
				UNIT C,	AMOUNT	AT	AMOUNT
1	인분	Mushroom Soup			737원		
1	인분	Fresh Vegetable Salad			752원		
1	인분	Tenderloin Steak			5,270원		
1	인분	Fresh Fruits			387원		
1	인분	Coffee			300원		
2	개	Bread		25원	50원		
20	g	Butter		1,800원	36원		
		TOTAL COST			7,532원		
		COST PER PORTION			7,532원		
		SALES PRICE			20,000원		
		COST PERCENTAGE			37.7%		
NO. :	ITEM : Fresh fruits			RESTAURANT NAME :			

PREPARATION AND SERVICE

※ 일반적으로 food cost가 33% 범위 안에서 판매가가 결정되는 것이지만 이러한 set menu에서는 그 식당의 정책적인 판매 전략에 의해서 원가가 약간 높은 경우에도 내놓고 있다.

사진

4. 손익분기점

(1) 손익분기점의 정의

손익분기점이란 간단히 설명하면 총수익과 총비용이 같아서 영업에 따른 이익이나 손실이 발생하지 않는, 말 그대로 제로인 상태를 말한다. 그러므로 예를 들어 외식사업 중 레스토랑에서는 손익분기점을 맞추기 위해 고객 한 사람이라도 더 끌어들여 음식을 판매하여 손익분기점에 도달하기 위한 노력을 하고 있는 것이다. 이때 바로 음식을 하나라도 더 판매하여 손익분기점을 넘어가게 되면 이익이 되는 것이고, 반대로 손익분기점보다 낮게 되면 이익이 발생하지 않는 것은 물론 영업에 따른 손실이 발생하게 된다. 일반적으로 손익분기점을 일명 CVP분석이라고도 일컫는다. 이 때 C는 비용(cost), V는 조업도(volume), P는 이익(profit)을 의미한다.

손익분기점을 산출해 내는 것은 어느 기업에서나 필요한 일이다. 이는 기업에 대한 채산성과 깊은 관계가 있으며, 특히 영업에 따른 이익과 손실을 바로 한눈에 파악할 수 있으므로 기업에서는 상당히 중요시하고 있다. 손익분기점 분석은 목표이익에 대한 매출액을 산정하는데 유용한 것이며, 손익분기점 분석표를 그래프로 그려보면 [그림 4-1]과 같다.

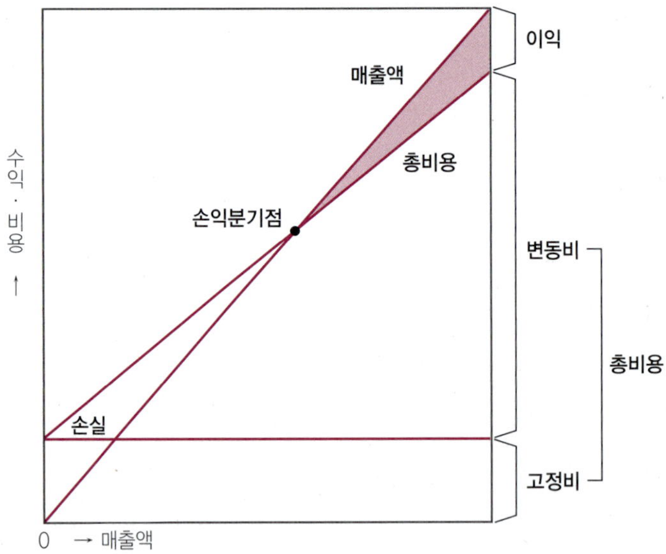

그림 4-1 손익분기점 분석표 그래프

(2) 손익분기점 분석의 필요성

비용과 매출액의 증감을 예측하기 위해 이용하는 방법이 손익분기점 분석이며 '원가 · 매출액 · 이익 분석', 혹은 '한계이익 분석' 이라고도 한다.

손익분기점 분석에서 중심이 되는 개념은 '한계이익' 이다. 이것은 매출액(혹은 판매단가)에서 변동비(혹은 단위당 변동비)만을 뺀 것이다. 즉, 고정비를 공제하지 않고 그 기간에 발생한 고정비 총액을 기간비용으로 매출액에 대응시킨다. 이것은 직접원가계산 방식과 일치하는데, 한계이익이 조달한 고정비 이상이 되면 이익이 발생하는 경계선인 손익분기점을 활용하여 원가관리의 목적을 달성할 수 있게 된다.

(3) 손익분기점 산출

손익분기점 분석을 하기 위해서는 우선 공식에서 제시하는 각종 비용에 대한 지식을 갖고 있어야 한다. 이는 손익분기점 분석에서 필수적인 항목이며, 비용의 증감에 따라 손익분기점 분석이 달라지므로 공식에 따른 비용, 즉 변동비와 고정비에 대해 알고 있어야 한다.

손익분기점 분석에서는 매출액 · 총비용 · 변동비 · 고정비 등에 따라 손익분기점에서 수익과 손실이 발생된다.

1) 변동비

변동비는 영업이 잘 되어 고객 수가 증가할수록 보다 많이 발생하는 비용이다. 일반제조업에서는 매출에 정비례하여 증가하기도 하고, 매출에 반비례하여 감소하기도 하는 비용이다. 일반적으로 제조업체의 변동비 항목은 상품을 만드는 데 소요되는 재료비, 외주가공비(제품의 일정부분에 대해 외부업체에 발주할 경우) · 소모품비 · 연료비 등을 들 수 있다. 상품의 매출원가 변동비는 매입이 대표적이라고 할 수 있으며, 판매비 · 일반관리비 · 운임 · 포장비 · 판매수수료 등이 바로 변동비의 항목에 포함되는 비용이다. 외식사업에서도 일반제조업과 마찬가지로 변동비라고 하면 재료비나 소모품비 및 음식을 만드는 데 소요되는 연료비 등을 말한다.

2) 고정비

고정비는 매출에 관계없이 언제나 일정하게 발생하는 비용을 말한다. 따라서 고정비에 대한 비용이 과다하게 지출되면 기업에서는 고정비를 줄여 손익분기점을 맞추기 위해서 온갖 노력을 기울인다. 제조업체에서는 제조원가 고정비에는 기계사용에 따른 기계마모의 감가상각비, 고정적으로 지출되는 보험료, 건물임대 등에 따라 발생하는 임대료 등은 대표적으로 고정비항목에 포함되는 비용이다. 레스토랑에서는 종업원에 대한 급료, 임대료, 주방설비기구의 감가상각비용 등이 고정비항목에 포함되는 비용이다.

3) 변동비와 고정비의 중간항목

비용항목 중 일부 항목은 고정비이기도 하지만 변동비항목으로 포함되기도 한다. 이는 영업활동 시 발생하는 비용항목 중 일정 기간마다 고객의 구매 여부와 관계없이 일정한 기본요금을 지불하는 것이다. 예를 들어 고객이 매장을 많이 방문하거나 제조업의 경우 거래처 통화 및 거래처의 문의전화 등으로 전화 사용량이 늘어나면 이에 따라 발생하는 비용이 커질 수가 있다. 이때는 바로 변동비항목에 포함될 수도 있고, 금액변동 없이 일정한 기본요금만 지불하게 되면 고정비항목에 포함될 수도 있다.

4) 공헌이익률

손익분기점 분석을 위해서는 무엇보다도 공헌이익률에 대해 알고 있어야 한다. 공헌이익률이란 매출액에서 변동비를 제외한 것을 말하며, 일명 공헌이익이라고도 한다. 쉽게 설명하면 제조업체에서 제품이나 상품을 소비자에게 판매할 때마다 늘어나는 이익과 같은 것으로 일반제조업체에서는 각종 방법을 동원하여 공헌이익률을 높인다. 만약 다른 업체에서 생산하여 만들어진 상품을 매입해서 일반소비자에게 판매하는 업체인 경우에는 상품의 매입가격은 대부분 동일하거나 비슷하기 때문에 판매 시 포장비와 같은 변동비가 공헌이익에 크게 영향을 미친다고 볼 수 있다. 최근에는 생산방법의 자동화 등 여러 가지 방법에 의해서 상품의 원가가 달라지기 때문에 상품의 제조원가 자체가 공헌이익에 막대한 영향을 미친다고 할 수 있다.

$$\text{공헌이익} = \text{매출액} - \text{변동비}$$

$$\text{변동비율} = \frac{\text{변동비}}{\text{매출액}}$$

$$\text{공헌이익률} = \frac{\text{공헌이익}}{\text{매출액}}$$

5) 손익분기점 산출공식

손익분기점 계산을 위해서는 몇 가지 공식이 필요하다.

$$\text{손익분기점 매출액} = \frac{\text{고정비}}{\text{공헌이익률}}$$

$$\text{영업이익} = \text{공헌이익} - \text{고정비}$$

위의 공식을 이용하여 손익분기점 공식에서 우선 일정기간의 예상 매출액을 S, 이에 따른 변동비를 V, 고정비를 F로 표시한다. 공식에 의하면 손익분기점은 매출액에서 변동비를 뺀 것, 즉 고정비가 되는 매출액을 일컫는다. 손익분기점에 도달하기 위한 매출액을 X라 한다면 X는 다음과 같은 식으로 계산할 수 있다.

$$X = \frac{\text{고정비(F)}}{\text{변동비(V)}} = \frac{\text{고정비}}{1 - \text{변동비율}} = \frac{\text{고정비}}{\text{한계이익률}}$$

$$1 - \frac{\text{변동비(V)}}{\text{매출액(S)}} \quad \left(1 - \frac{V}{S}\right)$$

바로 위의 공식을 손익분기점 공식이라고 일컫는다. 여기에서 분모는 매출액 단위당 한계이익을 나타내고, 한계이익률이라고 말한다. 한계이익률을 고정비 총액을 나누면 고정비 총액이 총 한계이익과 같아지는 매출액인데, 이것으로 손익분기점을 구할 수 있다.

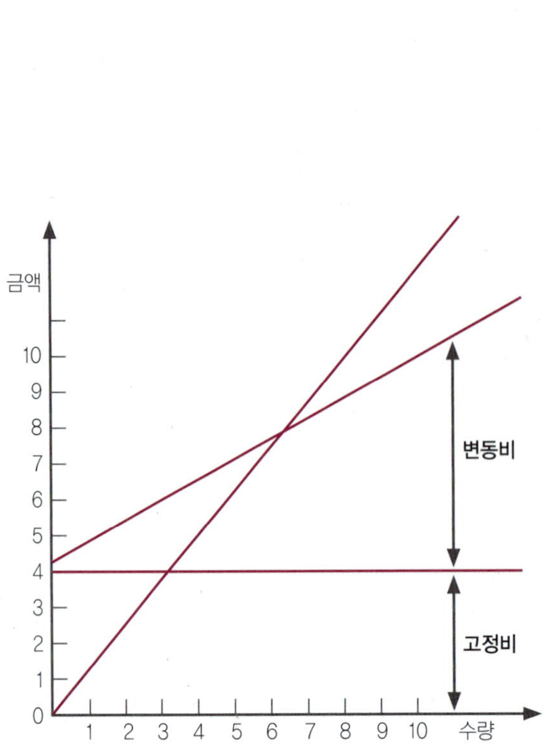

그림 4-2 손익분기점 공식에 따른 도표

6) 사례를 통한 손익분기점 계산

실제 외식업소의 영업에서 발생된 비용항목을 조사하여 손익분기점에 대한 계산을 해보자. 우선 외식업소에서는 한 달간 음식을 판매하여 발생한 매출액을 집계하고 각종 비용 중 실제 영업에서 발생한 비용을 근거로 하여 손익분기점을 계산할 수 있다. 예를 들어 A 커피전문점의 월매출액과 각종 비용항목을 조사하면 다음과 같다.

고정비항목

- 월세 : 40만원
- 보증금과 권리금 5,000만원에 대한 이자금액(은행이율 연 13% 적용) : 54만원
- 감가상각비(간판, 인테리어, 주방설비 및 기기) : 187만원
- 관리비 : 15만원
- 수도 · 전기 · 광열비 : 30만원
- 제세공과금 : 10만원
- 인건비 : 100만원
- 가맹비, 오픈행사비 : 20만원(24개월 분할상환)

→ 합계 : 456만원

변동비항목

- 원두커피 등 재료비 : 300만원
- 설탕 · 프림 · 냅킨 등 소모품비 : 60만원

→ 합계 360만원

A 커피전문점에서 발생한 고정비와 변동비에 대한 항목을 위와 같이 정리하였다.

고정비에는 매월 정기적으로 지출되는 비용과 비정기적으로 지출되는 비용이 있다. 예를 들어 월세나 관리비 등은 매월 같은 금액이 지출되는 것으로, 영업 매출과는 무관하게 발생하는 고정비항목이다.

이와는 반대로 보증금 · 권리금 · 시설투자비 등은 일시에 지불하기 때문에 매월 발생하는 비용항목에서 제외시킬 수 있다. 이러한 일시에 지불하는 비용항목의 경우 손익분기점 계산 시 어떻게 처리할 것인지 결정해야 하는데, 이들 항목도 금액을 1년 단위로 나누어 매월 발생하는 비용과 같이 분할하여 계산해야 한다.

처음 외식업소를 운영하는 사람이 초기투자단계에서 지불하는 보증금이나 권리금의 경우, 자신이 계약한 기간 동안에는 건물주로부터 인출이 불가능한 금액이므로 이 역시 은행금리를 반영하여 손익분기점 계산에 포함시켜야 한다. 자본에 대한 이자금액은 비용으로 생각해야 하기 때문이다. 이 비용을 은행에서 대출 받은 경우에는 은행의 이자율을 적용하고, 사채인 경우에는 사채에 해당하는 이자를 계산해야 한다. 감가상각비 역시 중요한 항목이다. 외식업소를 개업한 이후 수년에 걸쳐 영업을 계속할 경우 시설의 노후화에 대해 생각하지 않을 수 없다. 만약 점포를 건물주로부터 2년간 임대하여 사용한 경우에는 총비용을 24개월로 나누어 감가상각비를 계산하면 된다.

그러면 위의 항목을 기준으로 손익분기점을 계산하여 보자.

우선 A 커피전문점은 2년간 계약으로 보증금 2,000만원과 권리금 3,000만원, 월세 40만원에 15평의 점포를 임대하여 개점하였다. 개점 시 가맹비 300만원, 간판 및 인테리어 비용 2,300만원, 주방설비 및 기기 비용 1,200만원, 오픈 준비 행사비용 480만원 등이 개업자금으로 소요되었다. 매월 월세 40만원과 보증금 및 권리금에 대한 이자금액 54만원, 인건비 100만원, 관리비 15만원, 수도 · 전기 · 광열비 30만원, 제세공과금 10만원이 지출되었고, 감가상각비는 187만원으로 파악되었다. 월평균 매출액은 900만원이며 매출이익은 60%이다.

그러면 A 커피전문점에 대해서 어떻게 손익분기점을 파악할 것인지 계산해 보자. 우선

비용항목에 대해서 크게 변동비와 고정비로 구분을 한 다음 손익분기점을 계산하면 다음과 같다.

손익분기점 = 456만원 ÷ {1 - (360만원 ÷ 900만원)} = 760만원

(해설)

456만원 : 고정비항목 합계
360만원 : 변동비 항목
900만원 : 월평균 매출액

(공식)

$$\text{손익분기점} = \frac{\text{고정비}}{\text{변동비}} \quad \frac{\text{고정비}}{1 - \text{변동비율}}$$

따라서 A 커피전문점에서는 매출액이 760만원 이상이 되면서부터 이익이 발생하기 시작한다. 이때 손익분기점 이후 발생되는 초과매출액 전부를 이익으로 보아서는 안된다. 이익은 손익분기점 초과매출액 중 변동비를 빼거나 총매출액에서 고정비와 변동비의 합산금액을 뺀 나머지 부분이 된다. 그리고 손익분기점을 초과하는 매출액에 대해 일정비율로 이익이 발생하게 되는데, 이것을 한계이익률이라고 한다.

$$\text{한계이익률} = 1 - \frac{V}{S}$$

$$1 - \frac{360(\text{변동비})}{900(\text{매출액})} = 0.6$$

이때 월평균매출액 900만원에서 손익분기점 매출액인 760만 원을 빼면 140만원이 남는다. 이때 140만원이 모두 이익으로 남는 것이 아니고 한계이익률에서 나온 0.6, 즉 60%를 곱하면 A 커피전문점의 경우 84만원의 이익이 발생하였다고 할 수 있다.

5. 식음료 원가를 상승시키는 요인

(1) 구매

① 너무 많이 구매한다.
② 너무 비싼 값으로 구매한다.
③ 질, 무게, 형태에 대한 상세한 명세(설명)서가 없다.
④ 납품업자와의 원활한 관계를 유지하지 못한다.
⑤ 청구 및 지불에 대한 심사를 하지 않는다.

(2) 검수

① 접수인이 물건을 훔치는 행위(부정행위)가 있다.
② 가격, 품질, 수량에 대한 검사가 불충분하다.
③ 파손품이나 수령하지 못한 품목에 대한 확인서를 받는 제도가 되어 있지 않다.
④ 수령 방법과 절차에 대한 검열이 없다.
⑤ 저울 등 비품이나 장비 시설이 부족하다.
⑥ 접수 및 수령하는 장비가 부족하다.
⑦ 상하기 쉬운 식품을 저장하지 않은 채 오랫동안 내버려둔다.

(3) 저장

① 창고에 식품을 저장할 때 제자리에 두지 않는다.
  - 기름, 달걀, 우유를 치즈나 생선 가까이 두는 일 등
② 온도 조절을 하지 못한 채 저장한다.
③ 냉장 · 냉동고가 비위생적이다(불결하다).
④ 창고 내에서 도난상태가 발생한다.
⑤ 실질적이고 영구적인 물품(재고품)목록이 없다.
⑥ 식품저장 및 불출에 대해 한 사람이 책임지고 일해야만 하는 방침이 없다.

(4) 불출

① 창고에서 불출된 식품에 대한 기록 및 관리가 소홀하다.
② 불출물에 대한 가격 책정이 부정확하다.

(5) 준비

① 얇게 썰거나 껍질을 벗기는 기구가 부족하다.
② 채소나 고기를 지나치게 손질하여 손실되는 양이 많다.
③ 가공하지 않은 식품에 대해 체크하지 않는다.

(6) 가공

① 음식을 필요 이상으로 너무 많이 만든다.
② 잘못된 요리방법으로 요리를 한다.
③ 요리 시간이 필요 이상으로 길다.
④ 표준화된 요리법을 쓰지 않는다.
⑤ 음식 분량에 대한 기준이 없다.
⑥ 음식을 서브할 때 기준이 없는 기물을 사용한다.
⑦ 주방에서 나간 음식물 또는 이미 고객에게 제공한 음식물에 대한 기록이 없다.
⑧ 주문 받은 음식을 고객에게 제공하는 데 시간이 지체된다.
⑨ 고객 서비스 시 부주의하다.

(7) 판매

① 서비스 직원(waiter/waitress)의 부정이 발생한다.
② 계산 직원(cashier)의 부정이 발생한다.
③ 체크아웃(check-out)한 손님에 대해 부주의한 결과로 대금을 지불받지 않는 경우(skipper)가 발생한다.
④ 판매시설 기록에 문제가 발생한다(판매했는데 bill을 끊지 않은 경우).
⑤ 좋지 않은 분위기에서 서투른 솜씨로 서브하는 경우가 있다.
⑥ 대내 · 대외적으로 서투른 판촉이나 광고를 한다.

(8) 관리

① 일일 판매실적에 대해 심사하지 않고 등록하는 경우가 발생한다(체크인 과정, 웨이터의 계산서, 주방에서 나가는 음식의 수량, 품질을 확인하는 보고서 등).
② 판매나 비용 계산에 대한 사전계획을 세우지 않는다.
③ 직원들의 책임과 직권을 확인하지 않는다.

6. 음식물과 위생

(1) 병균 오염을 막는 방법

① 손을 자주 물로 깨끗하게 씻는다.
② 몸이 아플 때는 조리장에 나가지 않는다.
③ 음식물이 박테리아에 오염되지 않도록 방지한다.
④ 음식물의 온도를 조절한다(냉장고에 두거나 요리한 후).
⑤ 재채기나 기침을 할 때는 손으로 막고 한다.
⑥ 청결한 복장을 유지한다.
⑦ 머리를 가지런히 잘 관리한다.
⑧ 손가락이 음식물에 닿지 않게 한다.
⑨ 조리장에서 사용하는 용기 및 집기류를 항상 청결히 취급한다.

(2) 안전한 식품

① 신선하고 질이 좋은 식재료 및 원료를 구입한다.
② 주방과 설비를 항상 깨끗하게 유지한다.
③ 식품을 취급하는 주방 및 서비스 종사자들의 건강과 위생상태를 점검한다.
④ 과일류나 채소류는 특히 청결하고 위생적으로 씻어야 한다.
⑤ 가급적 손으로 음식물을 취급하는 일을 줄인다.

(3) 취급사항

① 손을 물로 자주 씻어 청결하게 유지한다.
② 음식물은 기구로 취급한다(손을 대지 않는다).
③ 음식물 취급기구는 청결하고 위생적으로 보존한다.
④ 주방에서 근무하는 종사자들은 청결을 유지하며 근무 시 모자나 머리망(hair-net)을 쓴다.
⑤ 음식물이나 음료수에 손을 대지 않는다.
⑥ 근무 시간에는 담배를 피우지 않는다.
⑦ 화장실을 이용한 후에나 음식물을 취급하기 전에는 반드시 손을 씻는다.

(4) 저장창고

① 청결하고 환기가 잘 되도록 보존한다.
② 모든 식품에 상표를 붙인다.
③ 오래된 저장품을 우선적으로 불출 · 사용한다.
④ 가장 낮은 선반은 바닥에서 적어도 8인치 정도 떨어지게 한다.

Chapter 05

메뉴의 평가, 분석

1 메뉴 분석
2 Production 분석
3 메뉴 평가
4 메뉴 엔지니어링 평가
5 메뉴 관리
6 메뉴 아이템 개발

1. 메뉴 분석

개발된 메뉴를 판매하기 시작하면 경영자는 그 메뉴의 시장성에 대하 분석할 필요가 있다. 일정 주기를 정하여 주기마다 품목별 판매 수, 원가, 공헌 이익, 고객 호응도, 가격대 등에 따라 체계적인 분석을 함으로써 항상 영업장의 컨셉에 맞는 시장성 있는 메뉴로 운영할 수 있도록 해야 할 것이다.

고객 만족 극대화는 결국 메뉴의 우수성 여부에 달려있기 때문에 개발된 메뉴가 고객들의 취향에 맞고 영업장의 경영 방침과도 부합할뿐만 아니라 가격도 고객들이 받아들일 수 있는지 분석해야 할 것이다. 메뉴 개발 그 자체도 중요하지만 분석을 통한 메뉴의 시장성에 대한 평가는 경쟁력 있는 메뉴의 유지, 개발을 위해 더욱 중요하기 때문이다.

(1) 인기 지수(Popularity index)

메뉴의 한두 가지 품목이 그 절대적인 인기와 호응도로 다른 품목들을 사장시키기도 하므로 메뉴판에 게재된 각 품목 간의 고객 호응도를 알면 메뉴를 평가하고 개발하기가 용이하다.

① 분석 목적으로 선별한 품목들의 개별 판매 수

② 선별된 품목들의 총 판매 수

③ 총 판매 수에 대한 수량, 품목들의 판매율

또한 메뉴 가격과 인기 지수를 대비해서 검토하는 것도 바람직한 것으로 만약 저단가의 품목이 인기도에 있어서 고단가의 품목들을 상쇄한다면 이것은 고객층이 가격에 민감하다는 것을 보여주는 것으로 매출을 늘리기 위해서는 고객의 성향에 맞는 단가의 메뉴를 개발해야 한다는 것을 의미한다.

2. Production 분석

표 5-1 메뉴 평가표 예시 (시간: 분, 인건비 · 원가: 원)

코드번호	메뉴 샘플	조리 영업	팩 크기	1인분 크기	총조리 시간(분)	조리기능 난이도	총 인건비	식자재 원가	총원가	총 인원량	1인당 총원가
40813055	냉동 치킨 크로켓	튀김	10인	70g	10	US	320	960	1,280	10인분	128
40813012	닭튀김	튀김	453g	110g 15×9cm	12	US	384	800	1,184	4인분	296
40813015	치킨 커틀릿	튀김	453g	110g 13×8cm	12	US	384	832	1,216	4인분	304
40803042	오리 구이	로스트	340g	110g 10×5cm	10	US	416	1424	1,840	3인분	616

표 5-2 메뉴 평가표 예시 (시간: 분, 인건비 · 원가: 원)

코드번호	메뉴 샘플	맛	색감	질감	식재료	조리저장 품질	서비스 용이도	조리 용이도	조리 전저장	총평가 순위
40813055	냉동 치킨 크로켓	1	1	1	닭, 감자, 빵가루, 소금, 향신료, 식용유, 소스	기름 흡수정도가 높음	5	5	냉장 냉동	×
40813012	닭튀김	2	3	2	닭, 튀김가루, 향신료, 소금, 식용유, 소스	조리 시 줄어드는 양이 적음	5	5	냉장 냉동	2
40813015	치킨 커틀릿	2.5	3	3	닭, 달걀, 빵가루, 향신료, 소금, 식용유, 소스	조리 시 줄어드는 양이 적음	5	5	냉장 냉동	1
40803042	오리 구이	2.5	2.5	3.5	오리, 간장, 굴, 향신료, 소스	조리 시 줄어드는 양이 적음	5	4	냉장 냉동	3(원가 높음)

조리기능 난이도

① S = 숙련 분당 4개
② SS = 미숙련 분당 3개
③ US = 초보 분당 2개

평가점수

S : 매우 좋음 4 : 좋음 3 : 적당함 2 : 저품질 1 : 채택할 수 없음

각 메뉴별로 평가점수를 표기하면 계수 관리에 의한 비교 분석이 가능해진다. 이 분석으로 경쟁력의 비교 우위에 대한 예측도 가능하며 의사 결정이 손쉬워진다. 물론 평가 기준에 대한 기준설정이 있어야 하며 최근 음식 선호 경향도 참조해야 한다.

3. 메뉴 평가

색감(color), 맛(flavor), 질감(texture), 주재료(ingredient), 서빙 온도(hot/cold), 조리방법(cooking method)를 비교한 도표를 만들어 조리방법이나 식재료 사용과 맛, 색감, 질감 등이 조화로운지, 반복되지 않는지 파악할 수 있어 메뉴 평가에 이용할 수 있다.

⊙ 메 뉴 ⊙

Duck liver terrine topped with brioche crust
오리 간 테린

Zucchini cream soup with pine nut
호박 크림수프

Sirloin steak chasseur / Bouquetière of vegetable / William potatoes
등심 스테이크와 양송이 소스 / 더운 채소 / 감자

Lettuce & tomato salad
양상추 토마토 샐러드

Strawberry parfait with strawberry coulis
딸기 파르페

Coffee & petit fours
커피와 프티 푸르

표 5-3 메뉴 평가표 예시

	색감	맛	질감	주재료	서빙온도	조리방법
Duck river Brioche crust	갈색	오리 간 맛 빵 맛		오리 간		
Zucchimi soup Pine nut	주황색	호박 맛 잣 맛	씹히는	늙은 호박		
Sirloin steak William potatoes	진한 감색	구운 고기 맛 튀긴 감자 맛		소고기 등심		오븐 로스팅 튀김
Lettuce Tomato	연두색 붉은색	양상치맛		양상추		Fresh
Strawberry Parfait	붉은색	딸기 아이스 크림 맛		딸기 아이스크림		냉동

4. 메뉴 엔지니어링(Menu engineering) 평가

마이클 카사바나(Michal Kasavana) 와 도널드 스미스(Donald Smith)에 의해 1980년 초에 개발된 메뉴 평가도구로 체계화된 메뉴 평가 프로그램이다.

메뉴 엔지니어링(menu engineering)은 두 가지 관점에서 평가하고 있다.

첫째는 메뉴믹스(menu mix)이고 둘째는 공헌이익(contribution margin)의 기준으로 고객의 선호도와 수익성을 동시에 평가하는 것이다. 메뉴믹스는 일정 기간 동안 고객에게 판매한 수량으로 전체 판매량에서 차지하는 비율을 나타내 고객의 선호도를 파악할 수 있고 공헌이익은 판매가에서 식재료 비용을 뺀 이익으로 각 메뉴의 공헌이익과 평균 공헌이익을 비교해 메뉴의 수익성을 알 수 있다. 평가하는 방법은 메뉴믹스에서 평균 메뉴믹스 기준치를 구하여 수치를 기준치와 비교한 선호도를 분석하고 공헌이익에서 산출한 평균공헌이익 기준치를 가지고 각 메뉴의 공헌이익을 비교하여 평균보다 높은가 낮은가를 도표로 표현하여 수익성을 평가한다.

(1) Worksheet 평가

표 5-4 Worksheet 평가표 예시

A 메뉴	B 판매량	C 메뉴믹스	D 메뉴원가	E 판매가	F 공헌이익	G 메뉴총원가	H 메뉴총매출	I 총공헌이익	J 공헌이익분석	K 메뉴믹스분석	L 메뉴평가
깐쇼새우	100	10%	4,550	13,000	8,450	455,000	1,300,000	845,000	높다	낮다	PUZZLE
탕수육	230	23%	2,000	8,000	6,000	460,000	1,840,000	1,300,000	높다	높다	STAR
물만두	380	38%	650	2,500	1,850	247,000	950,000	703,000	낮다	높다	PLOWHORSE
해물덮밥	290	29%	1,000	4,000	3,000	290,000	1,160,000	870,000	낮다	높다	PLOWHORSE
	M 판매량 합계 1,000					N 총원가 합계 1,452,000	총매출 합계 5,250,000	P 총공헌 이익합계 3,798,000			
						Q 원가율 = 27.6%R		R 평균 공헌 이익 3,798	S 평균 메뉴믹스 17.5%		

1) C(메뉴믹스) = 판매량 / 판매량 합계 × 100
2) F(공헌이익) = 판매가 – 메뉴원가
3) G(메뉴총원가) = 메뉴원가 × 판매량
4) H(메뉴총매출) = 판매가 × 판매량
5) L(총공헌이익) = 메뉴이익 × 판매량
6) Q(원가율) = 총원가합계 / 총매출합계
7) R(평균 공헌이익) = 총공헌이익합계 / 판매량 합계
8) S(평균 메뉴믹스) = 1 / 메뉴수 × 70% × 100
   선호도의 기준인 평균 메뉴믹스는 한 메뉴의 메뉴믹스 비율이 70% 이상 되어야 한다는 통계수치이므로 70%를 기준치로 본다.
9) J(공헌이익 분석)에서 각 메뉴의 공헌이익이 R(평균 공헌이익)에서 구하는 값과 비교하여 높고 낮음을 기재한다. R(평균 공헌이익)은 3,798원이므로 깐쇼 새우의 공헌이익은 높다. K(메뉴믹스 분석)에서는 평균 메뉴믹스와 각 메뉴별 메뉴믹스와 비교하여 기재한다. 깐쇼 새우의 메뉴믹스는 10%, 평균 메뉴믹스는 17.5%이므로 깐쇼 새우의 메뉴믹스 분석은 '낮다' 로 기재한다.

(2) 카사바나(Kasavana)와 스미스(Smith)가 제시한 새로운 메뉴 분석 방법

카사바나와 스미스가 제시한 새로운 메뉴 엔지니어링 분석방법은 각 메뉴 상품의 수익성과 메뉴세일즈믹스 등을 기초하여 각각의 메뉴 상품을 Star, Plowhorse, Puzzle, Dog 등 4가지 그룹으로 분류하고 분석결과에 따라 각 메뉴 상품의 삭제, 가격 인상 혹은 인하, 판매촉진 등 다양한 메뉴 관리방법을 결정하게 되는 메뉴 관리기법이다.

1) Star 메뉴 상품

Star 상품군에 속하는 메뉴 상품은 높은 고객의 선호도(인기도)와 높은 수익성을 특징으로 하고 있다. 이러한 메뉴 상품군은 레스토랑 기업의 정체성과 수익성을 확보해주는 중요 상품군으로 관리자의 특별한 관리가 요구된다. Star 상품군에 속하는 메뉴 아이템은 고객의 선호도를 지속적으로 유지하기 위해 엄격한 품질관리 수준이 요구되며 레스토랑의 대표 메뉴 상품 혹은 전략적 메뉴 상품이므로 메뉴판에 수록할 때 고객의 눈에 가장 잘 보이는 위치에 배치시켜야 할 것이다. 또한 이러한 Star 메뉴 상품군은 대개의 경우 고객들이 가격 변화에 민감하게 반응하지 않기 때문에 기업이 전략적으로 가격인상을 시도해 볼 수도 있다. 하지만 단순히 추가 수익창출을 위해 가격인상을 시도한다면 고객에게 외면당할 수도 있기 때문에 세심한 접근이 필요하다.

2) Plowhorse 메뉴 상품

Plowhorse 상품군에 속하는 메뉴 상품은 높은 고객 선호도를 보이는 메뉴 아이템이지만 평균 이하의 낮은 수익성을 특징으로 하는 메뉴 상품군이다. 높은 고객 선호도란 레스토랑을 방문하는 고객의 숫자를 늘리는 유인 메뉴 상품군이라 할 수 있다. 하지만 이러한 메뉴 상품군에 속하는 각각의 메뉴 아이템은 일반적으로 원가 대비 낮은 가격대를 형성하고 있기 때문에 관리자로 하여금 메뉴 가격 수정 혹은 원가관리 등의 경영 노력을 기울이도록 요구하게 된다. 따라서 관리자는 고객반응의 추이를 면밀히 확인한 후 가격인상을 시도할 수 있으며. 추가적인 원가절하 요소(대체 식재료, 제공량 조정 등)가 있는지를 확인하는 특별한 원가관리노력을 시도해야 한다. 일반적으로 Plowhorse 상품군에 속한 메뉴에 대한 고객은 높은 가격탄력성을 특징으로 하고 있기 때문에 가격인상보다는 원가절감의 노력을 통해 기업이 추구하는 수익을 확보하는 것이 바람직한 경영방법이라 할 수 있다. 또한 Plowhorse 메뉴 상품은 고객의 선호도가 높기 때문에 굳이 고객의 시선을 확보할 필요가 없다. 따라서 Plowhorse 메뉴 아이템의 위치는 고객의 시선이 상대적으로 덜 집중되는 위치에 배치하는 것이 일반적이다.

3) Puzzle 메뉴 상품

Puzzle 메뉴 상품군에 속하는 메뉴 상품은 각 메뉴 아이템별 수익성은 높지만 고객의 낮은 선호도가 메뉴 상품군이다. 이러한 메뉴 상품군은 고객의 선호도를 높일 수 있다면 Star 메뉴 상품군에 속할 가능성이 높은 메뉴 상품이라 할 수 있다. 레스토랑 관리자는 Puzzle 메뉴 상품의 고객 선호도가 낮은 이유를 확인해야 할 것이다. 낮은 고객 선호도의 이유로 가격, 음식상품의 질, 양, 프리젠테이션 방법, 메뉴 제공방법, 메뉴 아이템의 인지도 부족 등 다양한 원인이 있다. 관리자는 이러한 원인을 정확하게 파악하여 적절한 대응방법을 강구해야 한다.

4) Dog 메뉴 상품

Dog 메뉴 상품군은 고객 선호도와 수익성이 모두 낮기 때문에 관리자의 신속하고 특별한 조치가 요구되는 메뉴 상품군이다. 이러한 메뉴 상품군은 낮은 고객 선호도로 인해 식재료관리 등의 효율성을 저해하는 요인으로 작용할 수 있다. 따라서 즉각적인 조치 예를 들어 메뉴에서 삭제 혹은 가격인상을 통해 수익성을 극대화하여 Puzzle 메뉴 상품군으로 이동하려는 노력이 요구된다. 일반적으로 Dog 메뉴 상품의 발생하는 이유는 메뉴 조정 작업이 주기적으로 그리고 시기적절하게 이루어지지 않았기 때문으로 판단된다. 아무리 훌륭한 메뉴 상품이라도 한 번 Star 아이템이었다고 해서 영원한 Star 아이템일 수는 없다. 그리고 한 번 Dog 아이템이면 영원히 Dog 아이템인 것도 아니다. 레스토랑 관리자의 경영목표 실현과 고객만족 실현을 위해 메뉴 상품관리에 있어서도 효과적이고 효율적이며 유연한 관리능력이 요구된다.

이를 요약하면 다음과 같이 정리할 수 있다.

Plowshares 선호도는 좋으나 수익성이 떨어지는 메뉴	Star 선호도 수익성 모두 높은 메뉴
Dog 선호도도 낮고 수익성도 낮은 메뉴	Puzzle 선호도는 낮으나 수익성은 높은 메뉴

일반적으로 기여 마진은 메뉴의 판매가격에서 재료비와 인건비(제조 인건비)와 같은 변동비를 제외한 비용이다. 즉 기여 마진이 높은 메뉴 아이템을 선별해 내고 종사자들이 이를 적극적으로 판매할 수 있도록 유도해야 한다.

5. 메뉴 관리

레스토랑 기업의 메뉴는 한 번 정해지면 영원히 변하지 않는 것이 아니라 시대의 요구에 맞게 변화해야 한다. 시대의 요구란 레스토랑 기업이 속한 상권의 변화(상권의 성장과 후퇴 등), 새로운 경쟁업체의 등장, 고객욕구 변화, 식재료의 가격 및 수급 상황 변화, 인건비용의 변화, 기타 사회문화적 변화 등 레스토랑 내 · 외부적 요소들의 변화로 인해 기존 메뉴도 변화할 필요성이 발생할 수 있기 때문에 레스토랑 경영자는 항상 기업의 내 · 외부적 상황변화에 주의를 기울여야만 한다.

(1) 메뉴 선정

메뉴를 계획하거나 선정할 때에는 기업 및 경영자 측면, 고객 측면 그리고 메뉴 상품의 본질적 측면 등 이상 3가지 측면을 충분히 고려해야 한다.

1) 경영자 측면

① 메뉴에는 레스토랑의 경영목표와 목적(비즈니스 컨셉) 등을 반영해야 한다.

메뉴를 통해 해당 기업은 기업의 목적과 목표를 실현할 수 있어야 한다. 예를 들어 영리와 비영리 혹은 해당 기업의 고유한 기업설립목적을 고객에게 제공될 상품 리스트인 메뉴를 통해 실현할 수 있어야 한다. 또한 해당 기업의 중장기적인 경영정책을 입안할 때 상품판매계획 등을 충분히 고려한 후 메뉴기회 및 관리전략을 세워야 한다.

② 메뉴를 기획 · 선정할 경우 식자재 원가 등 레스토랑 기업 경영의 예산을 반영해야 한다.

레스토랑 기업의 예산은 상품 판매(음식상품/음료상품 등)로 인해 창출되는 소득과 원가비율에 따라 결정되기 때문에 경영자는 상품 원가를 정확하게 파악하고 있어야 메뉴 상품개발 및 관리가 효과적이고 효율적으로 운영될 수 있다.

③ 메뉴를 선정할 경우 식재료 납품시장 상황 즉 계절적 변동 및 원재료의 수요와 공급의 측면 등을 고려해야 한다.

메뉴는 고객과 기업의 의사소통 도구이다. 메뉴에 제시된 상품은 고객에게 반드시 제공되어야 하며 고객과의 약속은 반드시 지켜야 한다. 따라서 외식기업의 경영자는 음식 및 음료 상품 재료의 가격적 측면(가격/가격의 변화)과 필요한 물량이 일정하게 지속적으로 공급될 수 있는 여부를 염두에 두어야 한다.

④ 메뉴를 선정할 경우 레스토랑의 물리적 시설과 장비 등의 크기와 수용력 등을 고려해야 한다.

새로운 메뉴를 고객에게 제공하기 위해 새로운 장비와 시설 등을 추가로 구매 혹은 설치해야 한다면 해당기업은 투자에 대한 부담을 가지게 되며, 효율적인 기업운영의 장애 요소가 될 수 있다.

⑤ 메뉴를 선정할 경우 종사자의 능력과 직원의 수를 고려해야 한다.

주방 종사자의 능력을 벗어난 제품을 기획한다면 새로운 인력 혹은 숙련도가 높은 직원을 고용해야 하므로 기업경영의 추가적인 인건비 부담을 발생시킬 수도 있다. 또한 직원의 교육 역시 고민해야 할 사항이다. 메뉴 상품이 높은 직원의 숙련도를 요구한다면 이에 대한 비용과 시간적 측면을 고려해야 한다.

⑥ 메뉴를 선정할 경우 조리와 서비스의 하부 시스템 유형(서브 시간, 서비스 형태)을 고려해야 한다.

레스토랑 기업은 생산과 소비가 동시에 이루어지는 경우가 대부분이다. 레스토랑 기업 경영자라면 메뉴 상품을 생산하는 것에만 집착할 것이 아니라 고객에게 제공하는 과정 역시 중요하게 고려해야 하는 사항이다.

⑦ 메뉴를 선정할 경우 고객이 지불한 가격을 고려해야 한다.

고객은 자신이 지불하는 가격에 대해 얻는 가치를 고려하기 때문에 기업은 고객이 수용할 수 있는 가격수준을 확인하고 결정해야 한다. 뿐만 아니라 메뉴의 가격은 기업의 경쟁력과 기업의 이윤에 원천이 되므로 이에 대해서도 충분히 고려해야 한다.

⑧ 메뉴를 선정할 경우 레스토랑 기업의 관리자는 메뉴 상품의 외적요인을 확인해야 한다.

외적요인으로는 레스토랑의 입지 및 상권, 음식 상품을 소비하게 될 고객의 상황적 조건, 식사시간과 계절 등이 있다.

앞서 언급한 메뉴 계획 및 관리 시 고려해야 할 사항 즉 메뉴에 영향을 미치는 요소를 종합적으로 정리해 보면 다음과 같다. 비즈니스 컨셉(business concept), 서비스 방법(service method), 예상 방문고객 수(number of guests), 좌석회전율(seat turn overrate), 객단가(per person average check), 분위기(atmosphere/ambience), 레스토랑 레이아웃(restaurant layout), 가격(price), 손실률(loss rate), 원가관리(cost control), 서비스 장비 및 기물(service area equipment/facility), 주방 장비 및 기물

(kitchen area equipment/facility), 주방 크기(size of kitchen), 직원 교육(employee training) 등이다. 이외에도 레스토랑 주변 상권의 특성을 고려한 메뉴 계획, 레스토랑 기업이 새롭게 시장에 진입할 경우 리딩 메뉴(leading menu) 즉 스타 메뉴 설정, 그리고 레스토랑 기업의 전문성과 독창성 및 차별성을 확보하기 위한 메뉴 구성 등 역시 메뉴 계획 시 충분히 고려해야 할 사항이다.

2) 소비자 측면

① 메뉴를 선정할 경우 해당 고객의 식생활 습관과 음식 서비스 선호도 등을 고려하여 고객만족도를 고려해야 한다.

해당 레스토랑 기업은 타깃 고객들의 생물학적, 생리학적 및 심리학적인 요인 등을 고려하여 고객을 만족시킬 수 있는 메뉴 기획 및 관리가 이루어져야 한다.

② 메뉴를 선정할 경우 해당 고객의 개인적 요소를 고려해야 한다.

해당 레스토랑을 이용하는 고객들의 가족 구성 상황, 연령, 성, 건강지향 정도, 교육 수준, 소득 측면, 레스토랑 이용목적 등을 충분히 고려하여 메뉴를 기획해야 한다.

③ 메뉴를 선정할 경우 고객이 속한 사회적 요인과 경제적 요인 그리고 문화와 종교적 요인을 고려해야 한다.

레스토랑 비즈니스는 여타 비즈니스보다 경기에 매우 민감하다. 경기가 좋지 않다고 느끼거나 앞으로 좋지 않을 것이라 예상되면 가장 먼저 줄이는 것이 외식비용이다. 이외에도 문화적 정서 그리고 사회적 정서 등을 고려하는 것 역시 메뉴 기획의 중요한 요인임을 인지해야 한다.

④ 메뉴를 선정할 경우 해당 레스토랑의 이용고객이 추구하는 가치가 무엇인지 확인해야 한다.

레스토랑 기업은 고객에게 제공하는 메뉴를 통해 고객 개개인이 추구하는 가치를 실현할 수 있는 상품이 될 수 있도록 메뉴 상품을 계획하고 관리해야 한다.

3) 음식상품의 본연적 측면

메뉴를 선정할 경우 레스토랑 기업의 관리자는 메뉴 상품의 내적요인을 확인해야 한다. 레스토랑 관리자가 확인해야 할 메뉴 상품의 내적요인은 메뉴 상품의 모양, 색깔, 냄새, 질감, 온도, 맛, 제공하는 방법, 제공하는 온도, 음식 및 음료를 담는 용기 및 용기에 담는 방법 등으로 레스토랑 비즈니스 컨셉과 이용고객의 선호도를 충족할 수 있도록 해야 한다. 음식과 음료 상품은 레스토랑 기업을 방문하는 고객들에게 가장 본연적인 욕구해결의 수단이다. 따라서 메뉴 상품은 고객의 관심과 식욕을 촉진할 수 있도록 음식의 시각적 요소(색깔, 크기, 양 등)와 후각적 요소(향기 등), 영양적 요소, 맛(음식의 간-짠맛, 단맛, 쓴맛 등)과 더불어 위생적 요소까지 고려해야 한다. 이외에도 고객에게 제공되는 음식과 음료 상품의 온도 및 다양성, 농도, 질감 및 농도 등 세심하게 고려해야 할 부분이 매우 많다.

(2) 메뉴 아이템(Menu item) 선정

예비창업자들의 최대난제는 성공 가능한 업태와 메뉴 아이템을 선정하는 것이다.

주변상권의 업종분포를 조사해보고 전체 업종 중 요식업이 차지하는 비중이 50% 이상일 때 가능성이 있는 지역으로 볼 수 있으며 만약 음식점이 차지하는 비중이 그 이하일 때는 다시 고려해 보아야 한다. 요식업을 성공시키려면 그 지역의 음식점과 판매업이 일정지역에 몰려 있어야 영업이 잘된다. 점포를 정한 후에는 세밀한 업종 분포를 조사하여 개별업종을 선정해야 하며 요식업의 경우 이탈리안 레스토랑을 하려고 한다면 그 지역의 레스토랑 중에서 이탈리안 레스토랑이 20~50%를 차지하고 있을 때 영업에 성공할 확률이 높다.

레스토랑은 브랜드에 크게 구애를 받지 않는다. 입지조건은 좋은데 사업성이 있느냐를 판별하는 관건은 동종업체수의 분포도라 할 수 있다. 경쟁업소를 잘 파악하고 수요와 공급의 측면을 고려하여 추정매출과 손익계산을 산출해 낼 수 있는 지혜가 필요하다.

(3) 업종 · 업태 선정

1) 업종 · 업태 선정요령

① 적성이나 경험, 능력을 감안하여 자신이 잘 아는 업종을 선택하면 불경기를 타개할 수 있는 위기관리 능력이 생긴다.

② 영구적인 유망 아이템도 없으며 독점 아이템도 없다. 매스컴에 자주 소개되는 업종을 조심하라. 유행 업종이 되어 장기 유지가 어려울 수 있다.

③ 규모가 크지 않으면서도 실속 있는 업종, 현금회전이 빠른 업태를 선정한다.

④ 프랜차이즈 가맹은 신중을 기하고 본사의 능력을 확인한다.

⑤ 법적 규제가 따르는 업종인지, 있다면 충족시킬 가능성을 확인한다.

⑥ 전문적인 기술과 지식을 필요로 하지는 않는지, 필요하다면 습득방법은 있는가를 고려 해야 한다.

2) 상권 · 입지 분석

메뉴 선정 관리 시 고려사항은 크게 목표고객의 기호, 입지 및 상권의 특성, 경영효율성 여부, 식사형태 및 판매방식 등에 관하여 구체적 사항들을 확인해야 한다.

① **입지 및 상권의 특성** : 상권 내 외식 성향은 어떠한가? 상권 내 경쟁업체의 판매상황은 어떠한가? 메뉴 상품의 시장성은 어떠한가? 상권 내 경쟁업체 제품가격은 어떠한가?

② **목표고객의 기호** : 목표고객이 좋아하는 음식인가? 타깃 연령대의 수준에 적합한 음식인가? 계절메뉴나 계절식재료를 사용할 수 있는가? 건강식, 다이어트식, 기능식인가? 맛과 양은 적절한가? 어린이용 메뉴와 디저트는 준비되어 있는가? 행사용 메뉴(모임, 회식, 기타)로 적합한 메뉴인가?

③ **경영효율성** : 좌석회전율은 어떠한가? 원가율은 어떠한가? 수익률은 어떠한가? 메뉴 관리는 용이한가? 고객이 지불하는 객단가는 어떠한가?

3) 업종 선정시 유의사항

① 검증 받지 않은 도입기 업종은 피한다. 도입기 업종이라 하여 모두 유행 업종이 되는 것은 아니다. 검증의 기준과 방법은 여러 가지가 있으나 일반적으로 전문가들의 견해 등 해당 업종의 공통분모를 찾아보면 가장 객관적으로 검증할 수 있다.

② 간식용 아이템은 유망업종이 될 가능성이 적다. 수요가 많다고 판단하는 것은 대단히 위험하다. 레스토랑 등 외식업이 시작만 하면 성공하리라는 착각도 버려야 한다. 어떤 아이템을 갖고 영업하는가에 따라 결과는 판이하게 나타날 수 있다.

③ 새로운 프로그램이나 신상품 개발이 불가능한 업종은 피해야 한다. 새로운 시설이나 환경을 제공할 수 없는 업종은 유행 업종이 될 가능성이 크다.

④ 계절업종이나 방학을 타는 업종은 심사숙고해야 한다. 계절에 치우친 아이템은 유행 업종이 될 가능성이 크다.

⑤ 라이프 사이클이 짧은 업종과 회전율이 긴 업종은 피해야 한다.

⑥ 국내 법규에 저촉되는 업종이나 국민 정서 또는 문화적인 환경에 맞지 않는 업종은 피해야 한다.

6. 메뉴 아이템 개발

(1) 메뉴 아이템 개발의 개념

외식 서비스 산업체에서 메뉴 아이템 개발은 필수적이며 개발 과정에서 원칙에 입각한 세심한 기획과 주의가 필요하다. 메뉴 개발은 기존 메뉴의 보완에서 시작하여 새로운 아이템 개발 신소재의 활용 등 고객의 욕구기대, 원가와 수익성의 관계, 구입 가능한 식자재, 조리시설과 조리사의 능력, 고객의 선호도, 영양적인 요인을 포함해야 한다. 성공적인 메뉴를 개발하기 위해서는 다음과 같은 주요 목적을 충족시켜야 한다.

① 메뉴는 마케팅 컨셉의 목표를 지향해야 한다.
② 메뉴는 경영 이미지 확립에 기여해야 한다.
③ 메뉴는 품목에 대한 고객의 수요를 증진시키는 수단으로 존재해야 한다.
④ 메뉴는 경쟁적 이점을 성취하는 수단이어야 한다.

메뉴의 개발이란 여러 가지 외식 자원을 사용하여 고객의 욕구를 충족시켜 줄 수 있으며 상품으로서 가치를 지닐 수 있게 만들어 내는 과정이다.

다시 말해서 메뉴 자원을 하나의 메뉴 아이템으로 개발하기까지는 메뉴 상품화를 위한 기본적 메뉴 상품 계획과 부차적 메뉴 상품 계획이 수반되어야 한다.

(2) 메뉴 아이템 개발의 중요성

현재와 같은 격심한 경쟁 가운데 외식 서비스 업체가 유지되거나 성장하기 위해서는 상품개발이 절대적으로 필요하다. 외식 서비스 업체는 시장점유율의 확보나 확대를 위하여 끊임없이 상품개발을 해야 하며 이로서 기업경영의 핵심인 고객창출을 도모해야 하는 것이다. 따라서 업체마다 상품화 계획에서 상품 개발이 핵심적인 대상으로 부각되고 있다.

현실적으로 상품개발이 기업의 유지나 성장을 위하여 절대적으로 필요하지만 그 자체가 기업 경영의 핵심이므로 섣불리 수행할 수 있는 일은 아니다. 상품개발에는 막대한 비용과 시간이 소요되며 자칫하여 실패할 경우에는 커다란 손실을 가져온다.

그래도 외식 서비스 업체가 위험을 감수하면서도 상품을 개발하여 다각화하려는 목적은 다음과 같다.

① 유휴자원을 활용하고, 사업범위를 확장한다.
② 계절변동에 대처하고, 재고자재를 유리하게 소비한다.

③ 새로운 고객의 창출과 기존고객의 판매를 증대한다.
④ 선도적 위치를 확보하고 경쟁에 대처한다.
⑤ 보다 좋은 상품을 제공하고 설비나 기술상의 숙련을 활용한다.

(3) 메뉴 아이템의 수명주기 분석

새로운 메뉴 및 서비스를 지속적으로 개발 및 도입하지 않는 외식 서비스 업체는 현재와 같은 경쟁상황에서 뒤떨어지게 되고 결국 도산하게 될 것이다.

특정한 메뉴를 통하여 얻을 수 있는 매출과 이익은 시간이 경과됨에 따라 감소할 것이므로 레스토랑을 운영하는 경영진은 기존메뉴의 수명주기 원리를 파악하고 분석하여 비인기화하기 전에 새로운 메뉴를 개발해야 한다.

모든 메뉴는 교체하거나 개선할 시기가 온다. 아무리 훌륭한 메뉴라도 그 시기를 피하기는 어렵다. 메뉴 아이템의 수명주기는 5가지의 흐름(컨셉, 성장기, 유지기, 성숙기, 쇠퇴기)으로 구성되어 있다. 이상적인 메뉴의 변화 시기는 6개월 간격이며 이 또한 메뉴의 판매동향을 분석한 후 새로운 메뉴를 추가하거나 제거하는 관리가 필요하다.

① 컨셉

메뉴에서 가장 중요한 것은 해당 레스토랑의 이미지와 얼마나 잘 매치하느냐는 것이다.

새로운 상품의 결정은 아이디어, 기획, 시장전략 등을 바탕으로 내부적 요인과 외부적 요인에서 얻을 수 있다.

한 상품을 메뉴에 새로운 아이템으로 도입할 것을 결정했다면 수익의 잠재성을 평가해야 한다. 올바른 시장침투 방법을 개발하기 위해 필요한 시간, 장비, 교육 등에 필요한 투자액을 평가할 필요가 있다. 이러한 상품은 다른 경쟁상품에 비교하여 어떠한 장점이 있는가, 그것은 고객의 수요를 창출할 만큼 특이한 것일 수 있는가, 경쟁가격 수준이 상품의 판매량과 이용을 제한하게 될 것인가 등에 관한 평가가 이루어져야 한다.

② 성장기

메뉴의 수명주기에서 성장기는 메뉴의 인기가 상승하여 매출이 높게 나타나고 원가율은 낮은 시기로, 성장기의 매출 상태를 오래 유지할 수 있도록 품질 관리를 계속하는 것이 중요하다.

성장력이 분명한 상품만을 선정하여 도입해야 하며 고품질을 꾸준히 유지할 수 있도록 품질 관리 계획을 세워야 한다. 고객이 새로운 메뉴 상품을 소비하고자 하는데 그것이 고객이 기대하는 품질수준을 충족시키지 못한다면 그 상태를 계속 방치해서는 안 된다.

품질 관리에 성공한 메뉴 상품이 성장기 효과를 내려면 고객들이 메뉴의 특성을 인지하고 소비욕구를 갖게 하기 위해 통상보다 더 높은 홍보비가 필요하다. 또한 서비스 직원에 의해 새로운 메뉴 상품을 고객에게 권장하고 소비를 유도하는 것 역시 중요하다. 동시에 성장기에 항상 염두에 두어야 하는 것은 또 다른 신규 메뉴를 개발하기 위한 지속적인 연구가 필요하다는 것이다.

③ 유지기

이 단계에서 고객들은 새로운 상품을 인식하고 받아들이게 되며 그 상품에 대한 수요가 꾸준히 증가하게 되는 시기이다. 여타의 조정들은 이 시기 이전에 이루어져야 하며 이 단계에서는 최소한의 변화만 주어야 한다. 이 단계의 목적은 새로운 상품이 강한 시장성을 갖추게 하는 것으로 경영자는 상품의 연계성을 분명히 하고 보다 효율적인 관리로 상품의 원가율을 낮추도록 노력해야 하며 메뉴 상품의 수익을 증가시키도록 해야 한다. 새로운 메뉴의 판매를 계속 유지할 수 있다면 가격을 증가시킬 수 있는 기회가 될 수 있다. 이러한 경우에는 메뉴 가격을 할인할 필요가 없다.

④ 성숙기

성숙기에는 수요의 증가가 멈추게 되는 시기이다. 수요의 증가가 멈춤에 따라 생산 능력은 포화 상태가 되고 이익도 절정을 지나 감소하기 시작한다. 극심한 경쟁을 거쳐 점차 시장에서 인기가 낮아지기 시작한다.

성숙기의 첫 번째 징후는 판매량에서 성장 없이 정체되어 있는 상태다. 또 다른 징후는 업체에서 새로운 메뉴를 채택했을 때 그 메뉴가 시장의 포화상태로 인해 이미 쇠퇴기에 접어든 아이템일 수도 있다. 이러한 시점에서 중요한 요소는 외식 서비스 업체가 고객의 메뉴 충성도를 계속 유지하도록 노력해야 하며 시장 점유율을 유지할 수 있도록 지속적인 관리가 필요한 시기이기도 하다.

⑤ 쇠퇴기

이 시기는 매출이 감소하고 이익이 매우 적어지며 경쟁상품이 시장에서 철수하게 되어 경쟁사의 수도 적어진다. 쇠퇴는 반드시 하나의 메뉴 아이템이 비수익적이라는 것을 의미하는 것은 아니며 이것은 지금까지 판매한 것에 비해 점차 감소하고 있다는 것이다. 이렇게 계속적으로 수익에 나쁜 영향을 준다면, 메뉴 아이템에서 그것을 제거해야 한다. 이러한 현상은 상품의 수명주기 중 마지막 단계에 도달한 것이다. 손실을 가져다주는 상품을 제거하려는 결정은 주관적으로 해서는 안 된다. 상품의 판매에 있어서 쇠퇴는 일반적으로

방어전략이나 공격전략을 세워야 한다는 의미이다. 방어전략은 상품의 판매에 있어서 더 이상의 시장점유율의 잠식을 막을 수 있어야 한이. 또한 전체 비용을 통제할 수 있는 관리를 필요로 한다. 공격전략은 그 상품을 수정하고 대안들을 탐색하기 위하여 많은 판매 촉진 노력이 필요하다. 또한 상품의 수명주기의 처음 단계로 돌아가 새로운 상품 아이템을 개발하는 공격전략을 계속 유지해야 한다.

이것은 외식 서비스 시장에서 경쟁적인 우위를 차지하는 데 도움을 줄 것이다.

(4) 신 메뉴 기획 및 개발

레스토랑의 핵심 상품인 메뉴와 서비스 그리고 분위기 등은 경쟁업체가 쉽게 모방할 수 있기 때문에 장기간의 경쟁우위를 확보하기는 어려운 실정이다. 따라서 레스토랑 기업은 경쟁우위를 지속적으로 유지하기 위해서는 새로운 상품개발 혹은 새로운 시장개척을 위해 끊임없이 노력해야 한다. 레스토랑 기업은 새로운 메뉴 개발활동을 위해서 해당고객의 욕구충족 및 가치실현을 위해 신속하고 다양한 정보수집활동을 통해 고객의 트렌드를 선도해 나가야 한다. 새로운 메뉴를 개발하기 위한 과정은 크게 5단계로 구분할 수 있다.

① 1단계 : 신 메뉴 개발의 필요와 그에 따른 정보 및 아이디어 수집단계

이 단계에서는 레스토랑 기업 목표고객의 요구사항 및 소비자 수요변화 등 소비 트렌드 조사가 이루어져야 한다. 이를 위해 기업 내부의 경우 메뉴 판매기록(sales mix)을 분석자료로 이용할 수 있으며, 공급업자의 의견, 동종 및 타 업종의 변화추이, 전문교육기관 및 언론기관 등에서 확보할 수 있는 다양한 자료를 활용하여 정확한 예측을 할 수 있는 근거를 수집하는 것이 중요한 관건이다.

② 2단계 : 다양하고 종합적인 자료를 토대로 새로운 메뉴 개발 아이디어를 확정짓는 단계

이때 레스토랑 관리자는 기업 내부의 자원(예산, 인력, 시설 등)과 기업 외부환경(식재료 공급, 소비자의 소비태도 등), 메뉴 상품의 본연적 측면(차별화, 품질수준, 대량생산 가능성, 모방 가능성 등) 등을 충분히 고려하여 시장성이 있는 신 메뉴 개발 아이디어를 결정지어야 한다.

③ 3단계 : 신 메뉴 상품 개발단계

경영자 및 개발자는 목표고객의 욕구충족이 가능한 새로운 메뉴 상품이 될 수 있도록 노력해야 한다. 이 단계에서는 한 두가지 신 메뉴 상품이 아닌 다양한 메뉴 상품을 개발하여 다음 단계인 신 메뉴 상품 선정과정이 원활하게 이루어질 수 있도록 다양한 상품개발이 이루어져야 한다. 또한 개발단계에서는 새로운 메뉴 상품의 품질, 생산량, 생산원가, 전체 메뉴 구성의 밸런스 등의 적절성을 고려해야 한다.

④ 4단계 : 신 메뉴 상품 선정단계

이때 기업 내부에서 우선적으로 새로운 상품군을 결정하고, 고객의 테스트를 반드시 거치도록 해야 한다. 소비자의 참여가 그 어떤 단계보다도 중요하다. 뿐만 아니라 새로운 메뉴 상품의 판매촉진 방법, 판매시기 등을 고려해 다음 단계인 판매단계가 성공적으로 이루어지도록 해야 한다.

⑤ 5단계 : 판매단계

새로운 메뉴 상품의 판매가 성공적으로 이루어지도록 지속적인 모니터링이 필요하다.

Chapter 06

메뉴 마케팅

1 마케팅 개념
2 마케팅 계획
3 외식산업의 마케팅 환경
4 전략적 마케팅 관리

1. 마케팅(Marketing) 개념

오늘날 우리가 먹고 마시고 즐기는 대부분의 상품들은 직·간접적으로 마케팅의 과정을 거치고 있다 해도 과언이 아니다. 따라서 소비자의 대부분이 구매활동을 통해서 마케팅에 참여하고 있다. AMA(American Marketing Association : 미국 마케팅학회)에서는 마케팅을 “생산자로부터 소비자 또는 사용자에게로 상품 및 서비스가 유통되도록 관리하는 모든 기업활동의 수행”이라 하였다. 여기에는 제조 또는 가공 작업이라고 판단하는 상품의 형태적 변화에 관한 활동은 제외하고, 제품의 판매를 증가시키는 촉진활동과 소유권 이전을 초래하는 활동이 포함되어 있다. 결국 마케팅의 활동범위는 생산완료에서부터 판매완료까지의 모든 활동을 포함하고 있는 것이라고 할 수 있다.

따라서 마케팅을 다음과 같이 요약할 수 있다.

▶ **고객만족을 모든 활동의 시발점으로 한다.**
▶ **시장을 향한 광범위한 종합활동이다.**
▶ **기업과 고객을 연결하는 접점이다.**

(1) 지역개발 마케팅

대체로 상품의 판매는 소매점이라는 지정된 장소에서 발생하기 때문에 이것은 소비자들이 상품을 구매하러 올 수 있는 한정지역을 대상으로 하는 마케팅을 말한다.

따라서 지역적 특성을 파악하여 차별전략을 전개하는 것이기 때문에 각 지역의 특성을 파악해야 한다. 모든 지역은 주민들의 생활방법, 유통조건, 경쟁조건 등의 차이에 따라 그 특성을 구분할 수 있다.

① 마케팅의 전략단위를 축소해서 시장을 개발한다.

② 저성장시대에 맞는 전략으로 다음의 3가지 MS마케팅 전략과 맥을 같이 한다.

- 시장점유율 확대전략은 시장우위성의 확보와 상품영역의 확대를 목표로 하는 기본적 시장전략이다.
- 시장세분화전략은 다양화시대의 대응전략으로 전체시장을 분해하여 세분화된 개별시장에 맞는 전략을 세우는 것이다.
- 시장중심전략은 전략의 발생기반을 시장에 두는 것으로 과거의 제품중심전략과 대조되는 개념이다.

③ 환경변화에 대한 기업의 전략적 대응이 필요하다.

④ 지역개발 마케팅과 외식산업

외식산업은 일정지역에서 상권 내의 고객들을 대상으로 하는 산업이므로 그 지역에 거주하는 특정 소비자들의 필요와 욕구를 미리 인식하여 대처함으로서 그들이 원하는 적정가격과 서비스 수준을 제공할 수 있을 것이다.

(2) 레스토랑 마케팅(Restaurant marketing)의 특성

① 생산과 소비의 동시성(소비자 즉 고객 관리의 중요성)
② 생산 방법의 제한성
③ 소멸성(서비스는 저장성이 없다)
④ 노동 집약성으로 인건비의 상승, 인적 구성 요소의 중요성
⑤ 서비스 제공자와의 불가분성으로 고객과 서비스 요원의 상호 작용에 의해서 소비되는 특성
⑥ 소비자의 참여 전제로 서비스 상품은 소비자가 없이는 일방적으로 발생하지 않는 특성

레스토랑 마케팅(Restaurant marketing)은 4P(Product : 품질 – 다양한 종류, 유기농 재료, 신선함, 보는 즐거움/ Place : 위치 / Promotion : 홍보 / Price : 가격), 물리적 환경(physical), 서비스 참여자(participants), 서비스 생산과정(process of service assembly)로 이루어지는 마케팅 기법을 가져야 한다.

서비스 과업 환경 전략은 서비스가 이루어지는 장소와 서비스 커뮤니케이션과 서비스 상품의 산출을 위해 존재하는 모든 유형물로써 상품이 생산되고 판매되는 장소의 환경의 중요성을 말한다(식당 내부의 온도, 습도, 환기와 같은 공기의 질과, 소음, 냄새, 청결도 등).

내부 마케팅(채용, 교육 훈련, 동기부여, 커뮤니케이션 유지) → 종업원의 태도(조직의 사명, 직무 관여도, 업무 동기 부여, 직무 만족) → 사원의 행동(업무성과, 직무 수행) → 외부 마케팅(가격, 광고, 인적 판매, 기업 이미지, 품질 관리, 판촉) → 고객의 태도 및 행동(고객 충성도, 고객에게 인지된 품질, 고객 만족, 고객 감동)

즉 국내 외식 산업의 시장 환경은 전문성과 다양성, 소비자 욕구의 다양화, 새로운 형태의 외식 공간에 대한 관심 증가와 더불어

① 가격 및 품질의 양극화
② 전통적, 복고적, 신토불이 상품 증가

③ 테이크아웃(take out), 배달(delivery) 등의 출현에 따른 소비자 잠식
④ 퓨전 앤 패션 푸드(fusion & fashion food)의 지속적 성장 및 업종의 파괴, 합병화
⑤ 교외형, 유원지형, 길거리형 점포의 매출 증대
⑥ 복합 매장의 증가(메뉴의 복합화 : 푸트 코트), 소비자 혜택의 다양화

등에 따른 해당 기업의 환경 요인 예측 및 분석에 따른 대응 방향을 설정해야 하고 성장, 수익, 경영 합리화와 경영 목표의 재설정 및 목표 달성을 위한 구체적 추진 전략을 수립해야 하며 경영 목표, 자원 투입 계획의 세부 항목별 구체화 및 계량화가 이루어진 후 목표 지표가 설정되어야 한다.

2. 마케팅 계획

각 업소의 특성에 따라 지향하는 고객, 즉 목표로 하는 고객층을 명확하게 확보하는 것이다. 고객의 확보를 위해서는 우선 잠재고객과 기존고객의 필요와 욕구를 만족시킬 수 있는 방법을 모색해야 한다. 이것을 일명 포지셔닝(positioning)이라고 한다.

(1) 상품분석

고객이 식당을 선택해서 방문하고자 할 때, 어쩌다 한 번 방문하는 경우도 있겠지만 대부분의 고객은 자신이 방문하는 식당이 다른 식당에 비해 차별화된 것을 경험하기를 희망한다. 즉 고객은 무엇인가 오랫동안 남을 수 있는 추억이 될 만한 것이 있는지를 식당에서 찾기 원한다는 것이다. 이런 모든 것들이 바로 외식산업에서 추구하는 바람직한 이미지라고 할 수 있는데, 이것은 바로 마케팅 계획에서 진행되는 상품분석의 목적이다.

(2) 경쟁업소분석

경쟁업체의 마케팅 전략, 서비스 전략, 가격 전략 등을 상세히 분석한 후 자신의 업소만의 차별성을 부각시켜 경쟁력을 확보해야 한다.

이를 위해 경쟁업체를 직접 방문하여 자신의 업소와 비교해야 하며, 이때 경쟁대상이 되는 상품에 대해서 장·단점을 도식화해서 객관적으로 비교해야만 한다.

(3) 잠재고객분석

식당을 직접 운영하는 사람도 실제 방문하는 고객 이외에는 관심을 갖지 않는 경우가 많

다. 이런 현상이 지속된다면 현재 고객도 잃어버릴 수도 있다. 일단 지향하는 고객의 형태를 파악해서, 메뉴의 구성과 가격, 입지, 주변 환경, 서비스 수준 등에 따라서 잠재고객은 달리 적용될 수 있으므로 상품분석은 외식산업체 내 외부환경적인 요인에 따라서 잠재고객이 형성될 수 있다.

(4) 판매예측

식당을 개업한 이후로 분기별, 주별, 월별, 연도별로 고객의 수를 예측하는 것도 매우 유익한 경영분석이 될 수 있다. 그러나 실제 영업을 하기 전에 매출액을 예측한다는 것은 쉽지 않으므로 과거 매출 자료나 유사 메뉴를 취급하는 동종업체의 매출 자료 등 객관적인 근거를 가지고 예측해 보는 것이 좋다.

고객은 메뉴에 따라서 선호하는 특성이 있으며, 이는 주로 가격에 의해서 형성된다고 가정할 때 이들 각각의 고객의 컨셉에 맞춘 메뉴에 대해서 별도의 판매예측이 필요하리라 본다. 업체에서 추구하는 목표고객의 소득에 맞게 컨셉을 맞춰서 메뉴를 개발해야 할 것이다.

마케팅(marketing)과 판매(selling)의 차이

마케팅은 매우 넓은 의미의 개념인데, 주 고객이 누구인지, 또한 이들이 외식업체에서 무엇을 원하는지 디자인 · 분위기 · 메뉴 · 서비스 등을 결정해 주는 역할을 한다. 즉 단골고객을 끊임없이 연구 · 분석하고, 무엇이 그들로 하여금 같은 업체를 빈번히 방문하게 하는지 분석한다. 마케팅은 단골고객을 연구하고 어떤 메뉴가 이들에게 매력이 있는지, 어떤 층의 고객인지를 분석하여 고객에 대한 정보자료로써 활용할 수 있도록 해준다.

마케팅이 구매자의 욕구에 초점을 둔 것이라면 판매는 판매자의 욕구에 초점을 두었다고 할 수 있다. 이러한 차이점은 외식업체가 판매심리에 마케팅을 시도하기 때문에 매우 중요하다.

판매는 마케팅의 일부분이라고 할 수 있다. 판매촉진이라고 하는 것은 외식업체에서 제공되는 메뉴를 단골고객이 구입하도록 자극하는 것이다.

'판매(selling)'라는 용어는 외식업체에서 종업원들이 고객이 외식업체에 도착했을 때 단골 고객들에게 영향을 미치는 행동이라고 할 수 있다.

또한 판매심리는 공급자가 고객에게 메뉴 항목 중에 있는 메뉴를 고객에게 강요하다시피 할 때 발생하는데, 이러한 '심리'는 고객에게 반응이 없다.

판매는 광고, 홍보, PR과 관계가 있다. 광고는 신문이나 라디오, TV와 같은 유사한 매체로 구매가 되고, PR은 그렇지 않다고 볼 수 있으며, PR은 일정한 광고료를 지불하지 않고 공공사회에 홍보하는 제반적인 광고활동이라고 볼 수 있다.

3. 외식산업의 마케팅 환경

(1) 외식산업의 마케팅 추세

1) 환경위생 문제 대두

광우병 파동, 콜레라와 비브리오균 파동, 그리고 이질의 확대 등 식품위생 문제가 외식업소의 영업환경에 직접적으로 영향을 미치는 환경과 위생문제의 심각한 외부환경을 인정하고 나아가 보다 적극적인 대처방법이 절실하게 필요하다.

2) 대형 패밀리 레스토랑의 본격적인 진출

1일 매출이 2,000~3,000만원을 상회하며, 전문적인 외식업소의 점장 및 관리자가 등장하고, 신설 및 무명 브랜드는 프랜차이즈화로 그 틈새시장을 지켜나가기 위하여 애쓰고 있다.

3) 소형 음식점의 대형화 추세

10~15평 규모의 음식점이 점차적으로 20~30평으로 규모의 확대 및 인테리어 · 익스테리어 개념이 도입되고 있다.

4) 스포츠 마케팅 확대 예상

외식산업에도 스포츠 마케팅이 많이 활용될 전망이다. 외식업소의 인테리어도 매장에 대형 DVD 스크린 등을 설치해 식사 도중 스포츠 경기를 즐길 수 있게 하거나, 맥도날드의 2,002원 빅맥 햄버거처럼 다양한 분야와 소재를 가지고 적극적으로 활용할 수 있다.

5) 퓨전화(fusion)퇴색 및 정통 음식화 트렌드

최근까지 유행했던 동남아 및 유럽풍의 퓨전음식은 퇴색할 것이고 대다수 고객들이 해당 국가 및 지방의 정통음식을 즐겨 먹는 방향으로 메뉴 개발 트렌드가 바뀔 것이다. 이는 외국에서 정통 식생활을 경험한 고객층이 갈수록 늘어나고, 메가이벤트(Mega-event)로 인하여 많은 외국인이 내방함으로 인해, 그 지역의 토속적이고 정통적인 음식이 각광을 받게 될 것으로 보인다.

6) 할인 마케팅의 지속화

현재 이동전화회사와 패밀리 레스토랑을 주축으로 한 할인판매가 대형 외식업소 자체적인 문제점의 제기에도 불구하고 앞으로도 계속 이어질 전망이다. 현재로서는 이동 통신업체의 과다한 이익의 고객 환원적인 차원과 대형 외식업소에서 자체적으로 과다하게 추진한 점포 수 확장에 따른 수요필요의 원인이 앞으로도 다 해결되기는 어려울 것 같으며, 이런 맥락에서 외식업소에서 음식 가격 책정 전략을 세울 때 더욱 치밀하면서도 적절한 할인 정책을 구사해야 할 것이다.

7) 인터넷을 통한 고객관계관리(CRM) 마케팅의 본격화

외식업소에서도 고객과 소통하는 데 인터넷을 적극적으로 활용할 수 있다. 단골고객에게 이메일로 안부인사를 전하거나 판촉행사를 소개할 수 있다. 고객의 정보를 세밀하게 파악하여 정기적인 일자 또는 할인 및 신 메뉴 시식행사 등에 초대하거나, 고객이 집안행사나 거래처 모임 등 특별한 목적으로 식당을 이용할 때 얻을 수 있는 혜택을 소개하는 등 다양한 서비스를 제공할 수 있다. 이러한 서비스를 통해 단골고객을 확보하고 매출을 올리게 하는 고객관리 마케팅 능력을 갖춘 외식업소로 성장할 수 있다.

(2) 마케팅(Marketing) 방법 및 적용

표 6-1 마케팅 업무 추진 방법

구분	항목	
기업 홈페이지 활용	• 모바일 쿠폰 • 할인 쿠폰	인터넷, PC통신, 케이블TV 등 활용
CRM	• interface solution • 마케팅 유형 선택	판촉행사 소개, 신 메뉴 시식행사 초대, 각종 혜택 제공, 안부인사 · 생일축하 등
멤버쉽 카드	회사 자체 멤버쉽 카드 개발	은행, 모바일, 스포츠사, 외국계 대형업체, 여행사 등의 제휴업체 카드를 이용하거나 일시적 계약에 의한 할인 제공
Advertising	• 잡지, 지하철, 일간지, 주간지, 월간지, 방송, 신문 등을 통한 기사화 또는 의뢰를 통한 마케팅 • 플래카드 • POP • 간판 및 표지판(signage), 전단(leaflet, flyers), 팜플렛, 배너 광고	• POP – Point-of-purchase materials – Pop advertising displays – Point of sale • Signage – 내 · 외부 또는 이동 간판 – 깃발, 풍선, 대형풍선, 비행선 등

PR	대행업체 이용	• 신문 게재용 자료(press kits) • 연설, 세미나, 연차보고서, 자선 기부
사전 프로모션 (pre-promotion)	판매 촉진 행사 등	• 점포별 특색에 따른 차별 마케팅 • 이용 고객의 요청에 따른 프로모션
축하행사 기념식	오픈 기념일 행사 등	가족모임, 졸업 · 입학 축하행사, 창립 기념행사 등
영화	포스터, 파나플렉스 배너, 전단 등	쿠폰북, 할인 또는 무료 티켓 등
이벤트	• 대상 : 내부(사원, 가족, 그룹 계열사), 매장, 소비자, 매스컴 등 • 형태 : 발표회, 설명회, 전시회, 콘서트 등 • 오프닝 이벤트의 예 – 행사도우미, 풍선아트, 음향장비, 간판장식, 만국기 등 – 삼색필름, 오색휘장, 전단, 명함, 현수막, 서비스권 및 시식권, 설문지, 판촉물, 캐릭터 등 활용	이벤트는 조직을 대상으로 진행하는 경우가 많으므로 대상 조직의 형태와 특성에 따라 이벤트의 형식과 내용을 다양하게 기획한다. – 고객(소비자, 잠재고객) – 정부, 지역사회, 환경 · 사회단체, 교육 · 언론 · 금융기관 – 경쟁사, 동종 · 관련업계, 공급업체 – 직원, 주주, 계열사

(3) 메뉴 마케팅의 종류

1) 시테크 마케팅

시간을 활용한 마케팅이다.

한 삼겹살 전문점에는 대형 참숯화로에서 삼겹살을 은근히 익혀 준비했다가 고객 주문 시 빠르게 제공하는 3초 삼겹살 메뉴가 있는데, 신속한 서브 외에도 약간의 훈제 향을 느낄 수 있다는 특징이 있어 고객 선호도가 높다.

빠른 서비스를 주력으로 하는 한 외식업체는 샐러드 메뉴가 대부분 보존 상품이어서 신선도를 유지하기 어려운 점을 보강하기 위해 절임 형태의 샐러드와 디저트, 미국에서 유행하던 10분 런치메뉴에 함께 제공하는 샐러드 등을 개발하였다.

아침시간에 바쁜 고객을 대상으로 배달하는 떡이나 도시락, 국 종류도 예로 들 수 있다.

2) 웰-빙(Well being) 마케팅

웰-빙은 건강과 여유로운 삶을 행복의 척도로 삼는다는 의미로, 최근에는 외식업계의 불황기에 조류독감과 광우병 파동 등 위험 요인이 겹쳐 위기에 처한 기업들에서 웰-빙 마케팅으로 돌파구를 찾는 시도가 많이 있었고 현재도 지속되고 있다.

패밀리 레스토랑들은 기존에 인기가 높던 쇠고기나 닭고기 메뉴를 대체할 웰-빙 메뉴로 돼지고기나 채소, 해산물 등을 사용한 메뉴를 경쟁적으로 출시하고 있다.

T사의 마늘을 이용한 바비큐소스를 바른 연한 돼지갈비(로스트 갈릭 립), 이탈리안 드레싱을 곁들인 오징어 새우튀김 샐러드(칼리마리 샐러드), 녹차 아이스크림 디저트 등은 대표적인 패밀리 레스토랑의 웰-빙 메뉴이다. 또다른 예로 B사는 비타민, 칼슘, 미네랄 등이 다량 함유되어 있는 샐러드와 생과일음료로 구성된 세트 메뉴를, TG사는 쇠고기 · 닭고기 메뉴의 판매 부진을 만회하기 위해 해산물을 주재료로 하는 시푸드(sea foods) 메뉴와 비타민티, 그린티 등의 건강음료를 선보였다. 그 외에도 L사에서는 완두콩이 들어간 호빌빵 웰-빙버거를, P사에서는 단호박과 고구마로 만든 샐러드 2종을 출시하는 등 여러 기업체에서 다양한 웰-빙 메뉴로 경쟁력을 높이려는 노력을 하고 있다.

3) 브랜드 마케팅

사료에 세레늄을 첨가해 사육한 횡성한우, 숯가루를 섞은 사료로 사육한 축협 삼겹살처럼 브랜드 메뉴로 승부를 거는 전문 레스토랑을 예로 들 수 있다.

4) 입소문 마케팅

소비자들 사이의 커뮤니케이션을 이용한 마케팅도 아주 중요하다. 한 김치 냉장고 판매회사는 40세 전후의 중상류층 고객을 대상으로 김치 냉장고 제품을 무상으로 제공한 다음 6개월 동안 사용한 후 구매 결정을 내리도록 하였는데, 대상 고객 중 97%가 구매 결정을 했고 이 제품에 대한 호평이 입소문으로 퍼져나가 기존의 마케팅 전략과 시너지 효과를 일으킬 수 있었다.

5) 맛 마케팅

볏짚 훈제 삼겹살, 전분 물을 풀어 찜 형태로 만든 짬뽕 등 기존에 익숙하던 음식에 새로운 맛을 더하는 메뉴, 짜장면과 짬뽕을 한 접시에 제공하거나 우동 · 유부초밥 · 김초밥 등을 세트로 제공하는 등 여러 가지 맛을 함께 맛볼 수 있도록 하는 메뉴 개발 등도 마케팅에 도움이 된다. 최근에는 레드 열풍에 따라 매운맛을 강조하는 마케팅이 활발한 것도 한 예이다.

6) 전통(대물림) 마케팅

초등학교 교과서에도 실려 익숙하게 된 강릉 초당 고분옥 할머니 순두부집, 가마솥 밥, 쥐눈이콩 된장, 할머니 된장 등을 예로 들 수 있다.

7) 혁신 마케팅

튀기지 않고 로스트 앤 스팀(roast and steam) 조리로 제공하는 돈까스, 찹쌀을 첨가해 기름 흡수량을 줄인 도너츠, 숯가루를 넣어 만든 불판, 칼날처럼 서는 빵가루로 바삭한 맛을 더한 포크 커틀릿 등 익숙한 조리법에 참신하게 변화를 준 메뉴도 마케팅에 이용 가능하다.

8) 덤 마케팅

한 호텔 뷔페에서는 화 · 수 · 목요일 점심시간에 한해 3명 이상 고객이 방문할 시 1명에게는 무료로 식사를 제공하고, 또다른 호텔에서는 유기농 레드 와인을 주문하면 일반 레드 와인 1병을 서비스로 제공하는 덤 마케팅으로 고객의 눈길을 끌었다. 호텔 카페에서 생맥주 한 잔을 무료로 제공하는 서비스, 중소 식당에서 갈비 메뉴에 소면이나 냉면 서비스를 추가하는 이벤트 등도 예로 들 수 있다.

9) 가격 마케팅

한 업소에서 한 테이블의 고객들이 모두 같은 메뉴를 시키면 1인당 1천원 할인권을 제공하는 것을 예로 들 수 있다.

10) 타깃 마케팅

특정 문화센터 수강생에게 10~20% 할인권을 제공하거나 멤버십 카드를 발행하여 할인이나 적립 혜택을 받을 수 있게 하는 것을 예로 들 수 있다. 이 외에도 아파트 부녀회 모임 할인이나 특정 통신사 이용 고객에게 제공하는 할인 혜택 등이 있다.

11) 100 마케팅

한 콘도 회사에서는 '특별한 분 100분을 로얄 골드 회원으로 모십니다' 라는 문구로 마케팅을 하기도 했고, '100% 바다 전망 보장' 이라는 문구로 눈길을 끄는 마케팅도 있었다. 한 식당에서 특정 메뉴를 하루 100그릇만 한정 판매하는 것도 예로 들 수 있다.

12) 문화 마케팅

외식업체 도입 초기에는 단순히 고객에게 덤으로 경품을 주어 매출을 올리거나 고객의 충성도를 높이고자 하였으나, 지금은 가장 기본적인 프로모션 행사에서도 고객에게 제공하는 상품이 음료쿠폰에서 해외여행권에 이르기까지 매우 다양해졌다. 그 중에서도 주목받고 있는 것은 문화 상품으로, 초반에는 영화가 주목받은 데 이어 연극, 뮤지컬, 콘서트까지 다양하게 그 분야를 넓혀가고 있다. 공연이나 영화를 즐긴 후 푸짐하고 편안한 식사로 여가 시간을 마무리하고 싶어 하는 고객의 심리를 잘 파악한 마케팅이다.

13) 간편화 마케팅

다양한 조합의 세트 메뉴를 제공하여 고객이 여러 개의 메뉴를 선택하지 않고도 여러 가지 맛을 즐기도록 하며 업소에서도 메뉴 객단가를 높일 수 있다. 한식을 풀코스로 하여 세트 메뉴를 제공하는 곳도 있고, 반제품 구매 형태도 증가하고 있다.

14) 매스티지(Masstige) 마케팅

매스티지 마케팅은 가격을 낮춘 대중적인 명품을 즐기는 고객을 위해 실속있는 상품을 제공하는 마케팅으로, 한 레스토랑에서는 정통 프랑스 요리 가운데 샐러드와 데리야키 치킨 등으로 구성된 메뉴를 점심시간에만 저렴한 가격에 제공하여 눈길을 끌기도 했다.

15) 개인 미디어 마케팅

인터넷 기반 마케팅으로 싸이월드(www.cyworld.co.kr), 네이버 블로그(http://blog.nav er.com), 다음 플래닛(http://planet.daum.net) 등 웹상에 개인 블로그에 각 외식업체의 코너를 마련해 불특정 다수의 고객에게 업체의 정보를 제공하고 이미지 상승효과를 얻을 수 있다.

(4) 유형별 고객 서비스 마케팅

외식사업을 성공적으로 운영하기 위한 요소 분석에 있어 단골고객이 이탈하는 원인을 조사한 것을 보면 68%에 달하는 고객들이 이탈 원인으로 '서비스 태도'를 지적했고, 평소 주목해온 경쟁사로 인한 이탈은 9%의 낮은 비율을 보였다. 그만큼 외식사업에서 고객을 응대하는 태도는 매우 중요하다. 단지 친절하고 예의바른 태도만으로는 모든 고객을 만족시키기 어려우며, 까다로운 고객이라도 각각의 유형과 심리를 파악하여 응대하는 태도가 필요하다.

1) 나비형 고객

언제나 꽃을 따라다니는 나비형의 소비 스타일을 가진 고객 유형으로 상품의 가격보다는 유명 브랜드의 상품을 소비하는 데 만족감을 느낀다. 해당 기업의 브랜드에 고객이 만족하지 못하더라도 과장된 설명을 하거나 딱딱한 태도를 취하기보다는, '우리의 상품이 타 브랜드에 비해 저렴하지만 질은 못지않다' 는 것을 강조하는 것이 좋다.

2) 벌꿀형 고객

나비형과는 반대로 경제적이고 실용적인 것을 우선한다. 메뉴를 추천할 때도 가격 대비 만족도가 높은 것을 우선으로 추천하고, 고객이 메뉴를 선택했을 때 '알짜배기 메뉴로 정말 잘 선택하셨다' 는 칭찬을 아끼지 말아야 한다.

3) 나방형 고객

나방이 언제나 밝은 불빛을 찾아다니듯 이동 거리와 시간이 길더라도 '파격 세일' 이나 '폭탄 할인' 같은 문구에 이끌려 방문하는 고객도 상당하다. 기업에서 할인행사를 할 경우 POP 및 실사 디자인 현수막 등을 활용하여 고객의 눈길을 끌 수 있는 세일 광고를 구상하는 것도 좋다.

4) 도요새형 고객

도요새는 갯벌 깊숙이 박혀 있는 조개나 게를 놀라울 정도로 잘 잡아낸다. 고객 중에도 같은 브랜드의 과자, 과일, 의류 등이 진열되어 있어도 그 중에서 자신의 마음에 드는 것을 꼭 찾아내야 만족하는 경우가 있다. 가지런히 정돈된 상품을 흩뜨리면서 스트레스를 풀기도 하는데 이런 고객들을 타깃으로 의류매장을 구성하는 마케팅도 있다. 외식사업에서도 고객이 음식을 직접 만드는 체험 등을 통해 고객이 원하는 것을 마음껏 즐기게 하는 메뉴 아이템을 만들어 보는 것도 좋겠다.

5) 참새형 고객

참새는 방앗간을 그냥 지나지 않는다는 말이 있듯, 무료로 나누어주는 판촉물 자체를 즐기는 고객들도 있다. 이러한 고객들을 위해 작고 저렴한 것이라도 사은품을 준비하거나 판촉행사를 자주 마련하여 고객의 만족도를 높이는 것도 좋은 방법이다.

6) 캥거루형 고객

어린 자녀와 항상 함께 하는 고객의 유형으로, 주된 서비스 대상은 부모보다 자녀가 되어야 한다. 친근하게 인사하고 아이들이 좋아할 만한 간식거리를 챙겨 주는 등 자녀를 조금이라도 더 배려하는 태도를 보이면 대개의 경우 부모들은 그 업장을 다시 찾게 된다.

이상과 같은 고객유형을 기초로 하여 자신의 업장에 어떤 유형의 고객이 방문하더라도 각각의 고객에게 최고의 배려를 할 줄 안다면, 고객만족과 고객감동을 넘어서 자신의 업장에서만 가능한 독특한 서비스를 연출하며 지속적으로 운영 가능한 대고객 서비스를 만들 수 있을 것이다.

4. 전략적 마케팅 관리

(1) 과학적인 매출증대 방안

1) 베이스라인(base line)의 구축

베이스라인 구축은 원하는 수준의 데이터를 어디에서 얻으며, 예상되는 문제는 무엇인가를 조사하는 것이다. 베이스라인을 구축하는 데 이용되는 데이터로는, 일반적으로 고객이 레스토랑에 도착하는 패턴(arrival patterns), 식사 시간(meal time)등이다. 그리고 이와 같은 기초적인 데이터를 얻기 위해서는 분석의 대상이 되는 레스토랑의 특성에 따라 요구되는 데이터의 수준을 정해야 한다. 예를 들어 월요일에서 금요일까지 영업시간을 1시간 단위로 나누어 도착 고객 수, 식사 시간, 그리고 수입 등에 대한 정보가 요구된다면 이 정도의 데이터를 수집하면 된다.

이 데이터를 통하여 수요와 수입의 패턴을 이해할 수 있고, 그 결과는 레스토랑 수입관리 시스템을 바꾸는 데 충분한 정보를 제공할 수 있게 된다. 시간대별 도착 고객 수, 식사에 걸리는 시간, 코스별 식사가 도착되는 시간 등을 조사하는데, 특히 고객이 도착하는 시간을 측정하여 어디에서 정체가 일어나는가를 확인하기 위해서 좌석번호, 각 좌석의 고객 수, 고객이 좌석에 착석한 시간, 좌석에 앉은 고객을 종업원이 찾아와 주문을 받는 시간, 주문한 첫 번째 요리가 서빙된 시간, 메인 요리가 서빙된 시간, 디저트가 서빙된 시간, 고객이 식탁을 떠나는 시간 등을 구체적으로 관찰하여 기록해야 한다.

2) 원인의 이해

첫 번째 베이스라인을 구축하기 위한 정보수집의 결과를 분석 · 검토하여 수입증대를 위한 방안을 제시할 수 있다. 인적자원의 문제로는 지속적인 훈련의 부재와 종업원마다 각각 다른 수준의 서비스 숙련도로 인한 일관된 서비스 결여를 지적할 수 있다. 그리고 절차상의 문제로는 그리트 타임(greet time), 식탁 정리, 예약, 식탁관리, 주방에서 음식을 식탁으로 가지고 오는 종업원(food runners)의 실수, 그리고 제안 판매(suggestive selling) 등에 대한 문제를 조사해야 한다.

3) 수입관리전략의 개발

불균형적인 서비스와 예측 불가능한 식사 시간에 대한 문제를 확인한 후 개선책을 제시하는데, 종업원의 교육과 훈련을 개선하고 표준운영절차를 개발하는 방안, 그리고 마지막으로 샘플 레스토랑의 수입관리전략을 수요에 따라 수입을 증대할 수 있는 전략으로 변화시킨다.

4) Bill Quain et al., 의 연구

본 연구는 특정 레스토랑에 가장 적합한 고객에게 그들의 문제를 해결해 줄 수 있거나 그들의 욕구 또는 필요를 충족시킬 수 있는 서비스와 상품을 제공하여 수입을 극대화하자는 일반적인 조언을 제시한 연구이다. 연구의 내용을 구체적으로 살펴보면, 수입향상과 관련해서 일반적으로 잘못된 10가지의 인식을 설명할 수 있다.

즉, 수입향상은 ①고객의 불만족을 초래하며 ②수입향상을 위한 프로그램을 가동하기 위해서는 많은 시간적인 소모가 필연적이며 ③수입향상은 산출(yield)관리와 동일하며 ④원가를 절감함으로서 수입향상은 달성될 수 있으며 ⑤수입관리를 하기 위해서는 별도의 관리자가 필요하기 때문에 별도의 비용이 요구되며 ⑥수입향상 프로그램은 컴퓨터와 복잡한 공식에 의해서만 가능하며 ⑦현재 예상치를 충분히 달성하고 있기 때문에 수입향상은 불필요하며 ⑧더 열심히 하면 더 많은 돈을 벌 수 있으며 ⑨더 많은 수입을 위해서는 더 많은 고객을 서빙하기만 하면 되고 ⑩그리고 더 많은 돈을 벌기 위해서는 단지 종업원들에게 더 부지런히 일하라고 명령하기만 하면 된다는 사고방식 등 10가지의 잘못된 인식을 제시하였다. 그리고 수입증대 프로젝트를 시행함에 있어서는 레스토랑을 수익센터로 고려해야 한다는 점을 강조하였다.

수익센터는 가치를 창출하여 교환하는 장소이므로 관리자의 책임은 가치의 교환을 용이하게 하는 것이라는 점을 강조하였다. 관리자는 고객이 돈을 소비할 수 있도록 더 많은 가치를 창출하는 방법을 찾는 데 시간을 투자해야 한다는 점을 언급하였다. 또한 레스토랑은 고객을 위한 유무형의 상품을 만들어 파는 장소이므로 고객은 그들의 욕구를 충족시키고 문제를 해결하기 위해 레스토랑이라는 가치창출센터(value-creation center)에 온다는 것이다. 그렇기 때문에 수익을 증가시키기 위해서는 고객은 해결해야 할 문제(또는 충족시켜야 할 욕구)가 있다는 생각으로 고객을 접해야 한다는 것이다. 비록 고객은 그들이 풀어야 할 문제가(또는 충족시켜야 할 욕구가) 있다는 것은 알아도 그 문제를 해결하고 욕구를 충족시킬 수 있는 방법을 모른다는 것이다. 그렇기 때문에 고객의 문제를 해결해주고 고객에게 해결방법을 알려주는 역할은 이러한 문제를 해결하는데 필요한 서비스를 창출해야만 하는 매니저, 또는 종업원들인 수익센터의 전문가들의 몫이라는 점을 강조하였다.

그리고 수입증대 방안의 기본틀을 고객과 종업원, 그리고 관리자간의 관계에 맞추었다. 또한 수익향상을 저해하는 7가지 저해요인으로 ①창의력 결여, ②주의력 결여, ③불필요한 변수의 검토 부재, ④판매와 서비스 간의 갈등 허용, ⑤부정확한 고객 겨냥, ⑥잘못된 보상제도, ⑦실전 교육의 결여 등을 언급하였다. 그리고 핵심적인 수입향상 전략으로 더 많은 매출을 실행하는 것과 객당 수입, 또는 수익증대를 언급하였다.

5) 공헌이익과 수익관리의 연구

본 연구에서는 메뉴 아이템의 공헌이익과 수입관리와의 핵심적인 원칙을 검토하여 수입을 향상시키는 방법을 제시하였다. 즉, 수입향상을 메뉴 아이템의 공헌이익(contribution margins)과 판매 믹스(sales mix)에 연관시켜 수입향상을 도모하였다. 그리고 공헌 마진은 특정 아이템에 대한 공헌이익, 특정 기간 동안에 팔린 특정 아이템에 대한 공헌이익, 전체 아이템에 대한 공헌이익, 그리고 객당 공헌이익 등으로 구분하여 고려하였다. 그리고 객당 공헌이익을 높이기 위해서는 공헌 이익이 높은 아이템의 매출이 높아야 하기 때문에 판매 믹스(sales mix)를 고려해야 한다는 점을 강조하였다. 또한 객당 공헌이익과 기본적으로 수율관리의 개념을 가지고 수입을 향상시킬 수 있는 전략과 기교를 제시하였다. 그리고 다음과 같은 두 가지의 전략을 구체적으로 제시하였다.

① 1단계는 판매 믹스를 변화시키는 것이다.

공헌이익이 높은 아이템이 많이 팔리도록 하기 위한 전략과 기교 중에서 일반적으로 가장 많이 언급되는 것들은 특정 아이템에 쉐프스 스페셜(chef's special) 등과 같이 '특별'이라는 접두어를 붙인 아이템을 제공하는 것, 선택된 아이템의 포션의 크기를 크게 하는 것, 일련의 상품을 하나로 묶어 패키지화하거나, 팔기를 원하는 특정 아이템에 덤으로 특정 아이템을 묶어 제공하는 것, 그리고 내부적으로 판촉을 하는 것 등이라고 하였다.

② 2단계는 객당 공헌이익을 높이는 것이다.

고객들에게 더 많은 아이템을 판매하여 객당 공헌 이익을 높일 수 있다. 특히 전채요리, 후식, 그리고 음료는 다른 아이템에 비해 공헌이익이 높은 아이템들이기 때문에 이 아이템에 대한 매출을 높여야 한다는 것이다. 즉, 다양한 전채와 후식 메뉴를 제공하여 고객의 지출을 유도하고, 고객의 시각을 자극할 수 있도록 전채와 후식을 진열하고, 메인 아이템의 양을 줄여 후식을 즐기게 하고, 식사에 곁들일 특별한 음료를 제공하거나 특별한 방법으로 제공하고, 고객의 소비패턴에 대해 분석한 결과를 피드백하는 전략이다.

6) 수익성의 증대 방안

서비스 직원과 고객 간의 관계와 서비스 절차상에서 발생할 수 있는 문제점을 영업활동의 흐름을 따라 개선하는 방법은 다음과 같다.

① 레스토랑의 수입향상을 위한 영업 흐름의 분석

일반적으로 레스토랑은 생산과 판매 부문으로 대별된다. 전자의 경우는 고객에게 제공될 메뉴상의 아이템을 생산하는 전 과정에 대한 시스템적인 관리를 요구하고, 후자의 경우는 서비스 절차와 대고객 서비스에 대한 총체적인 관리를 요구한다. 최근 들어 생산부문의 관리는 식품가공기술의 발전으로 생산과 판매를 이원화시킬 수 있는 환경은 조성되어 있다. 즉, 레스토랑의 특성 중의 하나인 생산과 판매의 동시성이라는 한계를 극복할 수 있게 되어 미래의 판매에 대비한 사전 생산이 가능해졌다는 것이다.

그 결과 생산하는 장소와 판매하는 장소가 같은 곳에 위치해야 할 필요가 없어졌으며, 생산을 위한 공간과 기기가 축소되었으며, 인원 또한 최소화할 수 있게 되었다. 반면 판매가 이루어지는 홀의 경우는 그 관리영역이 차츰 넓어지고 있는 추세이다. 즉, 수요와 공급간의 불균형으로 말미암아 경쟁은 치열해지고 있으며, 고객의 욕구 또한 차츰 증가하고 있는 추세이다. 그 결과 경쟁의 우위에 서기 위한 차별화 전략은 해를 거듭할수록 그 수를 더해가 이제는 더 이상 고객의 욕구를 따라가기 어려운 상황에까지 이르게 되었으며, 전체적인 수입(revenue)은 증가하나 순수익이 감소하는 현상을 초래하고 있다.

㉠ 생산부문

생산과 소비의 이원화, 다양한 상태로 공급되는 원식재료, 개선된 식재료의 유통구조, 생산과 보관활동에 이용되는 기기의 다양성, 성능 개선과 발전, 식품가공기술과 보관기술의 혁신적인 발전 등과 같이 생산 활동과 생산성 개선에 긍정적인 영향을 미치는 외적요인들의 변화는 지속되고 있다. 일반적으로 생산성은 투입과 산출의 비율을 말한다. 투입은 상품을 생산하고 또는 서비스를 제공하는 데 요구되는 모든 자원을 말한다. 반면 산출은 상품 또는 서비스 자체이다. 그러나 레스토랑의 영업활동에 요구되는 투입 자체가 다양한 유형과 무형의 자원으로 구성되어 있으며 표준화 정도가 낮다. 그 결과 투입의 결과인 산출 역시 유무형으로 구성되며 유형의 산출을 제외하고는 그 결과를 직접 측정하고 통제하기가 대단히 어렵다. 이러한 점을 감안한다면 레스토랑의 영업활동의 성과를 측정할 수 있는 고객의 만족을 통한 수입의 최대화는 영업활동의 특정 부분에 대한 관리만으로 불가능하다는 점을 인식해야 한다. 즉, 영업활동에 직 · 간접적으로 관여하는 모든 영역에 대한 통합적인 관리가 있을 때 수입증대를 기대할 수 있다는 뜻이다. 생산부분의 생산성 향상에 대한 연구 중 최근 들어 많이 언급되는 연구는 서비스 부분에서 널리 연구되고 있는 서비스배달시스템(SDS : service delivery system)의 원칙을 레스토랑의 생산부문에 적용한 푸드서비스배달시스템(FDS : foodservice delivery system)이다.

즉 생산 활동을 구체적으로 분리하여 생산성 향상을 위해 각 지점에서 요구되는 내용들을 통합하여 통합적으로 관리하자는 내용이다. 그 중 가장 핵심적인 내용은 시간 · 공간적인 면에서 생산과 소비의 이원화 및 노동의 유연화 정책 등이다. 이와 같은 내용들이 장기적인 측면에서 고려할 때 최소의 투입으로 최대의 산출을 기대할 수 있어 조직의 목표와 고객만족이라는 기본조건을 충족시킬 수 있다는 것이다. 그리고 그 결과는 수입증대와 수익향상이라는 결론이다.

㉡ 판매부분

고객이 레스토랑에 도착하여 지불을 마치고 떠나는 과정까지를 서비스 청사진(service blueprint) 이라고 하는데, 도착(arrival) → 환대(greet) → 착석(seat) → 주문(order) → 전채요리(appetizer) → 메인(entree) → 후식(dessert) → 지불(payment) → 출발(departure)과 같이 단계별로 구분하여 발생하는 문제점을 관찰하여 특정 레스토랑의 문제점을 구체적으로 파악한다. 즉, 식사시간에 대한 높은 표준편차의 원인 규명을 인적자원(종업원), 정보, 기기, 서비스 방법과 절차, 그리고 상품으로 구분하여 분석하여 각 지점에서 병목현상이 일어나는 원인을 찾는 시스템이다. 이는 고객이 예약부터 주차장을 빠져나가는 과정까지의 전과정을 관찰하여 서비스 질을 분석하는 TQC(total quality control)의 개념에서 적용하였다.

외식산업은 다양한 업종과 업태로 구성되어 있기 때문에 특정 외식업소의 수입증대를 위한 전략과 기교가 모든 외식업소에 공통적으로 적용된다는 논리는 모순이다. 하지만 수입증대를 위한 기본적인 원칙은 업소와 업태에 관계없이 모든 외식업소에 적용될 수 있다. 따라서 고객과 종업원 그리고 관리자와의 삼각구도에서 추구되는 수입증대 방안은 시스템적인 접근방법이 제일 이상적인 처방이라고 판단한다. 관리자는 종업원이 생산성을 최대화할 수 있는 방안을 제시해야 하고 종업원은 고객이 만족할 만한 서비스를 제공할 수 있는 방안을 강구하는 삼각구도 속에서만 수입증대가 실현될 수 있다는 것이다.

상업적인 외식업체의 업종과 업태에 관계없이 그리고 소유의 형태와 업소의 규모에 관계없이 특정 외식업소가 겨냥하는 주 고객은 존재한다. 만약 주 고객이 존재하지 않는다면 외식업소의 수입증대에 가장 핵심적인 키워드인 고객이 가지고 있는 욕구 또는 필요가 무엇인지를 모르는 것과 같다.

영리를 목적으로 하는 조직의 궁극적인 목표는 수익의 극대화이다. 따라서 영업정책은 조직의 목표달성과 고객만족을 동시에 고려해야 한다. 즉, 고객이 해결하고자 하는 문제를 가장 효율적으로 해결함과 동시에 수익증대를 꾀할 수 있어야 한다는 의미이다. 그러나 조직의 목표는 고객만족에 의해서 가능하며, 고객만족은 종업원의 만족에서 출발한다. 그렇다면 조직의 목표, 내부고객인 종업원, 고객만족간의 삼각관계는 서로 정(+), 또는 부(−)의 상관성을 갖고 있다는 결론에 도달할 수 있어 조직의 목표, 종업원, 그리고 고객을 아는 것은 고객이 원하는 것을 줄 수 있다는 뜻이다. 즉, 고객이 해당 업소를 선택한 동기를 파악하면 고객이 원하는 것을 고객의 입장에서 가장 효과적으로 제공할 수 있다는 뜻이다. 고객이 원하는 것이 싼 가격인지, 빠른 서비스인지, 존경받고 싶음인지, 메뉴 상에 없는 특별한 음식과 와인인지, 서비스 소비를 통한 자아실현인지 알 수만 있다면 고객이 원하는 방법으로 또는 고객을 유도하여 고객의 문제를 해결해 줄 수 있고 고객의 욕구와 필요를 충족시켜 줄 수 있다. 특정 외식업소에서 가장 많은 돈을 소비하고 특정 외식업소의 홍보대사가 되고 특정 업소의 단골이 되는 고객은 특정 업소가 제공하는 포괄적인 상품에 만족해하는 고객이다.

그런데 고객의 만족은 내부 고객인 종업원의 만족을 통해서 가능하고, 종업원과 고객이 동시에 만족할 때 수익이 증가한다는 수익 체인(profit chains)의 논리를 예로 들어도 일반적으로 가장 만족한 고객이 가장 많은 돈을 소비한다는 결론을 도출할 수 있다. 고객이 돈을 많이 소비할 수 있게 하는 것이 외식업소의 수입증대 방안이다. 따라서 고객들이 돈을 얼마나 많이 소비하고 있는가를 특정 기간 동안의 영업 결과를 바탕으로 분석한다. 고객 1인당 특정 기간 동안 평균 얼마를 소비하였는지 분석하여 고객의 수준을 파악할 수도 있다. 그래서 업소가 제공하는 가격과 고객이 지불한 가격과의 관계를 분석하여 지금 서비스를 받고 있는 고객이 해당 기업의 목표 고객과 가격 면에서 일치하는지 파악하기도 한다. 그러나 고객에게 제공되는 아이템의 계획과 그 아이템의 가격 결정이 잘못되었다면 분석의 결과는 특정 외식업소의 수입증대에 별 도움이 되지 못한다. 고객이 원하는 것이, 고객이 해결하고자 하는 문제가, 또는 고객이 충족시키고자 하는 욕구와 필요가 무엇인가를 알기 위해서는 고객과 관련된 정보의 수집과 분석이 지속적으로 이루어져야 한다. 고객 개개인에 대한 정보를 뜻하는 말이다. 특정 고객에 대한 개인 신상, 방문한 횟수, 좋아하는 식료와 음료, 동행하는 사람의 신상, 머무는 시간, 서빙한 종업원, 소비한 금액, 즐겨 듣는 배경음악, 좋아하는 좌석 위치 등 얻을 수 있는 모든 정보를 데이터베이스화하여 지속적으로 관리하는 것이다.

그리고 이 정보를 바탕으로 상황이 허락하는 한 그 고객이 원하는 것을 제공할 수 있을 때 고객은 많은 돈을 소비하게 되고 특정 외식업소의 수입은 증대할 수 있다. 특정 고객에 관한 정보는 특정 고객에게 관심을 갖는 잘 훈련된 종업원이 있을 때 가능하다. 즉 특정 종업원이 특정 고객을 지속적으로 관리할 수 있는 시스템적인 접근이 필요하다는 말이다. 이와 같은 관리가 지속성을 갖기 위해서는 종업원의 이직률이 낮아야 하고, 종업원이 안정적으로 자신감과 자존심을 갖고 일할 수 있는 외식업소가 되어야 한다. 그리고 그러한 외식업소로 남아 있기 위해서는 경쟁의 우위에 설 수 있는 외식업소로서의 위치에 있어야 한다. 즉 수익성이 있는 외식업소로서 종업원을 위한 지속적인 교육과 훈련의 기회를 제공할 수 있고 적절한 보상을 할 수 있는 외식업소가 되어야 한다는 것이다. 또한 바람직한 조직문화 속에서 종업원이 본받을 수 있는 관리자나 경영자의 리더쉽과 실천적인 행동과 같은 경영철학이 있을 때 장기적으로 수입을 향상시킬 수 있게 된다. 이러한 점을 고려한다면 결국, 특정 레스토랑에 적합한 고객, 그들이 필요와 욕구를 충족시키기 위해 제공되는 포괄적인 상품의 구성, 그 상품을 생산하는 방법과 기교, 그리고 그 상품을 포장하여 판매하는 종업원의 능력, 경영자 또는 관리자의 실천적인 경영철학 등이 시스템적으로 관리되어 시너지 효과를 발휘할 때 수입향상을 꾀할 수 있을 것이다.

(2) 메뉴 수익증가를 위한 전략

지금까지 메뉴의 가격 결정에 있어서 필요한 분석 작업의 분류와 분석 방법 및 손익계산의 제반 사항에 대하여 알아보았다. 고객을 업소로 이끌어서 각종 메뉴 상품을 판매하거나 배달과 테이크아웃(take out)과 같이 고객이 있는 곳으로 이동하여 메뉴 상품을 판매하거나 각각 방법과 수단은 다르지만 궁극적인 목적은 수익의 극대화와 꾸준한 수익의 향상이다. 즉 외식업의 효과적인 수익의 증가와 향상의 보장은 경영인과 매니저의 꾸준한 영업활성화 전략연구에 있다고 볼 수 있다.

외식업의 특징은 불특정 다수의 고객을 외식업체와 기타 식사가 가능한 장소에서 식음료 서비스를 제공하여 이익을 얻는 업태이다. 따라서 가장 효율적인 수익증가의 수단은 고객들을 상대로 하여 매출을 올리는 것으로 고객들의 욕구와 소비행동을 연구하여 대처하는 방법이다.

1) 메뉴에 의한 이윤극대화

외식업에 있어서 메뉴는 외식업체를 대표하는 가장 중요한 상품판매수단이다. 따라서 외식업체에서 메뉴의 타당성, 적합성 및 적정한 가격, 고객에 대한 메뉴의 공헌도와 같은 요소들은 중요한 연구대상이 된다. 메뉴는 원활한 판매를 위해서 적합한 구성 즉 메뉴믹스(menu mix)와 각각의 메뉴에 대한 기여 마진의 관계를 명확히 해야 한다.

외식업체에서 판매하는 각종 음식의 메뉴는 인구 수, 외식업소를 거치는 통행인, 통행차량, 주위의 경쟁외식업소, 공공기관, 학교, 산업단지 등을 고려하여 각 고객들에게 평균적으로 적합한 메뉴와 메뉴가격을 설정하도록 해야 한다. 또한 이러한 입지와 관련된 고려사항들은 인구의 구성비, 산업시설 구성비, 외식업체의 장래성 등과 함께 연구해야 할 사항이다.

외식업체를 방문하는 고객들의 성별, 연령, 학력, 수입, 직업, 기혼 여부, 자녀 여부, 동반자, 방문횟수 등을 세분하여 식사시간대별(조식, 중식, 석식) 객단가를 파악하는 것은 중요한 고려사항이다. 메뉴의 가격은 메뉴의 원가, 메뉴 만족도에 대한 고객들의 설문조사와 분석, 외식업소 주변의 유사, 동종 업체의 가격 비교, 성공업소의 사례비교연구 등을 통하여 재설정하는 것이 바람직하다. 또한 매출 통계표와 손익계산서를 통하여 메뉴별 판매현황을 분기별, 월별, 연별로 분석해야 한다.

한편, 한 외식업체에서 판매되는 메뉴에는 항상 신 메뉴가 추가되기도 하고 기존의 메뉴와 병행하여 판매하기도 한다. 메뉴믹스도 높고 마진 기여도도 좋은 메뉴가 있는 반면, 메뉴믹스는 높은데 수익성은 낮은 메뉴, 선호도와 수익성 모두 낮은 메뉴, 선호도는 낮으나 수익성은 높은 메뉴 등으로 구분할 수 있다. 따라서 이러한 메뉴를 비교 분석하여 수익성과 선호도가 낮은 메뉴는 폐기하고 수익성과 메뉴를 높이는 신 메뉴로 바꾸는 것이 현명한 것이다.

2) 메뉴의 간소화

일반적으로 높은 매상고를 이루고 고객들의 재방문이 원활하게 이루어지고 있는 외식업체는 모두 특별한 경영방식을 가지고 있다. 외식업체는 종류와 메뉴, 입지조건 등 경영과 관련된 사항이 다양하다. 그러나 특별한 경영방식도 공통적인 전략과 전술이 있으며 벤치마킹을 통하여 이러한 것을 비교 분석하면 성공적인 경영을 이룰 수 있다.

메뉴는 외식업체의 얼굴이며 가장 최선두에 있는 판매원이라고 할 수 있다. 그러므로 주방 종사자들이 소화해 낼 수 없을 만큼 많은 수의 메뉴는 오히려 경영에 부정적인 영향을 미친다. 또한 어려운 수식어의 사용과 고가의 메뉴 구성 등도 마찬가지이다. 제한된 메뉴는 고객들의 메뉴 결정을 빠르고 쉽게 해주며 주방 종사자들의 업무 수행도를 높여 매출 향상에 기여한다. 그리고 이러한 방식은 소위 러시아워(바쁜 시간대) 때의 고객 회전율과 착석률을 향상시켜 매출의 향상을 가져온다. 즉 적당한 시간을 두어 실험적으로 고객들이 가장 많이 찾는 메뉴와 마진 기여도가 높은 메뉴들을 분석한 후 실제 메뉴 카드 구성에 적용하는 방법이 바람직하다.

3) 테이크아웃(Take out)과 케이터링(Ketering)

현대의 외식업체는 영업장을 갖추는 동시에 배달과 고객들이 직접 메뉴 음식을 들고 가는 테이크아웃, 외부의 특정 장소에 조리된 음식과 음료를 차량 등으로 배달하는 케이터링 사업을 병행하고 있다. 이는 외식업체의 효율적인 노동력 이용을 통한 전체적인 매출향상에 크게 이바지하는 경영방식이다.

테이크아웃, 케이터링 등은 외식업체의 규모와 이미지에 맞도록 구상해야 하며 특히 주방 종사자의 수와 업무수행능력과 비례하므로 무리하여 실행한다면 고객들의 신뢰도가 떨어지는 것이 우려되므로 신중하게 결정해야 한다.

(3) 이미지(Image)와 메뉴의 역할

레스토랑 고객에게 제공되는 서비스를 구성하는 요인은 크게 물질적 요인과 인적 요인으로 나눌 수 있다. 물질적 요인은 다시 기능적 요인과 환경적 요인으로 구분한다. 기능적 요인의 예로 레스토랑에 도착하기 위해 고객이 이용하는 엘리베이터의 원활한 작동을 들 수 있다. 환경적 요인으로는 실내 인테리어 등이 좋은 예이다. 인적 요인 역시 기능적 요인과 인간관계 요인으로 나눌 수 있다. 기능적 요인으로는 서비스 제공자인 종사원의 직무지식이 해당하며, 인관관계 요인은 고객과 종사원의 친밀도 등이다.

(4) 효과적인 광고의 기초

- 적절한 손님에게 적절한 메시지의 전달
- 알맞은 횟수의 메시지 전달
- 결과 측정에 의해 메시지 전달 효과의 측정
- 어떤 광고가 가장 효과적이었는지 파악

1) 광고로 관심을 끈다(표적 고객은 누구인가?).

① 광고 목적 및 목표를 세운다.
② 광고 차별화 - 외부인의 관점을 고려한다(고객의 관점, 경쟁자 관점).
③ 적절한 매체를 선택한다.
④ 메시지를 디자인한다.

2) 흥미를 유발한다.

① 이성적 소구
② 감성적 소구
③ 윤리적 소구
④ 효익과 이익의 제시
⑤ 가치의 관점 강조

3) 욕망을 자극한다.

① 고객에게 결핍된 것을 자극한다.
② 개선의 여지가 있는 요인들에 초점을 맞춘다.
③ 생리적 욕구, 안정감, 애정, 소속감, 자기 존경, 자아실현
④ 품질의 차이를 표출한다.
⑤ 신뢰할 수 있는 식당임을 보여준다.

4) 고객이 식당으로 오도록 한다(행동 유발).

① 고객들에게 무엇인가 할 것을 요구한다.
② 어떻게 식당에 올 수 있는지를 알려준다.
③ 고객이 용이하게 구매할 수 있도록 한다.
④ 광고와 촉진 방법과 조화를 이루게 한다.

(5) 혁신적인 판매촉진 방법

- 효과적인 판매촉진을 위해서 실시 기간의 적절한 통제
- 간단명료한 계획
- 세부적 규칙과 가이드라인 설정
- 판매 요구에 적합한 타이밍의 결정

1) 웅장한 주제가 있는 행사의 개최

① 세심한 계획을 통한 준비
② 휴일과 축제 기간을 중심으로 실시
③ 현수막, 실내장식 및 소품을 이용
④ 주제의 성격과 조화되는 메뉴 항목 : 식자재의 종류, 음식의 지시
⑤ 기대치를 뛰어넘는 평범하지 않은 행사

2) 경품권과 콘테스트(contest)

① 모든 손님이 경품권 대상
② 손님들에게 알리기 위해 추첨 결과를 식당 내에 제시
③ 외부행사 및 단체연회 등을 후원
④ 자전거 타기 대회, 야구 대회, 자선 바자회
⑤ 다량 구매를 자극하여 참여를 독려
⑥ 최적의 손님 수를 발견

3) 쿠폰의 이용과 끼워 팔기의 이용

① 할인 가격의 판매 증대에 대한 영향 파악
② 쿠폰 사용에 의한 가격 할인 방안에 대한 대체 방안 강구
③ 흥미를 유발하기 위한 시식회 개최
④ 끼워 팔기를 위한 패키지 메뉴 개발
⑤ 성공 여부를 알기 위한 사용량의 추적

4) 가치 기회의 확장

① 재방문을 위해서 보너스를 제공
② 보조적 항목의 포함
③ 시간대에 따른 가격의 차등화
④ 무료 제공
⑤ 지역행사 및 조직에 대한 지원

(6) PR과 인적 판매의 전략적 중요성

- 홍보와 PR의 차이점 인식
- 비용을 들이지 않고 매체를 이용
- 긍정적 이미지의 창출
- 홀 담당 직원의 판매원화
- 손님들로 하여금 식당의 홍보자가 되도록 고무

1) 개인별 적합한 서비스

① 손님을 전체적으로 간주하지 않고 개인별로 인식한다.
② 손님의 이름을 불러준다.
③ 진실한 추천이 필요하다.
④ 손님의 관점에서 서비스를 관찰한다 : 어린이, 미혼, 기혼, 노년층
⑤ 예의와 존경을 보인다.

2) 메시지의 전달

① 미소의 중요성 전달
② 연기하는 배우의 태도
③ 시각적 표현 언어의 사용
④ 손님 앞에서 보여줄 수 있는 것에 대한 전달
⑤ 손님 앞에서 보여줄 수 있는 것에 대한 전달(예 : 플람베, 시즐러 등 시각 효과)

3) 메뉴 선택과 대안의 제공

① 주방장의 추천을 고려한다.
② 홀 담당 직원들도 자신이 좋아하는 것을 이야기한다.
③ 즉각적으로 손님의 관심을 끌기 위해 특별한 행사를 강조한다.
④ 손님이 좋아하는 좌석을 배정한다.
⑤ 손님들이 선택을 하도록 요청한다.

(7) 25 THINGS YOU NEED TO KNOW ABOUT YOUR RESTAURANT

- 직원들의 성명과 전화번호
- 책임자의 전화번호

- 연락 사무실 전화번호
- 구매자의 상호
- 주방 자물쇠의 위치와 목록
- 에너지 공급원 상호
- 수리센터 연락처
- 직원 업무 스케줄
- 매뉴얼
- 교체품 주기
- 후드 및 하수 청소 업체
- 비상구의 위치
- 빌딩의 운영시간과 체계
- 가스 배관 위치 및 구조
- 안전수칙
- 식재료 주문 일자
- 응급세트 위치
- 근무자 및 책임자의 위치
- 재고 품목 및 수량
- 재고 위치
- 재고 파악 시기
- 주문하는 방법
- POS 작동 방법
- 주문 받는 방법
- 주방 위생처리
- 식당 문화와 목표

Chapter 07

외식산업의 서비스와 고객관리

1 서비스 경영

2 고객만족과 재방문 의도

1. 서비스 경영

레스토랑 이용고객에게 제공되는 서비스란 고객이 음식상품과 음료상품 등을 구매하여 소비함에 있어서 고객에게 부가적으로 제공되는 유형적 요소와 무형적 요소를 의미한다. 레스토랑의 서비스를 구성하는 요소는 매우 다양하다. 예를 들어 레스토랑 서비스라 하면 흔히 서비스 직원이 고객에게 제공하는 인적 서비스를 먼저 생각하지만 인적 요소 이외에도 레스토랑에서 고객이 머무는 동안 좋은 식사경험을 연출할 수 있는 레스토랑의 물리적 환경 요소(인테리어 시설, 가구 및 장비 등) 그리고 기업이 고객에게 약속한 사항을 제대로 실천하는 신뢰성이라는 무형적 요소 역시 중요한 서비스 상품을 구성하는 요소라 할 수 있다.

(1) 레스토랑 서비스의 개념

치열한 레스토랑 사업 분야에서 음식상품과 음료상품의 차별성은 이제 더 이상 경쟁우위의 핵심 요소로 언급되지 않고 있다. 많은 경쟁업체와 후발업체들이 성공한 레스토랑 기업의 메뉴를 손쉽게 모방할 수 있기 때문이다. 이외에도 유형적 요소인 인테리어 시설 혹은 장비 역시도 쉽게 따라 할 수 있지만 무형적 요소가 많이 포함된 서비스의 경우 경쟁업체 혹은 후발업체가 쉽게 모방하기에는 한계가 있다. 따라서 많은 외식기업들이 서비스 차별성에 초점을 맞추고 있는 것도 그 이유이다.

레스토랑 서비스란 레스토랑 이용고객의 가장 기본적 욕구인 음식과 음료제품을 제공하는 과정에서 고객의 욕구를 해결해주는 종사자의 유·무형적 활동과 적절한 물리적 환경을 제공하는 활동을 의미한다. 레스토랑에서 고객에게 제공되는 무형적 활동이라는 개념의 서비스는 대부분이 서비스 제공자인 직원과 고객과의 상호작용 및 관계에서 발생하는 것으로 고객의 욕구를 충족시켜주는 활동을 의미한다. 레스토랑 서비스 상품의 주가치는 고객과의 상호작용에 의해 생성되며, 상품의 가치판단은 전적으로 서비스 상품을 이용하는 고객의 주관적 평가에 달려 있다.

(2) 레스토랑 서비스의 특성

레스토랑을 이용하는 고객에게 제공되는 서비스 상품은 메뉴 상품과 다른 특성을 지니고 있는데 크게 무형성, 이질성, 비분리성, 소멸성이라는 특성으로 요약할 수 있다. 이러한 특성들은 레스토랑 관리자에게는 커다란 경영상의 장애 요소로 작용할 수 있어 이에 대한 적절한 대응전략을 가지고 있어야 한다.

1) 무형성

레스토랑 이용고객에게 제공되는 서비스의 가장 두드러진 특성이 바로 무형성이다. 종사원들에 의해 고객에게 제공되는 서비스는 추상적이다. 다른 유형적 제품과 달리 서비스 상품은 구매자가 구매 혹은 경험하기 전에는 눈으로 확인할 수도 없고, 물건처럼 만져보거나 느껴볼 수 없어 객관적 가치를 사전에 파악하거나 평가하기 어렵다. 따라서 레스토랑에서 제공되는 고객 서비스는 사전 정보를 고객에게 전달하기 어렵고 그에 대한 커뮤니케이션 역시 제한적이다.

- 서비스는 추상적이며 만질 수 없다.
- 서비스는 제공 받기 전에는 경험할 수 없다.
- 서비스의 가치를 파악하거나 평가하기 어렵다.

서비스의 무형성이라는 특성 때문에 고객은 구매하기 전에 상당한 불확실성으로 인한 부담감 혹은 위험을 느낄 수 있기 때문에 레스토랑 기업에서는 이 불확실성을 극복하기 위한 유형적 단서를 제공하기 위해 노력하고 있다. 레스토랑의 외관을 화려하게 혹은 친근감 있게 꾸미거나 직원의 외모와 유니폼을 관리하는 노력이 그것이다. 따라서 레스토랑 기업이 고객에게 제공하는 서비스 상품의 무형성이라는 장애 요소를 극복하기 위해서는 다음과 같은 실천이 필요하다.

① 서비스의 실체적 단서를 제공해야 한다.
② 서비스를 경험한 고객들의 긍정적 구전활동을 적극적으로 활용해야 한다.
③ 서비스를 제공하는 시점에서 고객의 태도를 긍정적으로 유도하기 위한 커뮤니케이션을 강화해야 한다.

2) 이질성

레스토랑 이용고객에게 제공되는 서비스는 누구에 의해서, 누구에게, 언제, 어떤 환경에서 제공되느냐에 따라 서비스의 질과 내용이 달라질 수 있다. 그 이유는 서비스 제공자인 직원의 심리적, 육체적 상태에 따라 제공되는 서비스 수준이 달라질 수 있기 때문이다. 또한 서비스 상품을 이용하는 고객의 심리적 · 육체적 상태에 따라 혹은 그들의 경제적 요인, 사회문화적 요인에 의해 그들이 경험하는 서비스 상품을 다르게 인지할 수도 있기 때문이다. 또한 서비스 직원이나 고객과 상관없는 다른 상황적 요인에 의해서도 서비스 상품은 이질적인 이미지를 줄 가능성이 높다. 예를 들어 A라는 사람이 레스토랑을 2회 방문하였는데 2회에 걸쳐 같은 직원에게 서비스를 제공 받았으나 첫 번째 방문시간은 한가한 시간이었고, 두 번째는 방문 고객이 많아 분주한 시간이었다면 혼잡성이라는 상황적 요인으로 인해 같은 수준의 서비스를 제공받기에는 어려움이 있다.

레스토랑에서 고객에게 제공하는 서비스 상품의 특성 중 이질성이라는 요인으로 인해 관리자는 비표준적이며 가변적인 서비스 상품의 품질통제에 있어 한계점을 인지하고 서비스 상품의 관리방안을 수립해야 할 것이다. 하지만 서비스 상품의 이질성이 레스토랑 경영에 반드시 한계로만 작용하는 것은 아니다. 서비스 상품의 이질성은 레스토랑 경영자에게 경영상의 장애 요소와 성장의 기회를 동시에 제공한다. 장애 요소란 고객에게 제공하는 서비스 상품의 품질을 표준화하기에 한계가 있다는 점이며, 기회 요소란 고객에 적합한 서비스 내용을 갖춘 개별화 혹은 개성화를 시행할 수 있다는 점이다. 따라서 서비스 상품의 이질성이라는 특성을 극복하고 기회로 활용하기 위해서는 레스토랑 경영자에게 서비스를 표준화하려는 노력이 필요하며 동시에 서비스의 개성화 전략도 필요하다.

3) 비분리성

레스토랑 기업에서 고객에게 서비스 상품을 전달하기 위해서는 반드시 서비스 공급자와 소비자가 동시에 존재해야 한다는 것이다. 다시 말해 고객은 서비스 상품을 소비하는 소비자인 동시에 생산자의 조력자 역할을 하고 있다는 것이다. 또한 서비스 상품은 다른 제품 생산과 달리 생산장소와 소비장소를 분리할 수 없다는 점이다. 생산 동시에 바로 소비되는 특성 역시 서비스 상품의 생산과 소비를 분리할 수 없는 특성이다.

- 서비스는 생산과 소비를 분리할 수 없다. 생산과 동시에 소비된다.
- 서비스 생산과 소비과정을 분리할 수 없기 때문에 소비자의 생산과정 참여가 반드시 동반된다.
- 서비스 상품은 대량생산이 곤란하다.

서비스 상품의 비분리성 혹은 동시성이라는 특성 역시 레스토랑 기업 운영에 장애 요소이다. 예를 들어 일반 제품의 경우 소비자에게 판매가 이루어지기 전에 불량품을 제거할 수 있는 기회가 있지만 서비스의 경우 생산과 동시에 소비가 이루어지며 고객이 서비스 상품 생산과정에 포함되어 있기 때문에 잘못된 서비스가 고객에게 제공될 가능성이 매우 높다. 따라서 레스토랑 기업에서는 서비스 제공자인 직원 채용 및 교육과정에 많은 관심을 두어야 하며 서비스 생산과정에 포함되는 고객관리에 만전을 기해야 한다.

- 직원의 채용, 교육과 훈련에 많은 시간과 노력을 투자해야 한다.
- 철저한 고객관리를 시행해야 한다.

4) 소멸성

서비스 상품은 유형적 물건이 아니라 서비스 종사자의 행위 혹은 무형적인 성과가 대부분이기 때문에 재고로 보관하거나 저장하는 것이 불가능하기 때문에 재고 조절이 곤란하다. 또 구매된 서비스라 할지라도 1회로 소멸되며 그와 동시에 서비스 편익(benefit) 역시 사라지게 된다.

- 서비스는 재고 형태로 보존할 수 없다.
- 따라서 즉시 사용하지 않으면 사라진다.
- 서비스는 즉시 소멸하기 때문에 이동이 불가능하다.

서비스의 소멸성으로 과잉 생산에 의한 손실 혹은 과소 생산으로 인한 이익기회의 상실이라는 문제가 발생한다. 따라서 레스토랑 관리자는 수요에 따라 생산 계획을 탄력적으로 변동할 수 있는 경영 유연성을 확보해야 한다.

- 서비스의 수요와 공급이 조화를 이루게 해야 한다.

(3) 레스토랑 서비스 구성요인

레스토랑 고객에게 제공되는 서비스를 구성하는 요인은 크게 물질적 요인과 인적 요인으로 나눌 수 있다. 물질적 요인은 다시 기능적 요인과 환경적 요인으로 구분한다. 기능적 요인의 예로 레스토랑에 도착하기 위해 고객이 이용하는 엘리베이터의 원활한 작동을 들 수 있다. 환경적 요인으로는 실내 인테리어 등이 좋은 예이다. 인적 요인 역시 기능적 요인과 인간관계 요인으로 나눌 수 있다. 기능적 요인으로는 서비스 제공자인 직원의 직무지식이 해당되며, 인관관계 요인은 고객과 직원의 친밀도 등이다. 서비스를 구성하는 물질적 요인과 인적 요인 등은 어느 한 가지 요인만 충족되어서는 올바른 서비스 생산이 불가능하며 상황에 맞은 모든 요인이 고객의 욕구를 해결할 수 있는 적절한 수준에서 동시에 작용되어야 한다.

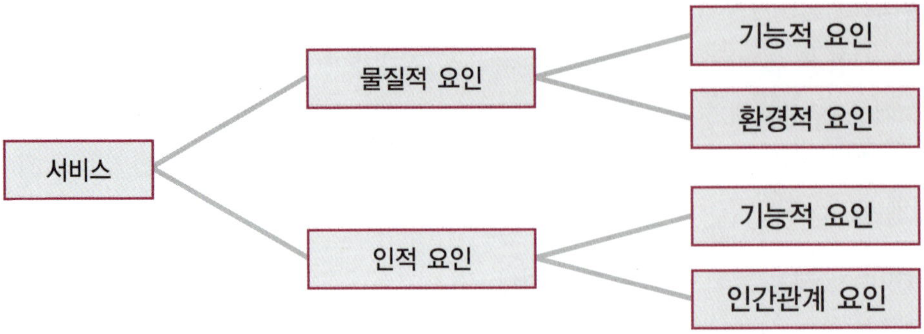

그림 7-1 서비스 구성 요인

또 다른 서비스 구성 요소에 대한 접근방법은 서비스를 핵심적 요소, 부가적 요소, 기능적 요소로 분류하여 접근하는 방법이다. 첫째, 핵심적 요소는 레스토랑 이용고객 본연의 욕구인 메뉴 상품을 소비하는 데 있어 가장 기본적인 서비스 요소이다. 예를 들어 메뉴 상품 주문과 전달 그리고 메뉴 상품을 소비할 수 있는 공간과 기물 제공 등이라 할 수 있다. 둘째, 부가적 요소이다. 레스토랑 이용고객에게 제공되는 부가적 서비스 요소로는 인테리어, 주차시설, 기타 고객 편의시설 등이 좋은 예이다. 셋째, 기능적 요소는 고객에게 제공되는 메뉴 상품을 생산하고 전달하는 과정에서 필요로 하는 주방시설 및 기물, 서비스 종사자의 전문지식 등이다.

1) 고객이 평가하는 레스토랑 서비스 구성 요소

레스토랑 기업에서 고객에게 제공되는 서비스 상품의 평가는 고객의 주관적 평가에 의해 이루어진다. 그러므로 고객은 레스토랑 기업에서 제공하는 서비스 상품의 어떤 면을 보고 좋은 서비스 혹은 나쁜 서비스라고 평가하는지를 파악하는 것이 레스토랑 기업에서는 매우 중요한 전략적 우위를 차지할 것이다. 파라슈라만(A. Parasuraman) 등의 학자들은 1980년대 중반에 고객들이 평가하는 서비스의 요소를 5가지로 구분하여 제시하였으며 세부항목으로는 22개 항목을 제시하였다.

① **유형적 요인** : 서비스 종사자의 용모, 업소의 시설과 장비 및 분위기, 고객과 직원 사이 의사소통의 도구 등이 있다.

② **신뢰적 요인** : 기업이 고객에게 약속한 서비스를 수행할 수 있는 요인을 말한다. 철저한 서비스 이행, 청구서의 정확도, 주문 및 요청사항의 정확한 기록, 약속시간 엄수 등이다.

③ **반응적 요인** : 서비스를 제공할 때의 신속성, 즉시성 및 고객의 요청에 대한 즉각적인 응대 그리고 고객에게 편의를 제공하고자 하는 서비스 종사자의 의도 등이다.

④ **확신적 요인** : 서비스를 제공하는 직원의 능력과 태도, 신뢰성과 안정성이다. 서비스에 대한 종사원의 전문지식과 고객에 대한 예절 그리고 고객이 신뢰와 호감을 느끼게 할 수 있는 개인적 자질이 중요하다.

⑤ **공감적 요인** : 서비스를 제공하는 기업과 직원이 고객에게 보여주는 배려의 정도 그리고 고객 개개인에게 관심과 주의를 가지는 정도이다. 각각의 고객에 대한 개별적 관심과 이해 정도, 고객과의 원활한 의사소통과 고객의 이익을 중시하는 태도, 고객 접근의 용의성 등을 관리해야 한다.

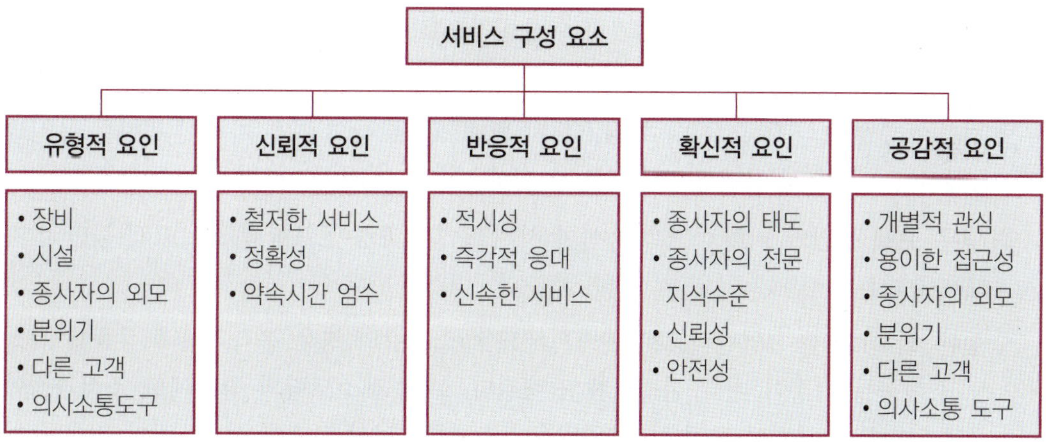

그림 7-2 고객이 평가하는 서비스 구성 요소

(4) 레스토랑 서비스 유형

레스토랑 기업에서 고객에게 제공하는 서비스의 양과 질은 기업의 목적과 목표에 의해 결정된다. 레스토랑 기업의 목표와 목적은 비즈니스 컨셉에 담겨져 있는데 해당 레스토랑 기업의 목표 고객이 원하는 수준의 서비스의 양과 질은 매우 다양하다. 레스토랑 이용고객이 원하는 서비스 품질은 인적서비스 집중도와 개별화, 상호작용의 정도 등에 의해 셀프 서비스(self service), 제한된 서비스(limited service), 풀 서비스(full service) 등 크게 세 가지로 분류할 수 있다.

1) 셀프 서비스 레스토랑

셀프 서비스 레스토랑은 고객 자신이 원하는 음식과 음료상품을 직접 주문하고, 제공된 음식을 운반하여 소비하는 레스토랑 유형을 지칭한다. 이러한 유형의 레스토랑을 이용하는 고객은 자신이 원하는 상품을 소비하기 위해 필요한 서비스를 직접 해결해야 한다.

셀프 서비스 레스토랑의 대표적 사례로는 퀵서비스 레스토랑(패스트푸드 레스토랑), 뷔페 레스토랑, 카페테리아 레스토랑, 자동판매기 레스토랑 등이 있다. 이러한 셀프 서비스 레스토랑의 경영상 특징은 다음과 같다.

① **상대적으로 낮은 인건비용** : 고객 자신을 위한 서비스를 직접 생성함에 따라 기업은 일정부분의 인건비용을 절약할 수 있는 기회를 확보하게 된다.

② **상대적으로 낮은 가격** : 다른 유형의 서비스를 제공하는 레스토랑에 비해 셀프 서비스 레스토랑의 경우 인건비용을 절감하여 상대적으로 낮은 가격을 제공할 수 있는 기회를 가지게 된다.

③ **고객 기호에 맞는 상품 선택 기회** : 특히 뷔페 레스토랑의 경우 자신이 원하는 음식과 음료상품을 마음껏 선택하여 소비할 수 있다.

④ **낮은 고객 불만의 기회** : 고객 자신이 서비스 생성과정에 포함되므로 고객 불만의 기회가 줄어든다.

⑤ **높은 좌석회전율** : 일반적으로 패스트푸드 레스토랑의 경우 음식과 음료상품의 특성상 소비하는 과정이 매우 신속하게 진행된다. 뷔페 레스토랑의 경우에도 조리과정이 끝난 완성품을 고객이 직접 선택하여 즉시 소비함으로써 고객이 레스토랑에 머무는 체류 시간이 상대적으로 짧아질 기회가 많다.

⑥ **높은 고객 참여** : 대부분의 셀프 서비스 레스토랑 이용고객은 자신이 원하는 상품을 카운터에 가서 직접 주문하고 운반하며 소비 후에는 테이블을 정리하는 수고를 해야 한다.

⑦ **일반적으로 높은 좌석회전율을 나타낸다.**

⑧ **신속한 서비스** : 고객이 직접 자신이 원하는 서비스를 시행하므로 타 유형의 레스토랑보다 신속한 서비스를 시행할 수 있다.

셀프 서비스 레스토랑 이용고객 심리적 요인

셀프 서비스를 제공하는 레스토랑의 경우 경제적 합리성과 효율성을 목적으로 하고 있으며, 이용고객 입장에서는 스스로가 감당해야 할 많은 수고로움은 있지만 일반적으로 저렴한 가격혜택을 누릴 수 있기 때문에 기꺼이 셀프 서비스를 수용하는 데 적극적일 수 있다. 하지만 고객들은 풀 서비스 레스토랑을 이용할 때와는 달리 두려움과 근심, 불안, 스트레스 등을 경험할 수 있다. 그러나 특정고객들에게는 자신이 원하는 서비스만 제공받을 수 있는 맞춤 서비스라는 장점과 고객 스스로가 자신이 원하는 서비스를 시행하는 즐거움과 재미를 가질 수 있다는 장점도 가능하다.

2) 제한된 서비스 레스토랑

제한된 서비스를 제공하는 레스토랑은 셀프서비스 레스토랑과 풀 서비스 레스토랑의 중간형태의 서비스가 제공된다. 음식과 음료를 소비하기 위해 레스토랑을 방문한 고객에게 특정 서비스는 고객이 직접 하도록 유도하며, 다른 서비스는 레스토랑에서 고객에게 제공하는 형태를 의미한다. 이러한 서비스의 유통성은 레스토랑 기업에서 고객에게 제공하는 음식의 종류와 서비스의 양과 질 그리고 내용까지 자유롭고 특징 있게 디자인할 수 있이 타 기업과 차별적인 서비스를 설계할 수 있다. 예를 들어 고객이 주문 카운터에서 자신이 원하는 음식을 주문하고 자리에서 자신이 주문한 음식을 기다리는 동안 직원이 음식을 운반하는 서비스와 테이블 정리 서비스를 제공하는 등의 서비스 형태를 디자인할 수 있다.

3) 풀 서비스 레스토랑

풀 서비스 레스토랑은 그 의미대로 레스토랑을 방문한 고객에게 그들이 필요로 하는 모든 서비스를 기업이 제공하는 유형의 레스토랑을 의미한다. 일반적인 형태의 레스토랑 서비스로 전문교육을 받은 직원들이 보다 편안하고 효율적인 방법으로 양질의 서비스를 제공하여 고객의 욕구를 충족시키는 서비스를 제공하는 레스토랑 형태이다. 예를 들어 주차장에서부터 친절하게 고객을 환대하는 대리 주차(valet parking) 서비스, 고객을 친절하게 그들이 원하는 좌석으로 안내하고 주문을 받는 서비스, 고객이 주문한 음식을 친절하게 운반하는 서비스, 좌석에서 계산할 수 있도록 하는 서비스 그리고 기타 고객이 원하는 모든 사항을 친절하고 신속하게 응대하는 서비스 등 최대한 고객의 편의성을 극대화한 서비스를 제공한 레스토랑 유형이다.

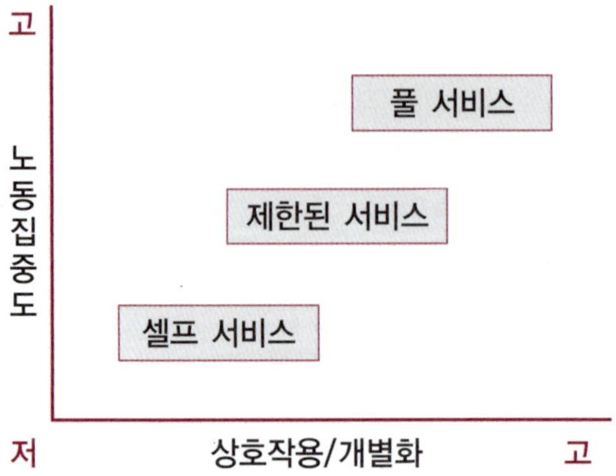

그림 7-3 노동집중도 및 상호작용에 의한 레스토랑 서비스 유형

(5) 레스토랑 서비스 프로세스 관리

1) 레스토랑 서비스 프로세스 개념

레스토랑 서비스 프로세스란 고객의 욕구를 해결하기 위해 레스토랑 기업에서 고객에게 제공한 서비스의 절차나 메커니즘 또는 활동의 흐름을 의미한다. 레스토랑 방문고객에게 제공되는 서비스는 하나의 활동에 의해 완성되는 것이 아니라 일련의 과정(process)이며 흐름(flow)이다. 예를 들어 레스토랑을 방문한 고객이 자신이 원하는 좌석으로 안내되고, 자신이 원하는 상품을 주문하고, 음식과 음료를 제공받고, 편안하고 안락한 분위기에서 음식과 음료를 먹으며, 고객이 원하는 사항들이 해결되는 등 모든 과정들이 연속선상에서 제대로 진행되어야 고객이 해당 레스토랑에 대해 좋은 경험을 축적하는 것이 가능하다. 이러한 서비스 과정들은 고객들이 경험하는 서비스의 품질을 결정하는 데 매우 중요한 역할을 하며 구매 후 고객 만족과 재방문 의사에 결정적인 영향을 미칠 수 있다. 따라서 레스토랑 기업 종사자 모두는 긴밀한 상호협조관계를 인식하고 적극적인 팀워크(teamwork)를 발휘해야 할 것이다.

2) 레스토랑 서비스 프로세스 모델

레스토랑 서비스 프로세스 모델은 해당 기업의 서비스 프로세스를 분석하고 계획할 때 사용되는 모델이다. 레스토랑기업 비즈니스 컨셉에서 수립된 서비스 컨셉은 기업입장에서는 다양한 부서와 기능들의 노력으로 이루어진다고 생각하지만, 고객은 이를 단지 하나의 과정 혹은 시스템으로 인지하게 된다. 고객 입장에서 그들이 원하는 서비스는 단순하게 결정되는 것이 아니라 고객 개개인들이 추구하는 가치와 니즈, 과거의 경험 혹은 기업이 제공하는 마케팅 커뮤니케이션 결과물에 의해서 고객이 바라는 서비스가 형성되는 복잡한 과정을 거치게 된다.

각 레스토랑 기업은 비즈니스 컨셉에 따라 다른 유형의 서비스가 고객에게 제공되는데 이러한 서비스 프로세스를 고객과 기업의 상호작용 정도 및 개별화 정도 그리고 노동집중도를 중심으로 매트릭스로 구분할 수 있다. 노동 집중도는 고객에게 서비스를 제공함에 있어 종사자의 노동에 의한 의존도와 장비 혹은 설비에 대한 의존도의 비율이라 할 수 있다. 노동집중도가 높은 레스토랑은 주로 풀 서비스 레스토랑이 대표적이며 반대로 노동집중도가 낮은 레스토랑 유형은 셀프서비스 레스토랑 형태라 할 수 있다.

3) 레스토랑 서비스 청사진(service blue print)

레스토랑 서비스 청사진이란 레스토랑 이용고객에게 제공되는 핵심 서비스 프로세스를 알기 쉽게 도식화한 것이다. 서비스 종사자, 고객 그리고 기업 입장에서 서비스가 생성될 수 있는 각자의 역할과 행동 그리고 전반적인 서비스 과정 흐름 등을 이해하기 쉽도록 시각적으로 제시한 것이다. 레스토랑 서비스 청사진에는 고객의 행동, 종사자의 행동, 기업지원 프로세스 영역으로 서비스 프로세스를 나누어 제시하고 있는데 이때 고객 가시선은 중요한 영역 구분선이 된다. 이러한 서비스 청사진은 레스토랑 서비스 개발단계와 재설계 그리고 서비스 활동에서 발생하는 문제점을 해결하는데 매우 유용하다.

① **고객의 행동** : 고객행동이란 레스토랑 이용고객이 기대하고 경험하는 서비스 프로세스에서 고객이 수행하는 행동 및 상호작용 등을 의미한다.

② **종사자의 행동** : 레스토랑 서비스 프로세스에서 종사자의 행동은 고객 가시선이 중요한 구분점이 될 수 있는데 고객이 종사자의 활동을 볼 수 있는 서비스 과정과 지원 혹은 고객에게는 보이지 않는 곳에서 고객에게 제공될 서비스를 생성하는 활동이 있다.

③ **기업지원 프로세스** : 기업지원 프로세스는 고객에게 서비스를 제공하고 있는 종사자를 지원하기 위한 기업 내부 서비스 프로세스이다. 예를 들어 직원 교육활동 등이다.

④ **고객 가시선** : 고객 가시선은 레스토랑을 이용하는 고객에게 보이는 레스토랑 운영 영역과 보이지 않는 레스토랑 운영 영역을 구분하는 선이다. 고객가시선을 기준으로 종사원의 활동 영역은 고객에게 보이는 서비스 영역과 보이지 않는 서비스 영역으로 나눌 수 있다. 예를 들어 고객에게 음료 서비스를 제공하는 활동은 보이는 영역이며 음료에 얼음을 담는 아이스 머신을 청결하게 잘 관리하는 활동은 보이지 않는 서비스영역이라 할 수 있다.

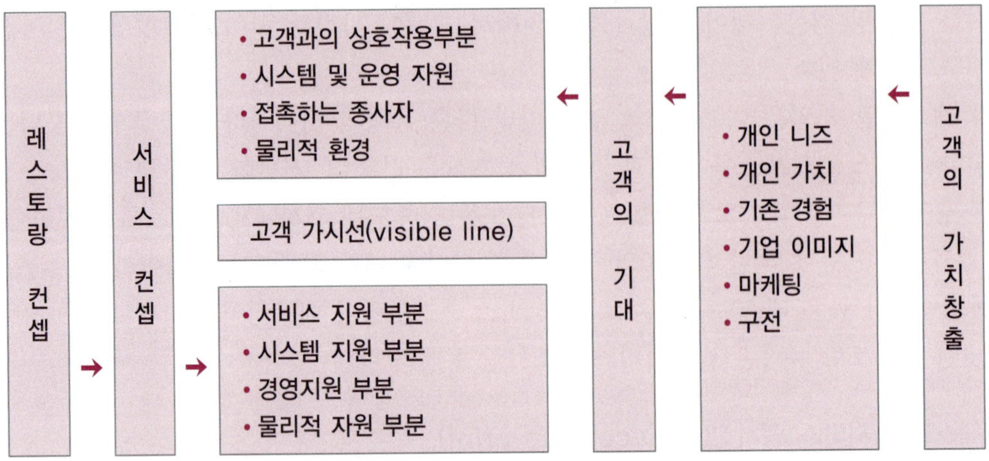

그림 7-4 레스토랑 서비스 프로세스 매트릭스

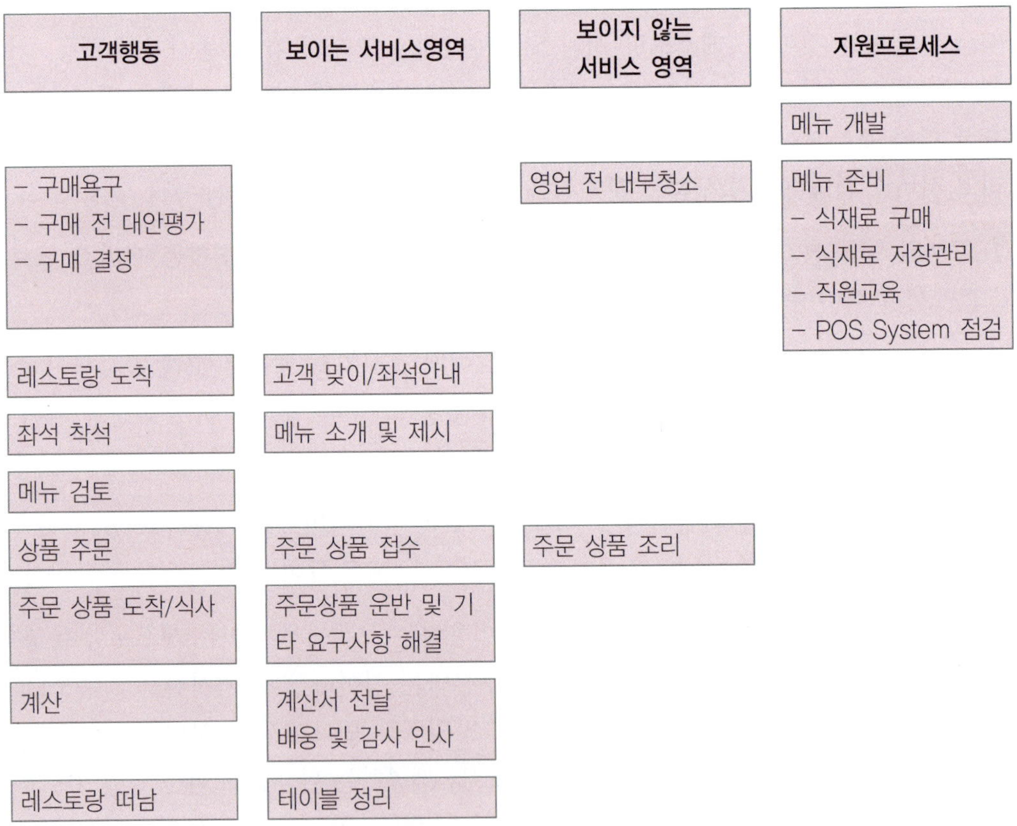

그림 7-5 레스토랑 서비스 청사진

(6) 레스토랑 서비스 고객 기대 관리

1) 레스토랑 서비스 기대 수준 이해

레스토랑 이용고객이 기대하는 서비스 수준은 개인별로 매우 다양하지만 그들의 기대수준을 크게 희망수준 서비스, 적정수준 서비스, 허용영역 서비스 수준 이상 3가지 수준으로 구분할 수 있다. 일반적으로 고객이 기대하고 경험하게 되는 서비스의 수준은 여러 가지 외부 환경과 고객 스스로의 심리적 변화에 의해 항상 유동적이다. 따라서 기업은 고객이 원하는 서비스 수준에 대한 관리에 높은 관심과 노력을 실천해야 고객만족을 획득할 가능성이 높아진다.

① 희망수준 서비스

희망수준이란 고객이 자신에게 제공되어야 하는 서비스로서 바람직하다고 여기는 수준을 뜻한다. 희망수준의 서비스와 이상적 수준의 서비스에는 차이가 있다. 이상적 수준의 서비스는 완전무결한 수준의 서비스를 의미하는데 현실적으로 이루어지기에는 한계가 있다. 따라서 고객은 이상적인 수준에는 미치지 못하지만 현실을 감안하여 자신이 희망하는 서비스 수준을 기대하고 있는 경우가 많다. 물론 경우에 따라 희망수준과 이상적 수준이 일치하는 경우도 있지만, 대개의 경우 희망수준의 서비스는 이상적 수준의 서비스보다는 수준이 낮은 게 일반적이다. 고객의 희망수준 역시 여러 가지 환경적 영향과 개인의 경험 축적 등에 의해 상향 조정될 수 있다.

② 적정수준 서비스

고객이 별다른 불만 없이 받아들일 수 있는 수준의 서비스를 의미하는데 이는 희망수준에는 미치지 못하지만 고객이 허용할 수 있는 최소한의 수준을 의미한다. 적정수준의 서비스를 제공받는 고객은 대개의 경우 만족스럽다는 표현보다는 자신이 당연히 받아야 할 서비스를 받았다는 태도를 보일 확률이 높다. 그 이유로는 적정수준이 바로 고객이 받을 것으로 예측하고 있는 수준의 서비스이기 때문이다. 따라서 적정수준을 예측수준이라 할 수 있다. 적정수준 역시 표준화되어 있는 것이 아니라 개인별, 상황별, 시간별로 다양한 환경적 요인에 의해 변화하기 쉽다. 예를 들어 소객이 경쟁업체의 질 높은 수준의 서비스를 먼저 경험했다면 고객이 생각하는 서비스의 적정수준은 상향 조정될 수 있다.

③ 허용수준 서비스

허용수준이란 고객이 현실적 제약 등을 고려하여 가지는 희망수준과 최소한 받아들일 수 있는 적정수준 사이를 의미하는데 희망수준과 적정수준이 변화함에 따라 허용수준 역시 매우 가변적이다. 특히 고객이 어떤 사항에 대해서는 서비스의 핵심적 요소라고 판단하는 경우 허용수준의 범위는 매우 축소되며 부가적 요소의 경우에는 허용수준의 범위가 상대적으로 확대될 수 있다.

레스토랑 기업 입장에서는 고객의 기대수준을 파악하여 적절히 대응하고자 할 것이다. 하지만 고객이 가지는 서비스 기대 수준은 한 번 정해지면 변화하지 않는 것이 아니라 여러 가지 요인으로 인해 가변적이라 할 수 있다. 고객의 기대수준에 영향을 미치는 요소를 크게 고객의 외적 요인과 내적 요인, 구전, 기업 요인 그리고 상황적 요인 등 5가지 요인으로 분류하여 확인할 수 있다.

㉠ 고객의 내적 요인

내적요인을 다시 개인적 니즈, 관여도, 과거의 경험 등의 요인으로 구분할 수 있다. 고객 개인적 니즈는 매슬로우(Maslow)가 제시한 욕구 5단계 모델에서 확인할 수 있다. 가장 일차원적 욕구인 '생리적 욕구', 물리적 위험으로부터의 '안전 욕구', 가족 및 사회 구성원들의 일원으로 되고 싶어 하는 '사회적 욕구', 타인으로부터 존경을 받고 싶어 하는 '존경에 대한 욕구', 그리고 마지막으로 개인의 목표성취를 통해 자기만족을 실현하고자 하는 '자아실현 욕구' 등이다. 고객 개인은 자신의 욕구의 유형에 따라 기대수준을 형성하게 된다. 고객이 가지는 관여도 수준 즉 관심의 정도와 해당 서비스와 자신과의 관련성 정도에 따라 기대수준이 변화하게 된다. 일반적으로 고객의 관여도가 높은 경우 희망수준과 이상적 수준의 차이가 거의 없으며 허용수준 역시 그 영역이 매우 좁아진다. 마지막으로 고객의 과거경험이 기대수준에 영향을 미치는 것을 확인할 수 있다. 예를 들어 과거에 높은 수준의 서비스를 경험하였다면 고객은 자신이 받게 될 서비스의 예측수준과 희망수준의 상승을 가져오게 될 것이다.

㉡ 고객의 외적 요인

외적요인을 다시 경쟁적 대안, 구전 등의 요인으로 구분할 수 있다. 경쟁적 대안이란 고객이 방문하고자 하는 기업과 그 경쟁기업들에서 제시하는 서비스의 양과 질적 수준들을 의미하며, 이들이 제시하는 서비스의 양과 질 등이 상이할 경우 고객이 가지게 되는 기대수준에 영향을 미치게 된다. 국내 일부 패밀리 레스토랑들에서 고객에게 제공하고 있는 퍼피독 서비스(음식주문을 받을 때 직원이 고객과 눈높이를 맞추기 위해 바닥에 무릎을 꿇은 듯한 자세로 주문을 받는 경우)를 경험하였다면 고객은 다른 레스토랑에서 음식을 주문할 때에도 직원이 자신과 눈높이를 맞추기 위해 낮은 자세를 취하는 것이 기대수준이 된다.

㉢ 구전

고객이 레스토랑을 선택하게 되는 경로 중 주변의 지인들에게서 알게 된 정보, 즉 구전을 통해 자신의 기대수준을 형성하거나 강화하는 경우가 있다. 구전의 원천으로는 주변 지인(친구, 친척, 동료 등)과 전문가들의 의견 등이 있다. 특히 전문가들에게서 받은 구전은 고객들이 가지는 신뢰성과 관여도가 높기 때문에 기대수준이 상향될 확률이 높다.

㉣ 상황적 요인

상황적 요인은 평소 고객이 처한 상황과 다른 상황으로서 고객의 기대에 많은 영향을 미친다. 상황적 요인으로는 소비동기, 기분 상태, 날씨, 시간적 제약 등이 있다. 소비동기는 예를 들어 다른 사람 특히 중요한 사람들과 함께 있을 경우 평소 자신이 가지고 있는 기준보다는 높은 수준의 서비스를 요구하는 상황이다. 중요한 계약을 성사시키기 위해 사업상 접대를 하고자 레스토랑을 이용하는 고객 혹은 결혼기념일처럼 의미 있는 이벤트를 계획하고 있는 고객들은 평소보다 높은 희망수준을 가지게 될 것이다. 이때 고객의 기대수준의 허용범위는 폭이 매우 좁을 것이다. 고객의 기분 상태 역시 중요한 상황적 요인이다. 일반적으로 사람들은 자신이 기분이 좋을 때에는 상대방의 실수에 대해 너그럽게 받아들인다. 이런 경우 고객은 허용범위의 폭이 넓어지며 기대수준 역시 상대적으로 낮아진다. 하지만 고객의 기분이 좋지 않을 경우 조그마한 실수도 용납하지 못하는 등 모든 일에 신경질적인 반응을 보이게 되어 허용범위가 좁아진다.

날씨 역시 고객의 기대수준을 변화시키는 상황요인 역할을 한다. 매우 춥거나 더운 날씨 속에서 고객을 위해 서비스하는 직원을 보았을 때 고객은 직원의 상황을 이해하면서 자신의 기대수준을 낮추는 경우 등이다. 고객과 기업 등에게 주어진 시간이 제한되어 있을 경우에도 고객은 자신의 기대수준을 낮추는 경향이 있다.

㉤ 기업 요인

레스토랑 기업이 고객에게 제공하는 정보 및 약속에 의해 고객의 기대수준이 영향을 받게 된다. 기업은 반드시 실천할 수 있는 수준에서 고객에게 제공할 정보 및 약속을 결정하여야 한다. 만약 기업이 약속한 내용을 실천하지 못할 경우 그 피해는 아주 크다. 고객은 실망하게 되고 결국은 기업에 대한 나쁜 경험을 하게 되어 다시는 해당기업을 찾지 않을 가능성이 높으며 더 나아가 타인에게 나쁜 구전을 야기할 수 있기 때문이다.

기업의 요인으로는 판매촉진 프로그램, 상품의 가격, 유통방법(직영점, 가맹점 등), 서비스 직원의 외모 및 능력, 기업 이미지, 물리적 환경(유형적 요소) 그리고 타 이용고객 등이다.

2) 레스토랑 서비스 고객 기대 관리

레스토랑을 이용하는 고객들은 어떠한 서비스를 받기를 원하는가? 이러한 질문은 레스토랑 경영자라면 반드시 고민하고 해결해야 할 문제이다. 레스토랑 기업은 자신이 제공하고 싶은 서비스를 제공하는 것이 아니라 고객이 원하는 서비스를 제공해야 한다는 것은 어쩌면 당연한 논리일 수 있지만 모든 레스토랑 기업들이 고객들이 원하는 서비스가 무엇인지를 알고 제공하고 있는지에 대해서는 논란의 여지가 있다.

고객이 서비스에 대해 가지고 있는 기대는 레스토랑 기업에서 제공하는 서비스에 대해 고객 자신이 가지는 사전적 신념(pretrial belief)으로서 실제 자신이 경험한 서비스를 평가하는 기준으로서 역할을 하기 때문에 레스토랑 경영자 입장에서는 매우 중요한 경영전략 자료가 된다. 기업이 고객이 바라는 서비스를 제공하기 위해서는 그들이 가지는 기대가 무엇인지 확인하고 관리해야만 한다. 고객이 가지는 레스토랑 서비스에 관한 기대는 명확성과 표현의 정도에 따라 크게 3가지 종류로 나누어 볼 수 있다.

- 명시적 기대 : 고객이 자신이 원하는 레스토랑 서비스에 대해 분명하게 알고 있으며 자신이 원하는 서비스의 내용을 밝히는 확실한 기대이다. 모든 고객은 항상 자신의 명시적 기대가 충족되기를 바라기 때문에 기업 입장에서는 고객의 기대를 레스토랑 기업에서 제공할 수 있는 것과 그렇지 않은 것으로 나누고 제공할 수 없는 서비스의 경우 고객이 이에 대해 저항 없이 받아들일 수 있도록 설득하는 노력이 중요하다.
- 막연한 기대 : 레스토랑 이용고객이 원하기는 하지만 자신도 정확히 무엇을 원하는지 모르는 상태에서 가지는 불분명한 기대이다. 고객 역시 자신이 원하는 서비스에 대해 구체적이지 못하기 때문에 기업에서는 막연한 기대를 명시적 기대로 변화시킬 수 있도록 노력해야 한다.
- 암묵적 기대 : 고객이 분명하게 알고 있고 마음속으로 당연하게 받게 되길 원하지만, 밖으로 표현하지 않는 기대이다. 이러한 기대가 충족되지 않을 경우 고객 불만족의 중요한 원인이 되기 때문에 기업 입장에서는 반드시 파악하고 있어야 하며 충족시켜야 할 기대이다.

신규고객을 확보하고 기존의 단골고객을 유지하기 위해서는 고객이 가지는 서비스 기대를 관리하기 위한 레스토랑 기업의 노력이 반드시 이루어져야 한다. 사람들은 해당기업의 서비스에 대한 기대가 높을수록 그것을 선택할 확률이 높기 때문이다. 하지만 고객의 너무 높은 기대는 오히려 기업경영의 장애 요소로 작용할 수도 있다.

따라서 기업은 바람직한 고객기대 관리활동을 실시해야 한다. 바람직한 고객기대 관리란, 기업은 해당 고객이 받게 될 레스토랑 서비스 수준과 내용을 정확하게 전달하고 약속한 서비스는 반드시 이행하여 지속적으로 고객의 기대를 충족하려는 노력을 의미한다. 고객의 서비스 기대 관리는 고객에 대한 이해를 기본으로 하여 시작해야 한다.

① 외부마케팅 조사

고객이 원하는 서비스가 무엇인지 고객의 의견을 확인하는 것이 가장 먼저 시행되어야 한다. 마케팅 조사를 시행하는 절차는 다음과 같다.

㉠ 1단계 : 조사목적 설정 – 조사를 실시하는 목적을 구체적이고 분명하게 설정해야 한다. 특정 목적 없이 막연하게 조사를 실시하면 형식적인 절차로 끝날 확률이 높다. 예를 들어 불만고객의 의견을 접수하게 되어 기업의 문제점을 해결하고자 하는 것인지, 아니면 경쟁사 대비 해당 기업의 강점과 약점을 측정하기 위한 것인지 분명한 조사목적을 설정해야만 조사유형, 조사대상, 자료 수집방법, 정보 활용방법 등을 정확하게 선택할 수 있기 때문이다.

㉡ 2단계 : 측정방법 결정/개발 – 조사목적이 분명하게 설정되면 측정방법을 결정할 수 있다. 만약 조사문제에 대해 많은 정보가 없다면 탐색적 조사를 실시할 수 있다. 탐색적 조사방법으로는 심층면접법, 표적집단 면접법, 전문가 집단 조사, 사례 연구, 2차 자료(산업체, 정부, 연구기관, 상업적 조사기관 등에서 출판된 자료)분석, 설문조사 등의 방법이 있다.

㉢ 3단계 : 조사 프로그램 실행 – 측정도구에 따라 자료를 수집하는 과정 중에서 많은 오류와 오차가 발생할 수 있다. 조사자는 반드시 이러한 오류와 오차가 발생하지 않도록 세심한 관심과 철저한 사전준비를 시행해야 한다. 예를 들어 측정대상에 대한 개념 정의가 올바르지 못한 경우가 발생하거나 면접을 실시하는 조사의 경우 면접 진행자가 특정한 답을 유도하는 경우가 발생하는 경우, 혹은 조사대상자들이 조사 내용을 잘못 이해하거나 응답을 잘못한 경우 등이다. 따라서 조사자는 조사 프로그램과 조사대상자에 상관없이 조사결과가 신뢰성과 타당성을 확보할 수 있도록 해야 한다.

㉣ 4단계 : 자료수집 및 정리 – 수집된 자료는 다양한 분석기법을 통해 분석할 수 있다. 따라서 1단계에서 조사의 목적과 2단계의 측정방법을 구체적으로 결정할 때 분석방법 역시 구체적으로 결정해야 한다.

ⓜ 5단계 : 자료 분석과 해석 – 수집된 자료를 분석한 결과는 누구나 이해하기 쉽고 의사결정에 필요한 정보로 전환해야 한다. 따라서 전환된 정보는 조사목적에 적합하고 유용한 내용이어야 한다. 조사목적에 맞도록 정확하게 분석되고 전환된 정보만이 효과적인 사후 조치를 위한 자료가 될 수 있다.

ⓑ 6단계 : 결과보고 및 공유 – 보고 자료의 유용한 형태로는 도표 및 도형 등과 같이 분석결과의 내용을 한눈에 확인할 수 있도록 하는 작업이 강력하게 요구된다. 조사자는 보고대상자의 이해도 증진과 의사결정의 효율성을 배려해야 한다. 조사결과의 내용에 따라 의사결정자에게만 보고하는 것이 있는가 하면 어떤 경우에는 모든 조직원이 공유하는 내용이 있기 때문이다.

② 내부마케팅 조사

일반적으로 레스토랑 기업의 규모는 타 산업분야에 비해 규모가 작다. 따라서 기업의 의사결정자와 직원 그리고 고객과의 거리 역시 가깝다. 기업과 고객, 기업과 직원과의 거리가 가까운 만큼 레스토랑 기업의 서비스 품질관리가 용이하고 신속하게 이루어질 수 있다. 이를 위해 레스토랑 기업 경영자는 고객과의 많은 접촉을 통해 충분한 고객정보를 습득하고 있는 서비스 종사자들의 의견을 적극적으로 수용할 수 있는 의사소통 기회를 제공하여야 하며 고객의 의견을 적극적으로 경청할 수 있어야 한다. 내부 마케팅 조사의 유형으로는 경영진의 직접적인 고객 의견 조사와 접수, 협력업체의 간접적 의견 조사, 서비스 종사자 의견 조사와 접수 등이 있다. 일반적으로 레스토랑 기업은 앞서 언급한 6가지 유형의 내부 마케팅조사를 동시에 진행하는데 이때 조사 대상자에 따라 결과가 다르게 나타날 수 있으며 이러한 차이점을 서비스 착각지수라 한다. 착각지수가 높은 레스토랑 기업일수록 고객에게 제공되는 서비스의 품질은 낮은 경향을 보이는 것이 일반적이다.

(7) 서비스 품질 관리

1) 서비스 품질평가 개념

서비스 품질에 대한 정의는 학자들 혹은 실무자들 사이에 일치된 합의점을 찾지 못한 채 다양하게 정의되고 있다. 서비스 품질에 대한 다양한 의견 차이는 서비스를 제공하는 공급자 측면과 서비스를 이용하는 사용자 측면 그리고 서비스 상품 측면 등 관점의 차이라 할 수 있다. 서비스 상품 측면에서의 품질이란 객관적이며 정확하게 측정 가능한 개념으로 파악 하고 있다. 하지만 서비스의 특성상 완전히 객관적인 수치로 나타내는 것에 한계가 있다. 서비스 상품의 평가에 있어 서비스를 제공 받는 이용자의 개인적 취향, 욕구, 선호 등 주관적 요소가 매우 강하게 작용하는데 이를 반영하기 어려운 것이다. 사용자 측면에서 품질은 서비스 품질을 평가하는 개인별 특성차이가 있다는 것을 전제로 개인의 특성이 반영된 주관적 개념이다. 공급자 측면에서는 서비스 품질을 고객의 요구에 대한 합의로 이해하고 있다. 기업 입장에서는 서비스 품질 평가는 고객 개인별 특성이 반영된 점을 인정하지만 공급자 입장에서는 공학적으로 표준화하여 생산과정 및 제공과정을 통제하려는 경향이 있다.

서비스 품질의 다양한 개념정의 중 일반적으로 통용되는 개념은 사용자측면 즉 고객의 특성에 따라 고객 개개인의 욕구와 선호를 가장 잘 충족시켜주는 서비스가 높은 품질의 서비스라고 평가하는 주관적 개념이다. 고객이 주관적으로 평가하는 서비스 품질은 크게 두 개의 차원이 있다. 기술적 차원(결과 차원)과 기능적 차원(과정 차원)이다. 기술적 차원의 서비스 품질이란 고객이 레스토랑 기업으로부터 무엇을 받느냐에 대한 결과 평가이다. 이는 객관적으로 측정할 수 있는 부분이 높고, 측정된 항목에 대해서는 기업 입장에서 기술적 해결책인 경우가 많으므로 기술적 차원이라 명명한다. 서비스 품질의 또 다른 차원은 기능적 차원인데 레스토랑 기업이 고객에게 서비스를 어떻게 제공하는가, 즉 서비스 전달과정에 대한 평가이다. 고객이 서비스를 어떻게 받았는가 혹은 고객이 서비스를 받는 과정 중에 어떠한 경험을 하였는가에 대한 평가가 기능적 차원의 서비스 품질인데 이는 서비스 제공자가 어떻게 기능을 수행하였는가를 나타내므로 기능적 차원의 서비스 품질이라 한다.

① 그렌루스(Gronroos) 2차원 서비스 품질모형

1984년 그렌루스(Gronroos)는 2차원 서비스 품질모형을 개발하였다. 그렌루스의 모형은 서비스 품질이 결과 품질과 과정 품질로 이루어졌다고 가정하고 있으며, 결과 품질은 '기술적 차원' 의 서비스 품질로서 고객이 기업으로부터 받은 것에 대한 품질이며, 과정 품질은 '기능적 차원' 의 서비스 품질 즉 고객들이 기업으로부터 서비스를 받는 과정에 대한 품질로 이루어진다고 제안하고 있다.

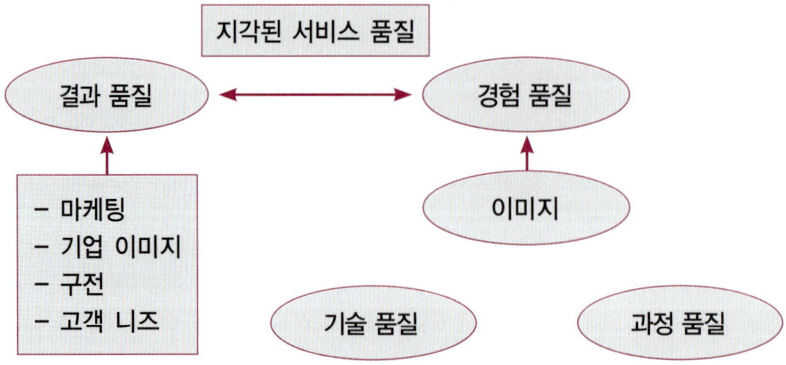

그림 7-6 그렌루스(Gronroos) 서비스 품질모형

② 서브퀄(Servqual) 모형

Zeithaml, Berry & Parasuraman(1988)은 고객의 인식을 측정하여 서비스 품질을 측정하고자 고객중심적인 서비스 품질모형을 개발하였다. 세 연구자는 표적 집단 인터뷰를 통해 고객이 경험하는 서비스 품질을 평가하는 10가지 기준을 마련하였다. 하지만 몇 가지 기준 등은 중복되는 기준이라는 실증적 사후 검증을 통해 PZB는 기존의 10가지 기준 중에서 능력, 예절, 신용, 안전성을 확신성으로 통합하고, 접근성, 커뮤니케이션, 고객의 이해를 공감성으로 통합하여 5가지 기준을 제시하였다.

기준	정의
유형성	물리적 시설, 장비, 직원의 외양 등
신뢰성	약속된 서비스를 믿을 수 있고 정확하게 수행하는 능력
반응성	고객을 기꺼이 돕고 고객의 요구에 즉각적으로 응대하려는 의지
능력	서비스 수행에 필요한 기술과 지식 소유
예절	고객과 접촉하는 직원의 정중함, 존경, 친절과 배려, 공손함 등
신빙성	서비스 종사자의 신뢰성, 진실성, 정직성
안전성	위험 및 의심의 가능성이 없는 것
가용성	접근 가능성과 이용 용이성
커뮤니케이션	고객들이 이해하기 쉬운 언어로 이야기하는 것, 고객의 말을 경청하는 것
고객의 이해	고객의 욕구를 알기 위한 노력

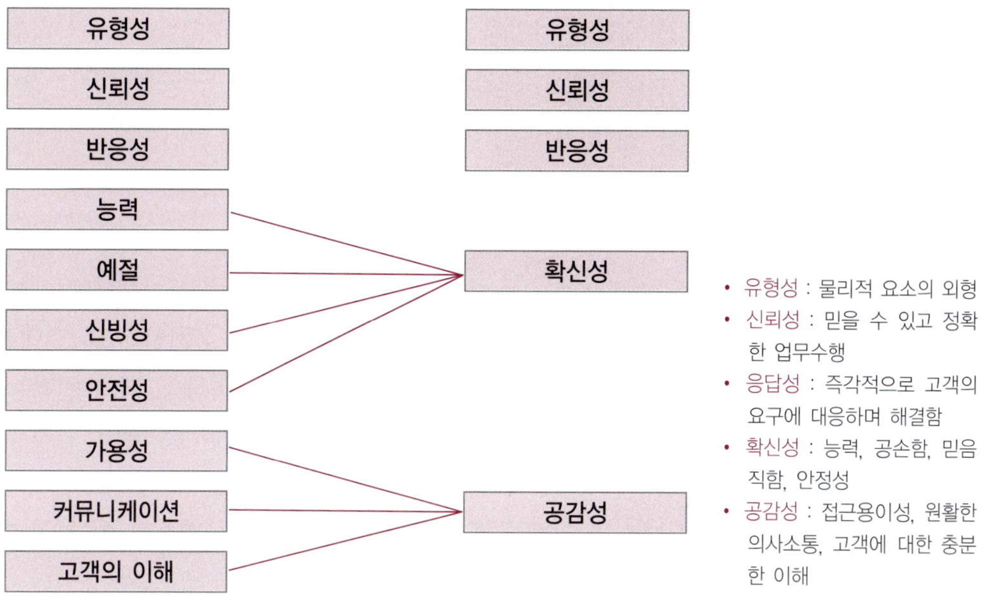

그림 7-7 Servqual 모형

2) 서비스 실패와 발생원인

고객에게 제공하는 서비스가 고객이 원하는 수준이 되지 못하면 그 기업은 고객으로부터 더 이상 선택받지 못할 것이며 사업의 계속성은 어려울 것이다. 따라서 기업은 항상 고객들이 원하는 수준의 서비스를 제공하기 위해 어떠한 원인으로 인해 고객들이 원하는 서비스를 제공하지 못하였는지에 대해 분명하게 알고 있어야 한다. 자이스말(Zeithmal)과 동료 연구자들은 서비스 품질이 제대로 고객에게 전달되지 못하는 원인에 대해 4가지 갭 분석모형을 개발하였다. 이들이 제시한 갭 분석 모형은 레스토랑 관리자들에게 서비스 품질을 개선하기 위한 방안과 요소를 제시하고 있다.

① 갭 1 : 고객의 기대와 레스토랑 경영자의 인식 차이

갭 1의 발생원인은 레스토랑 기업이 고객이 원하는 서비스 수준을 정확하게 알지 못하는 데서 비롯된다. 이러한 문제를 방지하기 위해서는 경영자는 지속적이며 객관적인 마케팅 조사를 시행해야 한다. 또한 고객과 많은 접촉기회가 있는 서비스 직원의 적극적인 커뮤니케이션 활동이 이루어질 수 있도록 기업문화와 조직구조를 구축해야 한다. 특히 고객에 대한 서비스 종사자의 의사교환이 활발하고 정확하게 전달되기 위한 효율적인 레스토랑 조직구조를 구축해야 한다. 서비스 종사자과 중간 관리층, 중간 관리층과 최고 경영자 등으로 분리된 복잡한 커뮤니케이션 채널을 지양하고, 서비스 종사자와 최고 경영자가 직접 의사소통을 할 수 있는 시스템을 구축하는 것이 좋다. 기업의 경영자 혹은 관리자는 자신의 경험과 소신을 과신하지 말고 고객의 기대를 기초로 하여 해당 레스토랑 서비스의 특성을 설계하고 실행해야 한다.

② 갭 2 : 레스토랑 경영자의 인식과 설계된 서비스와의 차이

갭 2는 해당기업을 방문하는 고객에게서 수집한 자료와 기업 외부에서 시행한 마케팅 조사 후 형성된 경영자의 인식 및 실제 기업에서 고객에게 제공하고자 설계한 서비스 내용의 수준 차이로 인해 발생하게 된다. 레스토랑 기업이 마케팅 조사를 통해 고객이 원하는 서비스를 제공한다는 것은 쉬운 일이라 생각될 수 있지만 기업 현장에서는 결코 쉽지 않은 일이다. 시장 상황, 기업이 지향하는 목표 및 비즈니스 컨셉 등 수많은 요인들로 인해 경영자가 인식한 고객이 원하는 서비스와 고객에게 제공하고자 설계한 서비스 간에 차이가 발생한다. 이러한 갭을 방지하기 위해서는 최고경영자의 고객 지향적 마인드와 강력한 실천의지, 서비스 종사자의 업무 표준화 그리고 고객이 원하는 서비스 설계 및 고객 지향적 서비스 문화 정착 등이 이루어질 수 있도록 노력해야 한다.

③ 갭 3 : 설계된 서비스 수준과 내용이 실제 수행된 서비스 차이

갭 3은 기업에서 고객에게 제공하고자 설계한 서비스 수준 및 내용과 실제 수행한 서비스의 차이에 의해 발생하는 경우이다. 흔히 이러한 차이를 서비스 성과의 차이(service performance gap)라고 한다. 이러한 서비스 갭은 종사자의 실천정도가 기업에서 기대하는 것에 미치지 못하는 상황인데 이러한 상황을 해결하기 위해서 경영자의 세심한 노력이 요구된다. 갭 3을 개선하기 위해서는 우선 종사자의 선발 및 교육훈련과정 등을 확인하여 서비스 종사자로 적합한 인재를 채용하고 기업이 원하는 업무수준까지 종사자가 성장할 수 있도록 교육훈련을 실시해야 한다. 이외에도 종사자의 팀워크가 향상될 수 있도록 종사원의 업무 수행 시 역할 갈등 요소가 없는지 그리고 종사자의 역할이 명확하여 자신의 업무수행에 장애 요소가 없는지 등의 인적자원관리시스템을 효율적 운영될 수 있도록 해야 한다.

④ 갭 4 : 제공된 서비스의 내용과 수준이 외부 커뮤니케이션 내용과 차이

갭 4는 기업이 대외적으로 실제 기업에서 제공하는 서비스 내용과 수준보다 과장하여 약속을 하는 경우에 발생하기도 하지만 레스토랑 이용고객이 기업에 대해 정보가 부족한 경우에도 발생한다. 따라서 기업은 고객에게 서비스 내용과 수준을 약속할 때에는 정확한 정보를 제공하도록 해야 하며 해당 기업의 서비스 내용과 수준에 대해 이용고객이 쉽게 정보를 얻을 수 있도록 다양한 커뮤니케이션 채널을 구축하고 적극적으로 커뮤니케이션하도록 해야 한다.

⑤ 갭 5 : 고객의 서비스 기대와 제공된 서비스의 차이

갭 5는 고객이 자신이 받고자 하는 서비스에 대한 기대와 실제 기업에서 제공된 서비스의 내용과 수준 차이를 의미한다. 이러한 갭은 앞서 언급된 갭 1, 2, 3, 4의 크기와 방향에 의해 결정된다.

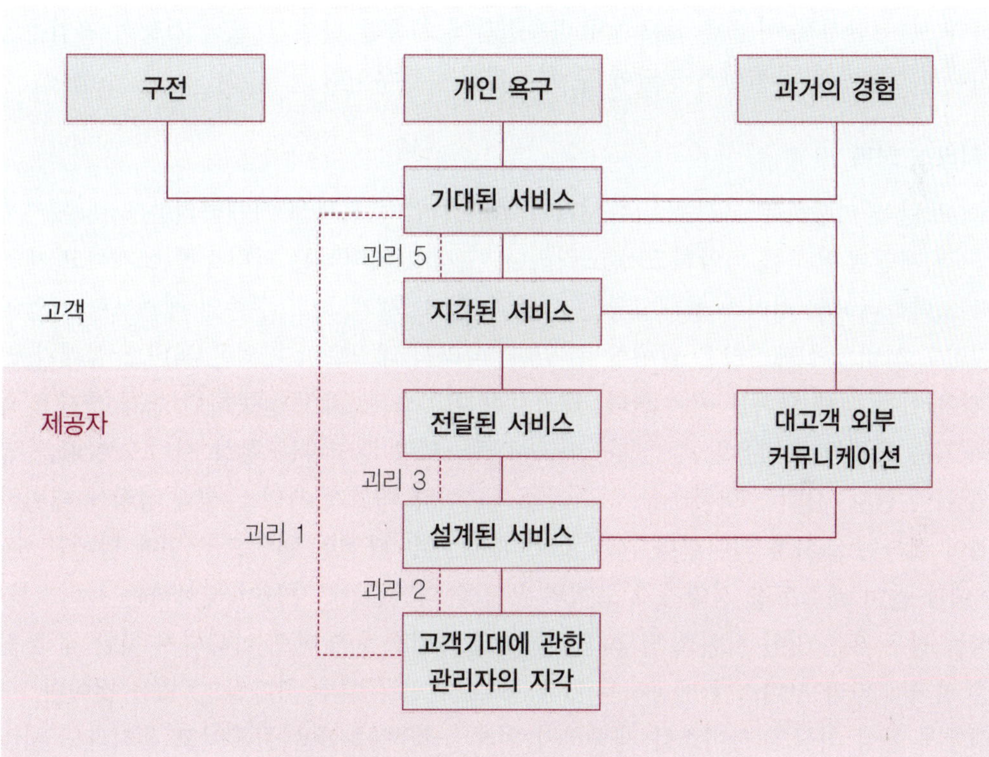

그림 7-8 서비스 품질 괴리 개념 모형

고객이 원하는 서비스를 레스토랑 기업에서 제공하지 못하는 근원적 원인은 매우 다양하다. 무엇보다도 레스토랑 기업의 특성 그리고 서비스 상품의 특성이 그러하다. 이러한 근원적 원인을 정리하여보면 첫째, 레스토랑 기업 특성 중 인적 요소에 대한 의존도가 높다는 점이다. 따라서 기업에서는 모든 종사자를 일일이 통제하기가 매우 어렵고 제공되는 서비스의 내용과 수준의 차이가 생기는 경우가 많다. 둘째, 서비스 상품의 특성 중 생산과 소비의 동시성 때문에 상품의 통제가 힘들다. 셋째, 커뮤니케이션의 문제이다.

기업이 대외적으로 소비자들에게 약속한 서비스 상품의 내용과 수준이 과장되거나 혹은 소비자들에게 제대로 전달되지 못해 기업에서 제공되는 서비스에 대해 고객들이 정보를 전혀 가지지 못해 문제가 발생할 수 있다. 뿐만 아니라 레스토랑 기업 내부 조직원들 사이에서 고객에게 제공되는 서비스 상품에 대한 정확한 정보공유가 제대로 이루어지지 않아 서비스 종사자가 고객에게 적절한 서비스 상품을 제공하지 못하는 경우이다. 넷째, 기업의 근시안적인 경영전략이 문제가 되는 경우이다. 대부분의 레스토랑 기업이 규모가 작고 영세하다 보니 단기적 이익에 집중하여 비용절감에 치중한 나머지 고객 지향적 기업운영을 실시하지 못함으로서 서비스 전달에 문제가 생기는 경우이다.

3) 서비스 회복

레스토랑을 이용하는 고객을 만족시키기 위해 기업이 고객을 이해하려는 노력을 기울이고 고객 개인별 욕구를 파악하고자 노력하며, 고객이 기대하는 서비스를 설계하고 제공하고자 노력하더라도 서비스 실패상황은 피할 수 없다. 세계 최고 수준의 레스토랑 기업이라 할지라도 서비스 실패상황은 발생할 수 있다. 따라서 레스토랑 기업은 서비스 실패가 발생할 경우 이에 대한 대비를 해야 한다. 레스토랑 서비스는 자칫 잘못하면 쉽게 깨지고 흠집이 생기는 유리잔에 비유할 수 있다. 따라서 레스토랑 경영자는 항상 서비스 실패를 염두에 두어야 한다. 서비스 회복(service recovery)이란 대고객 서비스 실패 상황에 대비하여 기업이 취하는 조치를 의미한다. 서비스 실패는 매우 다양한 원인으로 인해 발생할 수 있다. 예를 들어 레스토랑 경영자가 고객의 욕구를 외면한 채 자신이 좋아하는 서비스를 제공하는 경우 혹은 일선 서비스 담당자가 회사의 서비스를 제대로 이해하지 못한 채 자신의 기존 지식에 따라 서비스를 제공하는 경우 등 그 원인은 이루 헤아릴 수 없을 것이다. 모든 고객에게 항상 최상의 서비스를 제공하기 위해 노력해야 함은 물론이고 혹시라도 서비스 실패상황이 발생할 경우를 대비하여 서비스 회복전략을 강구해야 한다.

서비스 회복전략이 중요한 이유는 서비스 실패를 경험한 고객이 기업이 제공하는 서비스 회복 노력으로 인해 문제가 해결되지 않은 고객보다 높은 충성도를 보이기 때문이다. 기업의 서비스 회복 노력을 언급할 때 회복역설(recovery paradox)이 언급된다. 처음에는 불만족스러운 서비스를 경험했지만 기업이 제공하는 훌륭한 서비스 회복노력을 경험한 고객이 문제를 전혀 경험하지 못한 고객보다 높은 만족도를 보이고 재구매 가능성이 높은 경우가 바로 회복역설이다. 물론 서비스 실패 후 제공되는 기업의 서비스 회복노력은 최고의 수준이 아니라면 회복역설의 상황이 나타나기가 매우 어렵다. 불만족스러운 상황에서 만족수준으로 고객의 태도를 변화시킨다는 것은 그리 쉬운 일은 아니기 때문이다. 따라서 처음에 제대로 된 서비스를 제공하는 것이 가장 안전한 최선의 전략이다.

4) 서비스 회복의 기업 노력

서비스 실패 후 고객이 자신의 불만스러운 경험을 표현하는 데 시간과 노력이 발생하게 된다면 고객은 기업의 책임 있는 태도, 빠른 문제해결, 자신의 불편함에 대한 보상을 기대하게 될 것이다. 뿐만 아니라 기업의 서비스 회복 노력이 진행되는 과정에서 정당한 대우를 받기를 원할 것이다. 따라서 서비스 회복 노력을 시도하는 기업은 무엇보다도 고객의 서비스 회복에 대한 기대를 이해해야만 한다. 서비스 실패 상황이 발생할 경우 고객은 기업으로부터 지나치게 비현실적인 조치를 기대하기보다는 다만 해당 기업이 자신이 처한 상황에 대해 이해하고 책임을 질 것을 요구할 것이다. 따라서 기업은 고객에게 충분한 설명과 신속한 사과, 똑같은 문제가 다시 반복되지 않을 것이라는 확신 그리고 고객이 자신의 불만 사항을 기업에게 충분히 이야기할 수 있는 기회를 제공해야 한다.

두 번째로 기업은 서비스 불만처리를 시행함에 있어 고객이 공정한 처리가 이루어졌다고 판단할 수 있도록 서비스 회복 노력을 해야만 한다. 불편한 상황을 경험한 고객의 불만을 다루는데 있어 고객은 자신의 불만을 해결하기 위한 기업의 노력이 공평하고 공정하게 이루어지기를 원한다. 이를 위해 기업은 결과 공정성, 절차 공정성 그리고 상호작용 공정성을 확보하기 위해 노력해야 한다. 결과 공정성이란 고객이 자신이 경험한 불만족스러운 상황에 대한 기업의 조치결과를 의미하는 것이고, 절차 공정성이란 고객의 불만 처리 정책과 규칙 및 적시성을 의미하는 것이며 끝으로 상호작용 공정성이란 고객의 불만 처리과정에 있어 적절한 대인관계를 의미한다.

(8) 서비스 물리적 증거관리

레스토랑 기업의 서비스 물리적 증거란 레스토랑을 방문하는 고객이 음식상품을 소비하면서 이용하는 공간과 고객이 식사를 하는 동안 서비스를 제공하는 종사자 그리고 기타 고객에게 제공되거나 이용되는 시설 및 장비 혹은 소품 등을 말한다. 이러한 물리적 증거는 물리적 환경과 기타 유형적 요소로 구성되는데 물리적 증거는 고객의 구매경험 및 구매의사결정에 영향을 미친다. 레스토랑의 물리적 환경에는 실내 온도, 공기의 신선함, 소음, 음악, 가구 및 기물의 배치, 가구의 형태, 사인, 조명, 색채, 건물외관 등 다양한 요소를 포함하고 있다. 레스토랑 기업의 경우 시설 및 물리적 환경이 매우 중요한데 그 이유는 레스토랑의 물리적 환경 및 시설은 고객이 상품을 구매하기 전 고객에게 상품의 질이나 정보를 제공하는 역할을 하며 이는 레스토랑 이용고객의 구매 의사결정에 영향을 미치기 때문이다. 다시 말해 레스토랑의 물리적 환경은 기업의 이미지와 상품 이미지 그리고 고객의 목적을 실현할 수 있다는 기업의 의사를 전달하는 데 강한 영향을 미친다. 따라서 레스토랑 기업은 물리적 환경을 통해 기업의 이미지와 상품의 이미지 등을 고객에게 효과적으로 전달하는 노력을 해야 한다.

1) 레스토랑 물리적 환경의 분류

레스토랑의 물리적 환경은 크게 외부환경과 내부환경 그리고 기타 유형적 요소로 구분할 수 있다. 외부환경으로는 건물 및 시설의 외형, 간판 등의 안내표지판, 주차장 및 주차시설 그리고 주변환경 등이 포함된다. 이러한 외부환경은 레스토랑 기업의 차별화된 이미지를 확립하는데 결정적 역할을 수행한다. 레스토랑 입구 및 현관 부분에 많은 비용과 노력을 투입하는 이유 역시 타 레스토랑과의 차별화된 이미지 창출을 위한 노력이라 할 수 있다. 내부환경으로는 건물내부의 장식과 표지판, 벽면의 색상 및 장식물, 가구 및 집기, 시설물, 소음 및 공기의 질 및 온도 등이 포함된다. 레스토랑 비즈니스의 경우 내부환경은 이용고객의 만족과 종사자의 만족 및 생산성에 많은 영향을 미친다. 예를 들어 레스토랑을 방문한 유명인사 혹은 연예인의 사진과 사인 등을 전시함으로써 고객에게 신뢰감을 형성시켜주며, 가구 및 집기를 기능적으로 배치하여 종사자의 업무효율성을 확보할 수 있다. 기타 유형적 요소로는 종사자의 유니폼, 광고판, 메모지, 영수증, 명함, 웹사이트 등이 포함된다. 이러한 세부적인 유형적 단서 역시 고객이 지각하는 서비스 품질 혹은 레스토랑에 대한 인상에 영향을 미친다.

레스토랑 물리적 환경을 보통 위와 같이 분류할 수 있지만 다른 연구자들은 물리적 환경을 다르게 구분하기도 한다. 비트너(Bitner)는 서비스 기업의 물리적 환경을 '서비스 스케이프(service scape)'로 개념화하고 물리적 환경을 주변요소, 공간적 배치와 기능성, 사인 및 심벌과 조형물 등의 세 가지 영역으로 분류하여 제시하였다. 비트너는 물리적 환경이 고객에게 영향을 미칠 뿐만 아니라 종사자에게도 영향을 미친다는 점을 더 강조하였다. 예를 들어 평면 계획, 장비의 배치 및 설계 등의 물리적 환경요소가 종사자의 업무수행 능력과 성과 향상을 촉진한다고 제시하였다. 비트너가 제시한 주변 요소란 실내 온도, 조명, 소음, 음악, 냄새 혹은 향기, 색상, 전망 등과 같은 환경의 배경적 특성을 지칭한다.

일반적으로 주변요소란 고객의 오감에 영향을 미치며 고객들이 인식하지 못하는 경우에도 영향을 미친다. 공간배치 및 기능성이란 레스토랑의 경우 고객이 이용하는 테이블 혹은 의자를 배치할 때 고객과 고객 사이 혹은 고객과 직원 사이에 적절한 거리와 공간을 두어 이용고객의 편리성을 염두에 두는 것을 말한다. 마지막으로 사인 및 심벌 그리고 조형물은 고객에게 명시적인 커뮤니케이터의 역할을 수행한다. 예를 들어 레스토랑에서 '금연'이라는 표지판은 고객에게 행동규칙을 알리는 수단이다. 깨끗한 흰색 테이블보와 은은한 조명을 갖춘 레스토랑은 높은 가격의 메뉴와 고급 서비스를 제공하는 레스토랑임을 알리는 상징적 의미를 고객에게 묵시적으로 알려주는 역할을 수행한다.

한편 비트너는 물리적 환경을 주변 요소, 디자인 요소, 사회적 및 인적 요소로 뷰류하여 제시하였다. 주변 요소는 이용고객이 즉각적으로 인지할 수 없는 배경적 요소로서 부족하거나 불편할 경우에만 고객의 주의를 끄는 요소를 말한다. 그리고 디자인 요소란 주변요소에 비해 고객의 주의를 끄는 가시적 요소로서 건축물 등의 미적 요소와 레이아웃, 안정성 등의 기능적 요소로 구분할 수 있다. 마지막으로 사회적 요소 및 인적 요소란 물리적 환경의 인적 구성요소인 다른 고객과 종사자를 의미한다. 예를 들어 고객으로 인하여 발생하는 레스토랑 내의 혼잡도, 소란함 및 고객의 이용을 방해하는 요인과 고객에게 서비스를 제공하는 종사자의 숫자, 외모, 행동 등이 해당된다.

2) 레스토랑 물리적 환경의 중요성

레스토랑의 물리적 환경은 이용고객의 감정과 태도 그리고 구매행동에 직·간접적으로 영향을 미친다. 예를 들어 매장의 음악과 향기, 노트북을 사용할 수 있는 공간 혹은 고객의 편안함을 증진하기 위해 족욕을 즐길 수 있는 공간 등은 레스토랑 혹은 카페 이용고객의 구매 욕구를 자극하기에 충분한 요소이다.

레스토랑의 물리적 환경은 서비스 상품의 무형성을 극복할 수 있는 요소이다. 레스토랑의 물리적 환경은 이용고객에게 레스토랑에서 제공하는 상품 및 서비스 품질에 대한 중요한 단서를 제공하는 역할을 수행한다. 예를 들어 레스토랑 이용고객이 자신이 주문한 음식이 청결하고 질 좋은 식재료로 만들어지는지 혹은 자신에게 제공되는 서비스가 자신의 욕구를 충족시킬 수 있는지에 대한 불안감을 해소하고자 고객은 자신이 판단할 수 있는 유형적 단서를 찾고자 한다. 따라서 레스토랑 기업은 자신의 비즈니스 컨셉에 적합한 물리적 환경을 조성하여 이용고객에게 자신이 소비할 상품 및 서비스를 이해하거나 평가하는 데 필요한 정보를 제공해야 한다.

레스토랑의 물리적 환경은 고객이 기업에 대한 이미지를 형성하는 데 중요한 영향요소이다. 한 국내 패밀리 레스토랑은 종사자에게 깨끗하고 깔끔한 유니폼 이외에도 종사자 자신의 개성을 충분히 알릴 수 있는 소품을 활용해 고객에게 즐겁고 유쾌한 분위기를 제공하고 있다.

3) 물리적 환경 관리 이슈

유형적 요소(외관 및 디자인요소)

레스토랑의 건물은 고객에게 기업을 알리고 해당기업이 고객에게 알리고자 하는 기업의 고유한 이미지를 명확하게 보여주는 수단이다. 레스토랑의 외관은 신규고객을 유인하기 위해 매우 중요하다. 예를 들어 건물벽면을 통유리로 꾸며두면 신규고객이 건물 밖에서 레스토랑 내부의 상황을 볼 수 있게 하여 해당 레스토랑을 안심하고 이용할 수 있도록 하는 효과가 있다. 한 도넛 매장의 경우 매장 외부 혹은 내부에서 도넛이 만들어지는 과정을 보여줌으로써 고객에게 재미를 주는 동시에 제품의 안전성 등 기업 이미지를 형성하도록 유도하고 있다.

레스토랑 건물 외관은 단순히 건물의 심미성에만 국한되는 것이 아니라 기능적 부분까지 고려한 건축 외형과 디자인을 고려해야 한다. 건물의 외관과 디자인을 통해 해당 레스토랑의 기업 브랜드 이미지를 구축할 수 있어야 하며 고객이 레스토랑을 이용하기에 편리한 환경을 조성해야 한다.

건물의 외형 혹은 주변 환경 등을 이용하여 해당 레스토랑은 차별화된 이미지를 확립할 수 있으며 요즘에는 주차장 시설 등이 레스토랑 선택의 주 요인이기도 하므로 건물의 외관 및 고객을 위한 편리시설의 설계 및 운용에 많은 관심을 두어야 한다.

① 레스토랑 분위기

레스토랑 분위기는 이용고객 자신이 특정 레스토랑에 관해 느끼는 감정을 지칭하는데 이러한 감정은 자신이 이용하는 레스토랑의 외부 및 내부환경에서 얻는 자극을 오감을 통해 받아들이는 인식의 모든 측면을 말한다. 레스토랑 분위기가 중요성을 갖는 이유는 방문고객의 레스토랑 이용경험 특히 정서적 반응에 많은 영향을 미치기 때문이다.

따라서 레스토랑 관리자는 레스토랑 외부환경인 입지와 건물의 외관 그리고 조명, 소음, 냄새, 배경음악, 온도, 색상 등의 내부환경 조성 시 기업의 비즈니스 컨셉을 적극적으로 반영하면서 고객이 어떠한 기업 이미지를 갖고자 하는지에 대한 충분한 사전조사와 적절한 시행이 필요하다.

② 레스토랑 내 혼잡성

혼잡성이란 공간적 제한에 관한 사람들의 주관적 인식을 지칭하는데 혼잡성을 생각할 때 가장 먼저 떠오르는 것은 사람들로 꽉 찬 버스와 지하철, 휴일의 극장 등일 것이다. 혼잡성은 공간 면적당 사람의 수라고 할 수 있는 밀도와 직접적으로 관련이 있지만 밀도가 결정적인 요소는 아니다. 더운 여름날 아주 유명하고 고객들로 붐비는 냉면집을 방문한 고객이 1시간 정도 에어컨도 없는 바깥에서 기다렸다가 자기 차례가 되어 레스토랑에 입장을 했지만 방문고객이 너무 많아 아주 구석진 테이블로 안내되었더라도 레스토랑이 혼잡하다고 느끼지 않을 수 있다.

그 이유는 고객이 가지고 있는 레스토랑 방문동기, 고객의 제약조건, 혼잡도에 대한 기대 그리고 환경적 단서들에 의해 고객이 지각하는 혼잡성의 정도가 차이가 있기 때문이다. 전국적으로 알려진 유명한 냉면집이고 점심시간이기 때문에 1시간 정도 기다리거나 냉면집 내부 구석진 자리에 앉는 것을 당연시할 수도 있기 때문이다.

하지만 레스토랑 관리자는 레스토랑의 혼잡성을 피할 수 없는 상황이라 여기지 않고 사전 혹은 사후 적절한 대응전략을 수립할 수 있어야 한다. 고객이 인식하는 혼잡성을 줄이는 전략은 크게 레스토랑의 물리적 환경관리와 레스토랑을 방문한 고객들이 혼잡성을 통해 레스토랑에 대한 부정적 감정을 최소화 혹은 느끼지 않도록 하는 고객 인식관리의 두 가지가 있다. 우선 레스토랑 생산관리시스템을 개선하는 것이다. 고객의 편의시설 변화 및 서비스 프로세스 변화의 방법 등 고객이 인지할 수 있는 혼잡성을 감소하는 방법이다. 두 번째로 고객의 인식관리 방법이다. 혼잡성에 대한 고객의 인식을 변화시키는 방법이다.

예를 들어 레스토랑이 혼잡한 시간을 미리 알리는 안내판을 이용하거나 고객의 주의를 환기시킬 수 있는 비디오, 그림, 휴식 공간 등을 설치하여 고객의 혼잡성에 대한 인식을 변화시킬 수 있도록 노력하는 것을 말한다.

2. 고객만족과 재방문 의도

(1) 고객만족

고객만족을 올리버(Oliver, 1981)는 제품 구매 후 소비경험과 관련하여 발생하는 감정적 상태에 대한 평가로 정의하고 있으며, 웨스트브룩과 라일리(Westbrook & Reilly, 1983)는 제품, 서비스, 소매점, 고객의 활동에 대한 평가로부터 생기는 유쾌한 감정 상태이며 만족에 대한 설명을 기대보다 가치의 관점에서 파악해야 한다고 밝혔다.

Tse와 윌튼(Tse & Wilton, 1988)은 제품에 대한 구매 이전의 기대와 구매 후 실제 성과의 지각 차이에 대한 소비자 반응으로 고객만족을 다루고 있다.

호텔 레스토랑에 경험이 있는 이용자들은 호텔뿐만 아니라 레스토랑에서 제공하는 서비스나 제품에 대해 높은 기대를 하고 있다. 고객만족은 경쟁에서 살아남기 위해 노력하는 많은 호텔 레스토랑 서비스 기업들에게 중요한 문제로 대두되고 있다(Barsky, 1992).

고객만족은 소비자가 느끼는 전체적인 소비 경험을 다루기 때문에 소비의 각 단계에서 중요한 역할을 하는 요소들을 개별적으로 측정하여 과정을 확인시켜줄 수도 있고 고객만족을 형성하는 지각적, 평가적, 심리적 과정에 대한 모든 검토를 가능하게 한다(이유재, 1995). 따라서 고객만족이란 어떤 특정한 제품이나 서비스의 획득, 소비경험에 대한 구매자의 전반적이고 주관적이며 평가적인 반응이라고 볼 수 있다.

평가적 반응은 느낌이나 감정뿐만 아니라 신념을 포함한다. 평가의 기초는 소비자에 따라 다양할 수 있으며, 자신들이 기대하는 비교수준, 제품속성, 혜택, 소비결과에 대해서도 다양해질 수 있다(구순이, 1995).

그리고 만족/불만족의 성과변수인 구전효과는 소비자들이 제품이나 서비스를 구매하고 난 뒤에 나타나는 외부 커뮤니케이션이라고 할 수 있다.

따라서 구전효과의 결정요소는 고객만족이거나 고객불만족이라 할 수 있다. 고객이 그 기업의 제품이나 서비스에 만족을 한다면 상대적으로 그 기업이나 제품 또는 서비스에 대해서 우호적이고 호감이 가는 구전효과를 나타낼 것이고 만약에 불만족을 하였다면 악평이나 문제제기를 통한 불평을 구전효과에 나타낼 것이다. 특히 구전은 소비자가 구매 및 소비 후에 느끼는 평가에 의하여 형성되어 새로운 구매를 위한 기대성과의 원인이 되기 때문에 중요하다(홍주빈,1997).

거래를 단일성으로 끝내는 고객들도 있지만 대다수의 고객들은 기업의 마케팅 노력에 의해 재구매 혹은 단골(repeat guest)이 됨으로써 기업의 매출증대에 기여하게 된다. 따라서 기업은 고객의 기여도(brand loyalty)를 측정하여 그 기여도가 높은 고객(우량고객)들에게 혜택을 부여하고 있다. 즉, 고객에 대한 차별적 집중화는 기업의 전략적, 선택적인 대안에서 모든 기업들이 경쟁에서 밀리지 않기 위한 필수 전략이 되었다. 고객의 만족과 불만족은 고객들의 재구매 의도에 영향을 미치게 되는데 만족한 고객이 많을수록, 만족도가 높을수록 호텔의 매출은 증대될 것이다.

즉, 재방문 고객이 많다는 것은 호텔의 입장에서는 재투자에 대한 비용의 지출 없이 지속적으로 매출을 기대할 수 있으므로 경영의 효율성을 기할 수 있다. 따라서 고객의 재방문은 고정고객화를 의미하므로 장기적인 관점에서 볼 때 고객의 재방문 의도는 지속적인 수요를 의미한다. 하지만 불만족한 고객이 호텔의 이미지에 악영향을 주려는 구전의도는 호텔의 이미지뿐만 아니라 이익에도 커다란 손실을 주게 된다. 따라서 '10명의 만족한 고객보다는 1명의 불만족한 고객의 불평을 즉시 해결하라'는 서비스 교훈은 호텔 경영에 시사하는 바가 크다.

표 7-1 고객만족에 대한 정의

연구자	고객만족에 대한 정의
Hunt(1977)	경험에 대한 만족감이 아니라 기존 경험보다 상향된 서비스를 제공받게 될 것으로 추측하는 관점과 제품 및 서비스에 대한 인식적인 평가 반영
Oliver(1981)	고객의 실제 경험과 기대 간의 불일치로 인해 발생하게 되는 감정
Westbrook & Reilly(1983)	제품과 서비스, 소매점, 고객의 활동에 대한 평가로부터 생기는 유쾌한 감정 상태로 만족에 대한 설명을 기대보다 가치의 관점에서 파악
Day(1984)	사전 기대, 소비 후 지각, 제품의 실제 성과 간의 불일치 평가에 대한 소비자의 반응
Tse & Wilton(1988)	제품에 대한 구매 이전의 기대와 구매 후 실제 성과의 지각 차이에 대한 소비자 반응
Petrick(1999)	지각된 실제 경험과 바라는 것의 일치 정도
이유재(1995)	고객 만족은 소비자가 느끼는 전체적인 소비 경험
구순이(1995)	특정한 제품이나 서비스의 획득 및 소비 경험에 대한 구매자의 전반적이고 주관적이며, 평가적인 반응
홍주빈(1997)	만족 구전은 소비자가 구매 및 소비 후에 느끼는 평가에 의해 형성되어 새로운 구매를 위한 기대성과의 원인이 됨

(2) 재방문 의도

행동의도(behavioral intention)는 신념과 태도를 행동화하는 주관적 기능성으로서 의도는 개인의 태도와 행동 사이의 중간변수로 인식되는 것이며, 개인의 주관적인 상태를 의미하는 것이다(Fishbein & Ajzen, 1985). 따라서 행동의도는 소비자들이 어떤 대상에 대한 태도를 형성한 후 특정한 미래 행동으로 나타내려는 개인의 의지와 신념으로 정의할 수 있다. 행동의도는 소비행동에 대한 예측요인이며, 일정한 목적을 성취하기 위해 실행할 계획이라고 정의할 수 있다. 행동의도의 구성요소는 많은 연구에서 서비스에 대한 재이용과 호의적인 구전을 제공하는 의지로 구분하고 있다(Boulding et al, 1993 : Zeithmal, Berry & Parasuraman, 1996).

Chapter 08

조리용어 해설

1. 조리 과정의 용어 해설

조리담당자가 메뉴를 작성할 시에는 영어, 프랑스어, 독일어, 일본어 등으로 된 여러 가지 조리용어의 뜻을 알아야 하며 표기법을 정확히 하여 고객에게 전달하는 것을 가장 중요시해야 한다. 자기 나름대로 의사전달을 하는 것은 메뉴를 제시하기 전에 모든 서비스 업자들이 주지해야 할 사항이라고 보며 다음은 표기법과 각국 용어의 발음을 정확히 하기 위해 실제적인 용어를 수록하고 발음은 우리말로 표기한 것이다.

(1) 조리용법(Cooking methods)과 해설

1) 베이킹(Baking)

① 보통 오븐에서 대류에 의하여 요리하는 것을 말한다.

② 때로는 뜨거운 철판 위에서 요리하는 것도 포함한다.

③ 이 용어는 뚜껑이 없는 용기에 육류를 요리할 때는 로스팅(roasting)이란 용어로 바꿔 쓸 때가 있다. 하지만 일반적으로 베이킹은 빵이나 쿠키 굽기 등의 건열 조리를 의미하며 로스팅은 큰 고깃덩어리 등의 습열 조리를 의미한다.

④ 육류나 가금류를 통째로 소스를 발라 가면서 직화로 굽는 바비큐(barbecue)도 포함한다.

2) 보일링(Boiling)

끓는 물에 재료를 넣어 삶아 내는 것이다. 물이 끓는 점(비등점)은 바다 높이의 고도에서 보통 섭씨 100℃이고 1,000피트의 위도가 높아질 때마다 섭씨 1℃씩 낮아진다. 또한 비등점은 물속에 있는 물질의 용해도에 따라 증가하기도 한다.

① **브레이징(Braising)** : 고기류나 채소류를 기름으로 볶은 다음에 스톡을 넣고 오래 끓여 부드럽게 만드는 것이다.

② **브로일링(Broiling)** : 깨끗한 불꽃 위에 음식물을 올려 놓고 직화로 굽는 석쇠구이이다.

③ **콤포트(Compote)** : 과일에 설탕을 넣어 끓여 조리는 것이다.

④ **프라잉(Frying)** : 뜨거운 기름에 재료를 넣어 튀기는 것이다.

㉠ 소량의 기름으로 튀길 때 : 팬 프라이(pan fry)

㉡ 많은 양의 기름으로 튀길 때 : 딥-팻 프라이(deep-fat fry)

⑤ **그릴링(Grilling)** : 전도에 의한 열로 조리하는 철판구이이다.

⑥ **팬 브로일링(Pan-broiling)** : 뜨거운 팬에 뚜껑을 덮지 않은 채 요리하는 것으로, 기름은 제거되고 다른 액체는 추가되지 않는다.

⑦ **파 보일링(Par-boiling)** : 물에 끓여 부분적으로 익힌 다음 다른 방법에 의해 완전히 조리하는 방법이다.

⑧ **포칭(Poaching)** : 채소 등을 끓는 물에서 살짝 데쳐 내는 것이다.

⑨ **팟 로스팅(Pot-roasting)** : 큼직하게 자른 고기류를 주재료로 하여 큰 알루미늄 용기에 넣어 브레이징 형태로 요리하는 것이다.

⑩ **리듀스(Reduce)** : 액체를 농축시키기 위해 서서히 끓이는 것이다.

⑪ **사라만저(Salamander)** : 석쇠구이 시 하향식 화력을 이용한 선 굽기 또는 색깔내기이다.

⑫ **소테(Saute)** : 소테팬에 식재료를 넣고 높은 온도에서 적은 양의 기름에 볶아내는 조리방법이다.

⑬ **스티밍(Steaming, 찜)** : 증기의 압력을 이용한 요리, 수증기를 직접 음식물에 접촉시키거나 용기 속에 음식물을 넣고 간접적으로 스티밍하는 경우가 있다.

⑭ **스튜잉(Stewing)** : 고기와 채소를 한입에 먹기 좋게 자른 후 스톡에 잠기게 하여 뚜껑을 덮어 비등점 이하로 장시간 은은하게 끓이는 조리방법이다.

(2) 자르기 또는 썰기 방법(Cuting methods)과 해설

- 알뤼메트(Allumette) : 성냥개비 모양으로 자르기
- 바토네(Bâtonnet) : 작은 막대형 바톤 모양으로 자르기
- 브르노아즈(Brunoise) : 가로세로 3mm의 주사위형으로 자르기
- 샤토(Château) : 6cm 길이의 타원형으로 자르기
- 쉬브(Cheveux) : 머리카락처럼 가늘고 긴 모양 내기
- 쉬포나드(Chiffonade) : 가는 실처럼 가늘고 길게 썰기
- 콩카세(Concassé) : 가로세로 1.5cm 정사각형으로 썰기
- 코르네(Cornet) : 나팔모양으로 썰기
- 큐브(Cube) : 가로세로 1.5cm의 주사위형으로 썰기
- 차핑(Chopping) : 칼이나 예리한 도구로 식재료를 잘게 다지는 것
- 다이싱(Dicing) : 주사위처럼 네모로 써는 것

- 에망세(Émincer) : 얇게 저미는 것
- 아세(Hacher) : chopping과 같음
- 자딘니어(Jardiniere) : 두께 0.6cm, 길이 2.5cm로 자르는 것
- 줄리엔(Julienne) : 5cm 길이로 가늘고 길게 자르는 것
- 마세도앙(Macédoine) : 과일 등을 1~1.5cm 크기의 주사위형으로 자르는 것으로 과일 샐러드에 사용
- 노아제트(Noisette) : 개암이나 은행 모양의 둥근 자르기
- 올리베트(Olivette) : 올리브 모양의 타원형으로 다듬기
- 파리지엥(Parisienne) : 둥근 구슬형으로 파리지아너를 사용해 파내기
- 파이잔느(Paysanne) : 가로세로 1cm 정도의 크기로 얇은 삼각형이나 장방형 자르기
- 퐁네프(Pont-neuf) : 가로세로 6cm 길이로 써는 것(프렌치 프라이 등에 사용)
- 프랭타니에(Printanier) : 가로세로 1cm 정도의 다이아몬드형으로 자르기
- 롱델(Rondelle) : 둥글게 썰기
- 뤼스(Russe) : 가로 5mm, 길이 3cm로 자르기
- 살피콘(Salpicon) : 작은 정사각형 모양으로 자르기
- 토르네(Tourner) : 돌리면서 모양을 내는것
- 트랑세(Tranche) : 고기 등을 넓은 조각으로 자르기
- 트랑송(Tronçon) : 토막내어 자르기

(3) 도량형의 이해

1) 도량형 환산표

저울은 물건을 팔고 사는 데만 쓰이는 것은 아니다. 계량 측정으로 영양 섭취량의 과부족이 없는지, 만들어진 요리의 분량은 얼마인지를 알려주는 것이 저울이기 때문에 반드시 조리장에 비치해야 하며 아무리 숙련된 조리사라도 계량법을 도외시하면 정확성을 기할 수 없게 된다.

주로 사용하는 것은 저울, 계량컵과 계량스푼이다.

저울은 'g(그램)' 계량컵은 200cc, 큰 스푼은 15cc, 작은 스푼은 5cc를 사용한다. 계량컵과 계량스푼으로 계량할 때 가루 상태의 것은 덩어리가 없는 상태에서 수북히 하여 평면으로 깎는다. 액체 상태의 것은 표면 장력이 있으므로 계기에 충만하게 하여 단다.

계량 스푼에는 $\frac{1}{2}$, $\frac{1}{4}$을 달 경우 평면으로 떠서 여분을 없게 한다.

① 물의 계량 단위

표 8-1 물의 계량 단위

컵 (cups)	파인트 (pints)	쿼트 (quarts)	온스 (ounces)	파운드 (pounds)	그램 (grams)
$\frac{1}{2}$	$\frac{1}{4}$	$\frac{1}{8}$	4.15	0	75
1	$\frac{1}{2}$	$\frac{1}{4}$	8.3	0	150
3	1	$\frac{1}{2}$	16.62	1	450
6	2	1	33.24	2	900

② 그램(grams) · 온스(ounces) · 파운드(pounds)

표 8-2 그램(grams) · 온스(ounces) · 파운드(pounds)

grams	ounces	pounds	grams	ounces	pounds
28.35	1	0.06	255.15	9	0.56
56.70	2	0.12	283.50	10	0.63
85.05	3	0.19	311.85	11	0.69
113.40	4	0.25	340.20	12	0.75
141.75	5	0.31	368.55	13	0.81
170.10	6	0.38	396.90	14	0.88
198.45	7	0.44	425.25	15	0.94
226.80	8	0.50	453.60	16	1.00

③ 스푼(spoon) 및 기타 계량

- 3티스푼(teaspoons, ts) = 1테이블스푼(tablespoon, Ts)
- 4Ts = $\frac{1}{4}$컵(cup)
- $5\frac{1}{3}$Ts = $\frac{1}{3}$컵
- 8Ts = $\frac{1}{2}$컵
- $10\frac{2}{3}$Ts = $\frac{2}{3}$컵
- 12Ts = $\frac{3}{4}$컵

- 16Ts = 1컵
- 1g = 0.035온스(oz)
- 1컵 = 8온스(oz)
- 2컵 = 1파인트
- 1컵 = 236g
- 1Ts = 15g
- 1ts = 5g
- 4컵 = 1쿼트(quart)
- 4쿼트(quart) = 1갤런(gallon)
- 1쿼트(quart) = 946.6ml(milliliters)

④ 비상계량법

- 1Ts의 콘스타치(cornstarch)의 농도 또는 접착도 = 2Ts의 밀가루
- 1ts의 베이킹 파우더 = $\frac{1}{4}$ts의 베이킹 소다
- 1조각(4g)의 생 이스트 = 1봉(2g)의 드라이 이스트(dry yeast)
- 1컵의 우유 = $\frac{1}{2}$컵의 농축(evaporated) 우유 + 물 $\frac{1}{2}$컵
- 1개의 달걀 = 2개의 달걀노른자
- 1개의 작은 양파 = 1Ts의 말린 양파
- 1개의 쪽마늘 = $\frac{1}{8}$ts의 마늘 가루
- 1컵의 토마토 주스 = $\frac{1}{2}$컵의 토마토 페이스트 + $\frac{1}{2}$컵의 물
- 1컵의 토마토 케첩 = 1컵의 토마토 페이스트 + $\frac{1}{2}$컵의 설탕 + 1Ts의 식초
- 28조각의 크래커 = 1컵의 가루(crumbs)
- 2조각의 식빵 = 1컵의 빵가루
- 4oz의 마카로니 = $2\frac{1}{4}$컵(삶은 것)
- 7oz의 스파게티 = 4컵(삶은 것)
- 1컵의 쌀 = $2\frac{1}{2}$컵의 밥

⑤ 온도계산법

- 섭씨(centigrade)
- 화씨(fahrenheit)
- 섭씨를 화씨로 고치는 공식 → F = 5/9(C+32)
- 화씨를 섭씨로 고치는 공식 → C = 5/9(F−32)

2. 메뉴에 사용하는 조리용어

A	
Abaisse(아베스)	방망이로 얇게 민 반죽
Abatis(애버티즈)	가금류의 간, 콩팥, 날갯죽지, 목 부위
Absinthe(압생트)	리큐르의 향료, 주정에 혼합하는 재료
Acids(애시드)	조리에 사용하는 신맛이 나는 재료(식초, 레몬즙, 토마토주스 등)
À la(알 라)	~풍, ~식의 …을 곁들인다는 뜻
À la broche (알 라 브로쉐)	꼬챙이에 주재료 및 부재료를 꿰어 만드는 요리
À la cart(알 라 카르트)	일품요리를 뜻함
À la king(알 라 킹)	육류, 가금류 등을 주재료로, 슈크림 소스와 피망, 버섯 등을 부재료로 하는 요리
À la mode(알 라 모드)	후식으로 파이류에 아이스크림을 곁들여 내는 것
À la provençale (알 라 프로방살)	마늘을 첨가한 것, 프로방스 스타일
À la stroganoff (알 라 스트로가노프)	쇠고기 안심 슬라이스를 소테(saute)하여 살짝 색을 낸 후 시큼한 크림소스나 갈색 소스에 살짝 졸인 요리 명칭
Allenmande(알렌만즈)	화이트소스에 달걀노른자를 첨가한 것
Ambrosia(암브로시아)	디저트에 사용하는 과일과 코코넛의 혼합물
Anchovy(앤초비)	소금에 절인 정어리 젓갈
Andalouse(안달루세)	스페인 스타일의 마요네즈 혼합물. 토마토 퓌레와 고추, 피망을 다져서 마요네즈에 섞은 것
Angel food(엔젤 푸드)	화이트 케이크를 만들기 위해 달걀흰자를 휘핑해서 사용하는 것
Angel on horse-back (엔젤 온 호스백)	굴에 베이컨을 감아 오븐에 구워 토스트 위에 얹어 내는 것
Antipasto(안티파스토)	이탈리아어로 애피타이저(appetizer)를 뜻함
Apple strudel (애플 스트루델)	달걀, 버터, 설탕과 시나몬 파우더를 주재료로 하여 구운 사과파이 형태의 후식

Aspic(아스픽)	투명한 젤리와 같고 보통 육류즙(교질)으로 만든다
Au beuree(오 뵈르)	버터로 굽는 것
Au gratin(오 그라탱)	조리된 주재료 위에 빵가루, 치즈를 뿌려 오븐에 구워 내는것
Au jus(오 쥬)	가미하지 않은 자연즙(육류, 가금류 등)
Avocado(아보카도)	서양배 모양을 한 진녹색의 열대성 과일로 과육은 연노란색의 미끈미끈한 과일

B	
Baba an rhum (바바 앤 럼)	도너츠 모양의 틀에 스펀지케이크류의 빵을 구워 시럽에 담가 럼주 향을 내고 가운데 설탕 과일조림와 거품 낸 크림을 짜 넣는다
Batter(베터)	묽은 밀가루 반죽
Bain-marie(벤-마리에)	끓는 물에 조리된 음식물을 넣어 식지 않게 유지시키는 그릇(중탕)
Baked Alaska (베이크드 알래스카)	머랭(meringue)을 발라 옷을 입힌 케이크나 아이스크림에 브랜디 같이 주도가 높은 술을 뿌리고 불을 붙여 갈색이 되면 즉석에서 손님에게 서브하는 것
Barde(바데)	베이컨이나 소금절이 한 돼지고기를 썰어 가금류나 생선 위에 얹어 로스트하는 방법
Baste(베이스트)	고기를 구울 때 타거나 마르지 않도록 기름이나, 버터, 소스 등을 끼얹어 바르는 것
Bavarian cream (바바리안 크림)	젤라틴, 크림과 달걀을 주재료로 하여 만든 후식
Béarnaise(베아네즈)	홀란데즈 소스에 타라곤(tarragon)향을 가미한 것
Beating(비팅)	민활하고 규칙적인 반복 운동으로 혼합물을 부풀게 하여 공기를 끌어들여 부드럽게 하는 것
Béchamel(베샤멜)	소스의 기본이 되는 화이트 소스. 크림 스톡, 우유가 주재료이다
Benedictine(베네딕틴)	강한 오렌지향이며 카톨릭교 사원의 이름에서 딴 것
Bill of Fare(빌 오브 페어)	메뉴라는 뜻
Bisque(비스큐)	갑각류 새우나 바닷가재 게 등의 머리 부분을 오븐에 구워 내 본래의 맛을 우려내 만든 걸쭉한 수프

Blanc(블랑)	'white' 의 불어 용어. 예) Vin blanc(화이트 와인)
Bouchèe (부셰)	퍼프 페이스트리에 크림 소스에 고기나 생선을 넣어 채운 카나페
Blending(블렌딩)	두 가지 이상의 성분(요리재료)을 완전히 혼합시킨 것
Bonne femme(본 페엠)	수프나 스튜의 가정식 스타일이며 현모양처라는 뜻
Bordelaise(보르돌레즈)	양파, 당근, 셀러리, 다임, 월계수 잎과 버터를 주재료로 하여 만든 흰색 또는 갈색 소스
Boston cream pie (보스턴 크림 파이)	케이크에 푸딩이나 커스터드 소스를 넣어 만든 것
Bouillabaisse(부야베스)	여러 가지 종류의 생선류를 원료로 하여 만든 스튜의 하나
Bouillon(부용)	수프나 소스를 만드는 육수이며 영어의 스톡(stock)과 같다
Bouquet garni (부케 가니)	파슬리, 월계수 잎, 다임, 양파, 클로브, 통후추, 셀러리를 고운 천에 넣어 실로 묶어 스톡이나 수프 소스를 만들 때 넣어서 우려낸다
Breading(브레딩)	달걀과 우유 혼합물에 음식물을 담그고 그 다음 빵가루로 옷을 입히는 것
Brochette(브로셋)	고기류나 채소 등을 꼬챙이에 꿰어 굽는 요리
Buffet(뷔페)	긴 테이블에 여러 가지 음식을 차려 놓고 각자 기호대로 선택해서 먹게 하는 것
Burn(번)	설탕을 물에 타서 소스팬에 끓여 캐러멜처럼 색깔이 나도록 하는 것

C	
Café(카페)	커피(coffee)라는 뜻
Canapé(카나페)	얇게 썬 빵을 갖가지 형태로 모형을 만들어 그 위에 가공된 각종의 요리물을 얹어 풍미를 낸 조그만 음식으로 식욕촉진제의 일종
Caramelizing (캐러멜라이징)	뜨겁게 열을 가해 설탕을 많이 넣은 재료를 흑갈색이 될 때까지 열을 가해 특유의 향내가 나게 하는 것
Carry over Cooking (캐리 오버 쿠킹)	뜸들이기
Carté du jour (카르트 드 주)	그 날의 메뉴

Casserole(카세롤)	수분이 있는 음식물을 넣는 그릇으로 오븐에 넣어 높은 열에도 견딜 수 있게 만든 강화 용기
Cavia(캐비어)	소금절임하여 가공한 철갑상어 알. 주서식지는 카스피해이다
Cépe(세프)	프랑스에서 생산되는 야생 버섯
Chaude(쇼드)	뜨거운 것(hot)
Chanterelles(샨터렐)	야생 버섯으로 황토색에 트럼펫 모양으로 크기는 작음
Cognac(꼬냑)	프랑스 꼬냑 지방에서 생산하는 브랜디
Coleslaw(콜스로우)	양배추와 당근을 채 썰어 마요네즈로 무쳐 낸 샐러드
Chteubriand(샤토브리앙)	소고기 필레 부위 중 굵은 중간부위 고기
Chef de cuisinier (쉐프 드 퀴진)	요리장, 주방장
Chili con carne (칠리 콘 카네)	콩과 고기를 혼합하여 만든 요리
Chop suey(찹 슈이)	중국요리 가운데 고기, 채소, 간장, 녹말을 가하여 만든 음식 이름
Chowder(차우더)	걸쭉한 수프(감자, 양파, 베이컨 등을 넣어 볶아 걸쭉하게 만든 수프)로 주재료는 패류들의 이용도가 높다
Chutney(처트니)	인도의 향미료. 건포도, 호두, 생강 등 여러 가지 재료를 혼합한 것
Civet(시비트)	토끼고기 스튜 또는 라구(ragout : 고기, 채소를 넣은 스튜)
Cocktail(칵테일)	① 여러 가지 양주, 감미료, 향료, 얼음 조각을 배합하여 만든 술 ② 차게 한 과즙을 식욕촉진제로 내는 것. 예) fruits cocktail ③ 식욕촉진제로 삶은 새우, 게살에 칵테일 소스를 곁들이는 것
Consommé(콩소메)	육수를 정제시켜 만든 맑은 수프
Coquille(코기유)	조개류를 사용해서 만든 그라탱으로 생선 또는 가재를 이용할 수도 있다
Corned beef(콘 비프)	쇠고기(소의 복부 고기)를 소금절임 하여 삶아 낸 것
Cottage potatoes (코타주 포테이토)	감자를 얇게 썰어 기름으로 볶은 것
Cottage pudding (코타주 푸딩)	케이크나 카스테라에 달콤한 과일 소스를 끼얹은 것

Country style (컨트리 스타일)	훈제 돼지고기나 베이컨을 같이 곁들여 내는 것
Court bouillon (코트 부용)	물, 식초, 포도주, 향료를 넣고 생선을 조리하는 국물
Creaming(크리밍)	음식물을 부드럽게 한다는 뜻. 한 예로는 기름과 설탕을 혼합할 때 쓰는 용어
Créme de menthe (크림 드 멘트)	박하향을 넣은 액체로 초록색과 흰색이 있다
Crêpe Suzette (크레프 슈젯)	얇게 구워진 케이크로 영양가 있고 맛있는 시럽 소스를 발라 보기 좋은 형태로 말아서 만들며 즉석에서 코냑이나 브랜디를 끼얹어 불을 붙여 약간 브라운 색깔을 띄게 하여 서브한다
Crisping(크리스핑)	음식물의 수분을 제거하기 위해 열을 가하는 것
Croquette(크로켓)	부드럽게 다진 요리물로서 외부에 밀가루, 달걀, 빵가루로 옷을 입혀 기름으로 프라이하는 것. 예) 감자 크로켓(potato croquette)
Crouette(크루통)	주로 수프의 고명으로 올리기 위해 조그마한 정입방형으로 썰어 프라이한 토스트나 빵조각
Crumpets(크럼펫)	버터를 가하여 굽는 일종의 케이크(머핀)
Cuisson(쿠아송)	고기를 자체의 즙으로 조린 것
Curry powder (커리 파우더)	향미료로 가공하여 사용하는 착색된 노란 카레 가루
Cutlet(커틀릿)	살코기 부위를 얇게 저며 낸 것을 밀가루, 달걀, 빵가루로 옷을 입혀 버터에 굽거나 프라이하는 것

D	
Danish pastry (대니쉬 페스트리)	이스트를 첨가한 감미반죽(sweet dough)
Decanter(디캔터)	액체류를 담은 그릇(병)을 기울여 맑은 윗물만 다른 용기에 옮기는 것
Demi-tasse(데미타스)	반 컵 분량의 작은 잔. 주로 정찬 후 커피를 제공할 때 쓰인다
Demi-glaze(데미글라스)	에스파뇰과 브라운 스톡 $\frac{1}{2}$씩의 혼합물

Denver sandwich (덴버 샌드위치)	달걀을 풀어 햄을 다져 놓고 토스트 빵으로 만든 샌드위치
Devil(데블)	후추나 그밖에 다른 매운 양념을 혼합한 향기가 강한 소스
Diplomate(디플러메이트)	가재요리에 양념을 한 소스를 첨가하는 것
Dough(도우)	밀가루, 기름, 이스트, 설탕, 물, 우유 등을 혼합하여 만든 밀가루 반죽
Duxelles(듁셀)	양송이버섯, 양파 또는 샤롯을 곱게 갈아 달걀노른자를 넣어 소테(saute)한 것
Drawn butter(드론 버터)	녹인 버터
Dresser(드레서)	양념 또는 장식으로 곁들인다(to garnish)는 뜻
Dripping(드립핑)	로스팅의 조리과정에서 육류에서 떨어지는 기름이나 즙을 뜻함
Ducheese(듀세)	으깬 삶은 감자에 달걀노른자를 가하여 만든 요리
Dumpling(덤플링)	주재료에 밀가루, 달걀, 양념을 혼합하여 끓는 물에 떨어뜨려 만든 작은 볼 등으로 수프의 가니쉬 등으로 사용한다
Dusting(더스팅)	밀가루, 설탕류를 뿌리는 행위

E	
Éclair(에클레르)	커스터드(custard : 밀가루, 베이킹 파우더, 우유, 달걀, 설탕, 향료 등을 혼합한 과자)나 휘핑크림(whipped cream), 얼음 등으로 채운 조그만 장방형의 밀가루 반죽으로 구운 과자
Egg and crumbing (에그 앤 클럼빙)	용해된 달걀에 음식물을 담그고 난 후 빵가루로 옷을 입히는 행위
English monkey (잉글리시 몽키)	구운 빵에 치즈를 곁들여 만든 요리
Entrée(앙트레)	식사 코스에서 중심이 되는 주식을 말함
Entrecote(앙트레코테)	갈비 부위 사이의 고기. 가끔 스테이크로도 사용된다
Espagnole(에스파뇰)	버터, 밀가루, 육수를 주재료로 하여 만든 갈색 소스(brown sauce)

F	
Filet(필레)	뼈가 없는 정육(안심고기), 뼈를 발라 포 뜬 생선(fillet of fish)
Filet mignon(필레 미뇽)	쇠고기의 안심 부위 중 가늘고 둥근 부위
Flambe(플람베)	고객 앞에서 브랜디 등으로 불꽃을 일으켜 요리를 마무리하는 일종의 쇼잉 방법
Florentin(플로렌틴)	시금치를 첨가하는 것
Foie gras(푸아그라)	지방이 많이 든 거위 간(goose liver)
Forcemeat(포스 미트)	고기에 향신료를 첨가하여 곱게 간 후 소시지, 파테, 갈라틴, 무스 등에 사용한다
Fritters(프리터)	달걀흰자를 휘핑하여 만든 튀김 반죽, 또는 튀긴 요리
Fromage(프로마주)	'치즈'라는 뜻의 불어 용어
French ice cream (프렌치 아이스크림)	달걀과 바닐라 향을 넣어서 만든 빙과
Fricassé(프리카세)	육류, 가금류, 살코기를 가늘게 썰어 요리하고 화이트 소스에 혼합하는 것
Froid(프로와)	차게 한(cold)
Frosting(프로스팅)	케이크를 장식하기 위하여 설탕, 기름을 주재료로 하여 외부에 바르는 행위
Fumet(퓌메)	풍미가 있는 향을 가미한
Funjue(펀주)	버터, 치즈, 설탕, 달걀, 빵가루 등으로 수플레(soffle)와 같이 만들어 오븐에 구워 내는 것

G	
Garnish(가니쉬)	요리를 돋보이게 하고 영양, 색, 질감 등이 조화를 이룰 수 있도록 먹을 수 있는 식재료로 장식하는 것
Glace de viande (그라스 드 비앙드)	육수를 졸여서 만든 소스
Goulash(굴라쉬)	파프리카를 첨가한 헝가리식 스튜(stew)
Glaze(글레이즈)	진한 육수로 졸인 형태

Hash brown potatoes (해시 브라운 포테이토)	감자를 삶아 0.5cm 정도 두께로 슬라이스하여 그릴에서 색깔이 나도록 구워낸 것
Grace(그라스)	설탕을 조려 투명하게 보일 수 있도록 하는 것
Grinding(그라인딩)	음식물을 갈아 가루 형태로 만든다는 뜻

H	
Hard sauce(하드 소스)	디저트 소스(크림, 버터, 가루 설탕)
Haricot(해리컷)	콩, 고기, 무, 붉은 콩을 주재료로 한 혼합요리
Hollandaise sauce (홀란데이즈 소스)	정제된 버터, 달걀노른자, 레몬즙을 주재료로 하여 만든 마더스 소스
Hors-d'oeuvre (오르되브르)	식욕 촉진제로 식사 전에 먹는 소품요리

I~L	
Irish stew (아이리쉬 스튜)	양고기를 주재료로 하여 만든 스튜의 일종
Jackson(잭슨)	감자 크림수프
Kiev(키에프)	양념을 한 버터(소금, 후추, 마늘, 기타 향초)
Kisses(키세스)	머랭 종류의 디저트
Knead(니드)	반죽을 치대는 것
Kosher(코셔)	유태교의 종교의식에 의해 가공한 것
Kummel(퀴멜)	캐러웨이(Caraway)향의 씨. 음료의 향료로 사용한다
La Newburg (라 뉴버그)	달걀노른자, 크림, 와인 등으로 만든 소스(새우를 넣을 때는 달걀노른자를 넣기 전에 사용)
Limpa(림파)	스웨덴 빵
Loin(로인)	육류의 등심. 갈비뼈가 끝나는 부위에서 엉덩이 부위 사이의 고기
Lyonnaise(리요네즈)	주재료에 소금, 후추, 양파, 파슬리를 더하는 것

M	
Madeira(마데이라)	포도주, 체리 포도주와 비슷한 술
Maigre(메이그)	고기가 포함되지 않은 음식 또는 식사
Marengo(마렝고)	닭고기를 기름에 튀겨서 백포도주, 버섯, 마늘, 토마토 등을 넣어 조린 것
Marinade(마리네이드)	기름, 식초, 포도주에 육류, 가금류 등을 담가 절이는 것
Marseillaise(마르세이유)	다진 양파, 마늘을 기름에 볶아 포도주와 앤초비, 토마토 소스를 혼합한 것
Maryland(메릴랜드)	육류나 가금류를 밀가루, 달걀, 빵가루로 옷을 입혀 기름에 튀긴 다음 토마토 소스에 크림을 가한 호스레디쉬 소스를 곁들이는 메릴랜드 스타일의 요리
Mayonnaise(마요네즈)	오일, 달걀노른자, 식초, 겨자, 소금, 후추, 설탕을 주재료로 하여 거품기로 저어서 부풀어 오르게 하여 만든 소스
Melting(멜팅)	열을 가해서 용해시키는 것
Meringue(머랭)	달걀흰자에 설탕을 가하여 휘핑해서 부풀어 오르면 케이크나 파이, 푸딩 위에 발라 오븐에 굽는 것
Milanaise(밀라네즈)	토마토 소스에 파르마산 치즈와 베샤멜 소스를 혼합한 밀라노풍의 소스
Minestrone(미네스트론)	걸쭉한 이탈리아식의 채소 수프
Minute steak (미닛 스테이크)	1.5cm 두께로 썬 스테이크를 짧은 시간에 구워 내는 것
Mirepoix(미르포아)	채소류를 다져서 혼합한 것
Miroton(미로통)	냉육을 데우는 것
Mixed grill(믹스드 그릴)	쇠고기, 콩팥, 베이컨, 소시지 등을 혼합해서 굽는 것
Mixing(믹싱)	두 가지 이상의 재료를 혼합시키는 것
Marrow(말로우)	소고기 뼈 안에 있는 연골
Meuniere(뫼니에르)	밀가루를 입혀 버터에 구워내는 조리 방법
Melba(멜바)	호주의 여가수 이름에서 유래한, 아이스크림 위에 복숭아 조림을 얹어내는 디저트
Melba toast (멜바 토스트)	얇은 식빵을 구워 과자처럼 만든 조각. 캐비어와 가니쉬를 올려 제공하기도 한다

Mornay(모네이)	베샤멜 소스에 치즈를 갈아 혼합하는 것
Mousseline(무슬린)	달걀흰자와 크림을 혼합한 휘핑크림 $\frac{1}{2}$과 마요네즈 $\frac{1}{2}$의 혼합물
Mulligatawny soup (물리가토니 수프)	쇠고기, 양파, 당근, 토마토, 피망, 카레 가루를 주재료로 하여 만든 수프

N	
Napoléon(나폴레옹)	퍼프 페이스트리(puff pastry)
Napolitane(나폴리탄)	기본 스파게티 소스에 햄, 넛메그, 다임, 와인을 가하여 만든 나폴리 스타일의 스파게티 소스
Neutral Sauce (뉴트럴 소스)	고기 육수가 들어 있지 않은 소스(브레드 소스, 마요네즈 등)
Newbury(뉴베리)	베샤멜 소스나 크림 소스에 백포도주를 넣고 달걀노른자를 혼합한다
New england boiled dinner (뉴잉글랜드 보일드 디너)	고기, 햄 등에 양배추, 당근, 무, 양파, 감자 등을 넣고 끓인 것
Normandy(노르망디)	진한 생선 벨루테(velouté)와 크림의 혼합물

O~P	
Obrien(오브라이언)	양파, 피망, 다진 것을 감자 썬 것에 같이 넣어 요리하는 것
Orly(올리)	밀가루 반죽에 맥주를 사용하는 것
Pain de bœuf (팽 드 뵈프)	고깃덩어리(meat loaf)
Panade(파나드)	빵을 물에 불려서 물기를 제거한 후 드레싱을 만드는 것
Papillote-peper (파피요트-페이퍼)	육류, 가금류, 생선류를 종이를 덮어(주로 은박지를 사용) 요리하여 서브할 때 장식용으로 사용하는 것
Parfait(파르페)	과일 시럽과 달걀, 크림을 휘핑하여 풍미 있고 차갑게 만든 후식
Parfumer(파르퓌메)	여러 가지 양념을 가하여 맛을 내는 것
Paste(페이스트)	토마토 페이스트(tomato paste), 된장(bean paste)처럼 수분을 제거한 농축된 상태의 재료
Pastry(페이스트리)	밀가루 반죽에 유지를 넣어 결을 내어 구운 빵

Patty-shell(패티셸)	조개 모양으로 만든 파이지 안에 주재료 내용물(생선류 등)을 넣어 오븐에 구워 내는 것
Peeling(필링)	껍질을 벗긴다는 뜻
Petit(페티)	작고 맛이 좋은 것
Petits fours(페티 푸르)	작은 케이크
Philadelphia ice cream (필라델피아 아이스크림)	단순하고 간단한 아이스크림
Pilaff(필라프)	쌀에 고기와 향료를 넣어 볶은 볶음밥의 일종
Piquant(피컨트)	향미를 곁들인 양념을 많이 첨가한 소스
Pirog(피로그)	고기류를 갈아 주재료로 하여 이스트를 가한 밀가루 반죽에 싸서 오븐에 굽는 것
Pizza(피자)	이탈리아식 파이 소스에 토마토, 치즈, 양념, 고기 등을 혼합하여 파이 도우에 넣어 오븐에 굽는 것
Plombiéres(프로비에르)	과일과 아이스크림의 혼합
Polonaise(폴로네즈)	폴란드식
Potage(포타주)	수프의 총칭(soup)
Poulet(풀레)	영계(young chicken)
Puff paste(퍼프 페이스트)	강력분에 기름을 넣고 반죽하여 파이 도우를 만드는 것
Purée(퓌레)	각종 채소류나 식재료를 걸쭉한 상태로 걸러 내는 것

Q~R	
Quenelle(퀘넬)	닭고기나 송아지고기로 만든 고기 경단
Ragout(라구)	스튜(stew)
Ravigote(라비고트)	찬 소스, 오일, 식초 또는 케이퍼, 양파, 파슬리, 타라곤을 혼합하여 만든 것
Risotto(리조또)	쌀을 주재료로 하여 만든 이탈리아 쌀요리
Rissole(리솔)	오븐에 갈색이 나도록 구운 음식 고기 단자 형태
Robert(로버트)	진한 브라운 소스(양파, 겨자, 포도주를 혼합)

Roquefort-cheese (로큐포 치즈)	프랑스에서 생산되는 유명한 블루 치즈(blue cheese)
Roux(루)	밀가루와 기름의 5:5 비율 혼합물
Rusk(러스크)	두 번 구워 낸 빵 과자. 프랑스어로는 biscotte
Russe(러스)	러시아식(Russian style)

S	
Salisbury(세일즈버리)	햄버거 패티처럼 고기를 갈아서 우유, 빵가루, 양념을 넣어 2cm 두께와 일정한 넓이로 뭉친 소고기
Salami(살라미)	고기에 유지를 박아 6개월 정도 숙성시키는 이탈리아의 유명한 드라이 소시지
Salmis(살미)	진한 소스(로스트한 가금류 요리에 곁들여 내는 소스)
Scallop(스캘럽)	가리비 또는 '얇게 자른다'는 뜻. 예) scallop potato
Scallopine(스캘러핀)	얇게 저며 만든 송아지고기 커틀릿(veal scallopine)
Scotch Broth (스카치 브로스)	양고기로 육수를 만들어 채소를 곁들여 끓여 만든 수프
Scotch Woodcock (스카치 우드콕)	버터, 우유, 앤초비, 페이스트와 삶은 달걀을 다져 혼합하여 토스트에 얹어 먹는 요리
Sherbet(셔벗)	과일 주스나 샴페인 등을 유지방 없이 동결시킨 것
Simmering(시머링)	80℃의 액체 속에서 저온을 유지하며 조리는 방법
Skewering (스퀴어링)	육류나 가금류 등을 기다란 핀에 다른 채소 부재료와 함께 꿰어 고착시킴
Smorgasbord (스모가스보드)	북유럽 지방에서 유래된 오르되브르 즉 식욕촉진제
Southern fried chicken (사우던 프라이드 치킨)	남부 지방의 조리법으로 닭고기에 밀가루를 묻혀서 기름에 튀기는 것
Spanish(스패니시)	햄, 베이컨, 셀러리, 당근, 양파를 다져 볶은 것을 토마토 소스에 혼합한 스페인 스타일의 요리
Sparerib(스페어리브)	돼지갈비

Sponge(스펀지)	케이크를 만들 때 달걀을 휘핑하여 부풀어 오르게 해서 밀가루 반죽에 혼합하여 굽는 것
Stirring(스터링)	음식물을 용기에 담아 원형으로 빙빙 돌려 혼합하는 것
Stuffing(스터핑)	달걀, 가금류, 생선류 등의 주재료에 다른 부재료를 넣어 채우는 것
Supreme(수프렘)	벨루테 소스(velouté sauce)에 크림을 혼합한 것
Swiss steak (스위스 스테이크)	두드려서 연하게 만든 쇠고기를 기름에 살짝 구워 소스에 넣어 조리하는 스테이크

T	
Table d'hote (테블 도트)	많이 먹든 적게 먹든 상관없이 가격이 일정하게 정해져 있는 정식
Tartar sauce (타르타르 소스)	마요네즈에 양파, 피클, 삶은 달걀 등을 다져 혼합하여 생선요리 소스로 제공하는 것
Tarte(타르트)	작게 만든 페이스드리
Thousand Island dressing (사우전드 아일랜드 드레싱)	마요네즈, 칠리소스, 토마토 케첩에 삶은 달걀, 피클, 파슬리 다진 것을 혼합한 샐러드 드레싱
Toss(토스)	힘을 가하지 않고 가볍게 반죽하는 것
Tripe(트립)	소의 위

V	
Velouté(벨루테)	소스의 기본재료이며 밀가루, 기름을 혼합하여 약간 볶아 육수를 가하여 만든다. 색깔은 연한 금빛
Vichy(비시)	프랑스 중부의 온천지명이며, 버터에 볶은 당근을 곁들여 내는 것을 말한다. 원래 뜻은 비시 지방의 광천수로 요리하였다는 의미이다
Vichyssoisse (비시소와즈)	찬 감자 수프로 실파 다진 것을 곁들여 제공하는 프랑스 수프
Vinaigrette(벵네그레)	오일과 식초에 허브 향을 가미한 드레싱
Vol au vent(볼 오 뱅)	크로와상 반죽으로 만든 상자에 고기나 가금류와 소스 혼합물을 채우고 그 반죽으로 만든 뚜껑으로 덮어 고기류와 빵류를 같이 즐기도록 한 요리

W~Z	
Waldorf(월도프)	마요네즈, 사과, 셀러리, 호두, 건포도 등을 혼합하여 만든 샐러드. 뉴욕의 유명한 호텔명에서 유래하였다
Wellington(웰링턴)	나폴레옹 시대의 유명한 영국 장군 이름에서 유래한 것으로 파이 반죽에 안심스테이크, 뒥셀(Duxelles)을 넣고 싸서 구운 요리(beef wellington)
Whipping(휘핑)	거품기를 사용하여 빠른 동작으로 재료에 공기를 넣어 부풀게 하는 것. 휘핑크림(whipping cream)을 만들 때 주로 사용하는 동작
Woodcock(우드콕)	야생 날짐승
Zest(제스트)	오렌지나 레몬의 흰 속껍질을 제외한 겉껍질을 벗겨 곱게 채 썬 것
Zingara(징가라)	햄, 소 혀, 버섯, 송로버섯을 채 썰어 데미글라스, 토마토 퓌레, 마데이라 와인, 타라곤을 첨가한 소스

3. 메뉴 해설

(1) 프렌치 레스토랑 메뉴의 이해와 해설

메뉴 읽기와 작성은 일정한 규칙이 있어 규칙에 따라 메뉴를 작성하고 해석할 수 있다. 물론 규칙을 벗어나는 경우도 있지만 크게 달라지지는 않는다. 프랑스식 격식을 갖춘 다이닝 레스토랑(dining restaurant)은 7~9가지 정식 메뉴(table d'hôte menu : 테블 도-텔 메뉴)로 구성되지만 최근 현지에서는 4가지나 3가지로 간소화하는 경향이 많다.

3가지 코스는 처음으로 앙트레(entree)를 오르되브르(hors-d'oeurre), 수프(potage), 샐러드(salade)를 하나로 통합하여 'entrance'의 뜻 그대로 첫 코스에 넣고 두 번째 'plats principaux'는 주 요리(main dish)로 육류, 생선, 가금류 등의 식재료를 가급적 천연육즙으로 소스를 준비해 낸다. 세 번째는 디저트(dessert)로 스위트 세이버리(sweet savory), 음료(beverage) 또는 치즈(cheese)로 대신할 수 있다. 주 요리에는 포도주를 곁들이는 것이 일반적이다. 포도주는 첫 코스에서는 셰리(sherry), 마데이라(Madeira), 포트 와인(Port wine) 등이 좋고 주 요리 코스에서는 생선요리의 경우 화이트 와인(vin blanc) 중 부르고뉴(Bourgogne) 지방산, 고기요리에는 보졸레 지방의 레드 와인(Beaujolaise vin rouge)이 좋다. 디저트 코스는 단맛이 나는 샴페인(champagne)이나 리큐르(ligueur), 치즈에는 레드 와인(vin rouge)이 잘 어울린다.

Le	Fillet de Veau	Grill	à la	parisienne
정관사	주재료	조리방법	지역적	조리방법의 특징

'정관사 + 주재료 + 부재료 + 조리방법 + 지역적 조리방법의 특징' 순으로 나열하고 다음과 같은 원칙을 지켜 작성한다.

① à la : 'in the style of(영)'의 뜻으로 지방 명, 도시의 특성을 강조시킨다.

- Filets de sole fruits à la francaise
  요리 혹은 요리에 추가한 가니쉬의 지역적 특징을 나타낸다.

② de : 'of(영)' / aux, au : 'with(영)'의 뜻이다.

- au concombre, Bisque de Langoustines

③ 사람이나 장소의 이름을 따서 붙인다.

- 피치 멜바(Pêche Melba)는 호주의 여가수 'Madane Melba'의 이름을 따왔다.
- 살라드 월도프(Salade Waldorf)는 뉴욕의 월도프 아스토리아 호텔(Waldorf Astoria Hotel)에서 따왔고 이때 관사를 붙이지 않는다.

④ 각국의 고유한 요리는 그대로 적는다.

- Minestra(minestnone)

⑤ 다음과 같은 단어가 나오면 그 단어의 식재료를 첨가한다.

- Parmentier : 감자를 최초로 도입한 프랑스의 자선가의 이름으로 이 용어가 들어가면 감자를 첨가하면 된다. 퓌레 파르망티에(Purée parmentier)는 감자 수프(potatoes soup) 이고 오믈렛 파르망티에(Omelette parmentier)는 감자를 가니쉬로 한 오믈렛이다.

이와 같이 메뉴에 인명, 지방명 등이 자주 등장하므로 이러한 용어를 파악해 두어야 한다.

(2) 특급 호텔 프렌치 레스토랑 메뉴

1) Hor d'oeuvre Froids : 찬 오르되브르

- Le saumon Fumé
  Smoked salmon over hickory wood
  훈제 연어와 가니쉬
- Le Galantine de canard
  Ducking galantine with Cumberland sauce
  오리 갈랑틴과 컴버랜드 소스
- Le Terrine de Foie gras Truffé
  The original french goose liver terrine with truffles
  트러플을 넣어 만든 거위 간 테린
- Le caviar sévruga Avec Blinis
  lranian malossol caviar, served with vodka and blinis
  이란산 캐비어와 보드카 브리니스
- Salade de choucroute crue au saumon et estragon Fumé
  Smoked salmon and tarragon with sauerkraut
  훈제 연어와 타라곤 향의 사워크라우트
- Mousse Froid de Tomateo et son coulis
  Chilled tomato mousse with basil
  바질 향의 토마토 무스
- Le Cocktail de crevettes
  Fresh shrimps with heart of palm
  새우 칵테일

2) Hor d'oeuvre Chauds : 더운 오르되브르

- Les Escargots de Vinaigre Bourguignonne
  Vinegared snails baked in their shells with a spicy butter mixture
  허브버터로 조리한 달팽이 요리
- Le parfait de Flétan au Langouste
  Halibut parfait with lobster tail
  광어 살과 바닷가재 요리

- Les Coquilles Saint-Jacques Marseille
  Poached scallops in chablis and saffron
  사프란과 와인으로 요리한 가리비
- Les Huitres Florentine
  Oysters baked on spinach leaves, glazed with creamy cheese sauce
  크림치즈 소스에 볶은 시금치와 굴
- Rouells de langouste à la Vapeur en Civet de petits Légumes
  Steamed Lobster Médaillon in Red wine sauce
  스팀에 찐 바닷가재와 레드 와인 소스

3) Potages : 수프

- La Bisque de Fruits de Mer
  Seafood bisque covered with pate and baked in the oven
  파테 반죽으로 씌워 오븐에 구워낸 해물 비스큐 수프
- Crème d'asperges Vert Froids à la Ciboulette
  Chilled Green Asparagus Cream soup
  아스파라거스 크림 수프
- Soupe Homard aux choux-Fleurs
  Lobster and cauliflower cream soup
  바닷가재와 컬리플라워 크림 수프
- La soupe à la Oignon Gratinée
  French onion soup with cheese crouton
  프랑스식 양파수프와 치즈 크루통
- La crème de Volaille Mulligatawny
  Curried cream of chicken
  카레 향의 닭고기 크림 수프
- Soupe De Moules
  Light mussel cream with saffron
  사프란 향을 가미한 홍합 크림 수프
- La Tortue claire Lady curzon
  Clear turtle soup glazed with a light curry cream

카레 향의 크림을 얹은 맑은 거북 수프

- La crème de chanterelles
  Cream of yellow mushrooms
  찬터렐 버섯 크림 수프

4) Salade(샐러드)

- La salade caesar
  Prepared at your table with garlic croutons, egg yolk, anchovies and selected spices
  시저 샐러드
- La salade du Maître d'Hôtel
  Spinach or mushroom salad with hot bacon dressing
  베이컨 드레싱과 시금치 버섯 샐러드
- Les Coeurs de céleri Brésilien
  Heart of celery with brandy dressing
  브렌디 드레싱과 셀러리 샐러드
- La salade des Gourmets
  Selection of market fresh salad with your choice of dressing
  신선한 채소 샐러드와 드레싱
- Endives et culs d'Artichaut à l'huile de Truffes et aux Noix
  Belgian endive and artichoke salad
  엔다이브와 아티초크 샐러드
- Salade Mélangée à l'Échalote
  Mixed green salad with shallot dressing
  믹스드 그린 샐러드와 양파 향 드레싱

5) Poissons et crustacés : 생선류 및 갑각류 요리

- La Truite de Rivière Bellevue
  Poached river trout filled with shrimps and clams
  새우와 조갯살을 곁들인 송어 살 찜요리

- Dorade en Croûte de pomme de terre sauce au Vermouth
  Sea bream in potato crust with vermouth sauce
  베르무스 소스와 바삭한 감자를 곁들인 도미 요리
- La sole Grillé ou Murat
  Imported dover sole grilled or panfried with artichoke bottoms and parisienne potatoes
  팬 프라이한 혀가자미 요리
- Rosettes de Loup de Mer Cuites en peau
  Sea bass roast in red wine sauce
  레드 와인 소스를 곁들인 농어 요리
- Les Scampis Géants Maître d'Hôtel
  King prawns topped with herb butter
  허브버터로 구운 대하 요리
- Escalope de saumon poêlée, créme de cressonnette et civette,
  Slice of salmon with watercress sauce
  얇게 저민 연어와 워터크레스 크림 소스
- La Languste Thermidor ou Grillé
  Lobster and mushrooms in light mustard cream sauce glazed with Parmesan or from the grill with garlic butter sauce
  가벼운 겨자 소스로 요리한 바닷가재와 버섯 요리에 파마산 치즈와 마늘버터를 뿌려 사라만저에 구워낸 요리
- Les Filets de Rouget à la Niçoise
  Fillets of red mullet with glazed tomatoes and asparagus tips hollandaise
  토마토와 아스파라거스를 곁들인 붉은 숭어 요리와 홀란데즈 소스
- Étuvée de Langouste à la Racine de 'Ginseng' et Fondue de Légumes
  Steamed lobster in Ginseng root with melted vegetable
  인삼 향을 가미한 바닷가재 찜

6) Viandes et volailles : 육류 및 가금류

- Noix de Veau Truffee, Sauce au Coulis de Poireaux
  Loin of veal with truffle in leek sauce
  송아지 등심과 트러플이 들어간 대파 소스
- Côte de Bœuf aux Herbes pour 2 Personnes
  Rib of beef for two with herb sauce
  소고기 갈비와 허브 향 소스
- Mignon de Bœuf au Vin Blanc et à la Cannelle
  Sauteed beef loin in white wine sauce
  소고기 볶음 요리와 화이트 와인 소스
- Rosace d'Agneau à l'Effilochée d'Endive
  Loin of lamb with Belgian endive
  양고기 등심과 벨기움 엔다이브 곁들임
- Magret de Canard en Éventail aux Baies de Cassis
  Roast breast of duckling with black currant sauce
  로스트한 오리 가슴살과 커런트 소스
- Les Mignonnettes 'Trois Hussardes'
  Tenderloin of beef, veal and pork topped with selected sauces
  소 안심, 송아지고기, 돼지 안심 세 가지 믹스 그릴
- Le Filet de Pork Entier Provence
  Whole pork fillet smoothened with selected spices
  돼지 안심 프로방스 스타일 요리
- Le Carre d'Agneau aux Fines Herbes
  Roast rack of baby lamb flavored with aromatic herbs
  허브 향으로 양념한 양고기 로스트
- Les Noisettes de Veau au Morilles à la crème
  Veal médaillons served with a rich morel sauce
  송아지고기 메달리옹과 모렐버섯 크림 소스
- Le Faisan roti Soubeyran
  Roast pheasant stuffed with salpicon of gooseliver and truffles, finished in a brandy cream sauce

거위 간과 프러플로 속을 채워 로스트한 꿩요리와 브랜디 크림 소스

- La Côte Couverte de Bœuf Bordelaise
  Grilled U.S. prime rib eye steak with bone marrow in red wine sauce
  미국산 최상급 알등심구이와 본매로우를 넣어 만든 레드 와인 소스
- Le Châteaubriand Bouquetière
  U.S. tenderloin with selected vegetables, mushrooms and foyot sauce
  미국산 샤토브리앙 스테이크와 베아네즈 소스

7) Desserts(후식)

- Crepe de Noix de Coco aux Deux Sauces
  Coconut pancake with two sauces
  코코넛 팬케이크와 두 가지 소스
- Assiette de Noisettes Glacées aux Parfums Confiseur
  Hazelnut pastry stuffed with vanilla ice cream
  개암을 넣어 만든 페이스트리와 바닐라 아이스크림
- La Tresse au Grand Marnier et Sauce Vanille
  Layer cake favored with Grand Marnier
  그랑 마니에르 향의 케이크와 바닐라 소스
- Mougat Glace aux Fruits Frais sur Coulis de Framboises
  Nougat ice cream with fresh fruit and raspberry sauces
  누가 아이스크림과 생과일에 라즈베리 소스

(3) 웨스턴 레스토랑 메뉴 해설

메뉴 계획 후 메뉴가 선정되면, 고객이 메뉴를 쉽게 파악할 수 있도록 메뉴해설을 간략하면서도 쉽게 기술하여 고객이 관심을 갖게 하도록 세심한 배려가 요구된다.

고객이 쉽게 알 수 있도록 각 나라 고유의 메뉴를 그 나라 고유 언어로 그대로 기재하되 반드시 그 밑에 영어나 우리말로 해설해주는 것이 고객위주의 표현이다.

메뉴 기술 방법의 순서는 다음과 같이 조리방법, 주재료, 전치사(with), 소스나 드레싱, 가니쉬 순으로 배열한다.

Poached	sole	with white wine sauce	and broccoli
조리방법	주재료	소스나 드레싱	가니쉬

스테이크(steak)라고 하면 그릴(grill), 브로일(broil)의 조리방법이 주로 연상되므로 일반적으로 'grill' 이나 'broil' 의 용어를 꼭 사용하지 않아도 된다. 그러나 이 용어를 사용하면 보다 생동감 있는 표현이 될 수도 있으니 사용해도 무방하다.

항목별 구체적 메뉴 표현은 다음과 같다.

① **요리의 종류(Type of dishes)** : salad, pie, crepe, souffle

② **주재료(Main ingredient)** : beef. salmon, chocolate

③ **정량(Portion cut)** : slice, medallion, fillet of whole, a selection, trio, a combination

④ **조리방법(Cooking method)** : Grilled, roasted, poached, steamed, sauteed, barbecued, braised, deepfried, panfried,

⑤ **주요한 맛(Major flavour)** : chilli, tomato flavoured, smoked, spicy, sweet, hot

⑥ **가니쉬, 곁들임(Accompaniment/Garnish)** : served with, wrapped, topped with, filled with, garnished with, finish with, studded with

⑦ **소스/드레싱(Sauce/Dressing)** : named, and then the various ingredients listed

⑧ **질감(Texture)** : crusty, crispy, soft

⑨ **온도(Temperature)** : iced, warm, chilled

⑩ **색감(Color)** : brown, white

⑪ **계절감(Season)** : spring, seasonal

⑫ **각국 요리(Style of cuisine)** : Italian style

(4) 호텔 웨스턴 레스토랑 메뉴

1) WESTERN SET MENU : 웨스턴 정식 메뉴

① 5 Course Menu A : 5가지 메뉴 A

- Green pea cream with croutons
  완두콩 크림 수프
- Broiled beef striploin with onion sauce
  Baked potatoes, seasonal hot vegetables
  소 등심 석쇠구이에 양파 소스, 통감자 구이, 더운 채소
- Seasonal comvination salad
  계절 샐러드
- Cheese cake with English custard
  치즈 케이크과 바닐라 소스
- Coffee, tea or decafferinated
  커피, 홍차, 또는 디카페인 커피

② 5 Course Menu B : 5가지 메뉴 B

- Pumpkin cream soup
  단호박 크림수프
- Broiled Norwegian salmon, caper sauce
  Boiled potatoes, seasonal hot vegetables
  연어 스테이크와 케이퍼 소스, 삶은 감자
- Combination green salad
  푸른 잎 채소 샐러드
- Cream caramel
  크림 캐러멜
- Coffee, tea or decaffeinated
  커피, 홍차, 또는 디카페인 커피

③ 5 Course Menu C : 5가지 메뉴 C

- Marinated shrimps with olive and mustard
  새우, 올리브 양겨자무침

- Sweet kernel corn cream, asparagus
  옥수수 크림수프와 아스파라거스
- Beef tenderloin poëlé, truffle sauce
  소 안심구이에 송로버섯 소스
- Seasonal hot vegetables
  더운 채소
- Seasonal salad with watercress
  계절 샐러드
- Fruit savarin with fresh fruits
  과일 사바린과 생과일
- Coffee, tea or decaffeinated
  커피, 홍차, 또는 디카페인 커피

④ 6 Course Menu : 6가지 정식 메뉴

- Smoked trout with vinaigrette
  훈제 송어에 비네그렛 소스
- Chicken velouté with celery julienne
  치킨 크림수프에 셀러리
- Broiled beef striploin, mustard seed sauce
  Baked potatoes, seasonal hot vegetables
  소 등심 석쇠구이에 양겨자 씨 소스, 통감자구이, 더운 채소
- Mixed green salad with tomato
  푸른 잎 채소 샐러드에 토마토
- Dark chocolate mousse
  초콜릿 무스
- Coffee, tea or decaffeinated
  커피, 홍차, 또는 디카페인 커피

⑤ 7 Course Menu : 7가지 정식 메뉴

- Lobster salad with balsamic dressing
  바다가재 샐러드와 발사믹 드레싱

- Minestrone
  이탈리아식 채소 수프
- Creamed snails with vegetable brunoise
  채소를 넣은 크림 타입의 달팽이 요리
- Broiled tenderloin of beef with mushroom sauce
  Fresh seasonal vegetable
  소고기 안심 스테이크와 버섯 소스, 계절 채소
- Assorted lettuce with fresh cheese and basil olive oil
  양상추와 치즈 샐러드, 바질 드레싱
- Strawberry ice parfait
  딸기 아이스크림 파르페
- Coffee or tea
  커피, 홍차

⑥ 9 Course Menu : 9가지 정식 메뉴

- Assorted appetizers with caviar
  철갑상어 알
- Double consommé
  더블 콩소메 수프
- Steamed sea bream with curry butter sauce
  도미찜과 커리 버터 소스
- Champagne sherbet
  샴페인 셔벗
- Grilled rib eye steak with red wine sauce
  Seasonal vegetables
  소고기 알등심 스테이크와 레드 와인 소스
- Lettuce and tomato salad
  양상추와 토마토 샐러드
- Mango mousse with fruit sauce
  망고 무스와 과일 소스

- Coffee or tea
  커피, 홍차
- Miniature pastries
  페이스트리

(5) 외국 유명 호텔 커피숍(Coffee shop) 메뉴

1) To Start With Appetizer : 애피타이저(전채요리)

- Smoked salmon with horseradish cream
- Half avocado with crabmeat salad
- Terrine of marinated salmon with dill
- Lobster cocktail with brandy sauce
- Salad with smoked filet of tuna
- Fresh papaya with pepper-cured ham
- Chinese spring rolls

2) Cold and Crisp

- Chef's salad
- Egg mayonnaise with pepper salami
- Poached seafood on crisp freens
- Marinated salmon with salad and dill cream
- Sunburst of fresh fruits
- Bread or rice

3) Soup Kettle Specials

- Baked onion soup
- Cream of sweet corn
- Vegetable cream soup
- Potage or consommé du jour
- Cold cream of avocado

4) Special Favorites

- Deep-fried prawns with tartare sauce
- Grilled salmon steak with béarnaise sauce
- Grilled scallops with hot sauce
- Fillet of sole meuniere with herb potatoes
- Paupiette of sole with herb mousse in dill cream
- Grilled lamb chops with mustard cream
- B.B.Q. chicken leg with rice And vegetables
- Sliced veal with mushroom cream sauce
- Fillet of beef and pork with black pepper sauce
- Grilled pork chop with garlic butter
- Beef goulash stroganoff with buttered rice
- Kebab with onions and peppers
- Chicken breast with mozzarella and raw ham in port wine sauce

5) Oriental Temptations

- Lamb chops 'Teriyaki'
- Sweet and sour pork
- Chinese noodle soup with pork cutlet
- Noodle soup with seafood and vegetables
- Sliced fillet of beef in ginger sauce
- Broiled sliced beef
- Nasi Goreng
- Fried Rice with ham, chicken and shrimps, topped with fried egg
- Beef Teriyaki with shitake mushrooms and French
- Fried potatoes
- Yakisoba fried noodles
- Chicken curry

6) Italian Pasta

- Spaghetti Bolognese

- Spaghetti vongole with clams and tomato
- Spaghetti carbonara with bacon and champignons, topped with fresh egg Yolk
- Spaghetti with fresh salmon and cream

7) Steaks

- Grilled U.S. sirloin Ssteak 150g or 180g
- Grilled U.S. tenderloin steak 120g or 150g
- Chopped U.S. sirloin steak
- Rib eye steak

8) Dessert

- Ice creams or sherbets
- Milk shakes or ice cream sodas

9) Beverage

- Beer
- Soft drinks
- Juice
- coffee or tea

(6) 국내 특급 호텔 커피숍 메뉴

1) Good Morning MENU

① BUFFET BREAKFAST : 조식 뷔페

- Start your day w/ a wide selection of breakfast delicacies from our buffet Table

  양식과 약간의 한 · 일식을 곁들여 준비한 뷔페 조찬

② AMERICAN BREAKFAST : 미국식 조찬

- Choice of chilled juice(orange, tomato, pineapple or grapefruit)

  고객이 선택하는 주스류(오렌지, 토마토, 파인애플, 그레이프 프루츠)

- Two eggs any style(fried, scrambled, poached or boiled)
  w/ ham, bacon or sausage
  달걀요리(프라이드, 스크램블, 포치드, 보일드)와 햄, 베이컨, 또는 소시지를 곁들임
- Choice of oven-baked roll or toast w/ butter, jam or marmalade
  모닝롤 또는 토스트와 버터, 잼 또는 마멀레이드
- Freshly brewed coffee or tea
  커피 또는 홍차

③ CONTINENTAL BREAKFAST : 대륙식 조찬

- Choice of chilled juice (orange, tomato, pineapple or grapcfruit)
  고객이 선택하는 주스류 (오렌지, 토마토, 파인애플, 그레이프 프루츠)
- Morning rolls or toast w/ butter, jam or mamalade
  모닝롤 또는 토스트와 버터, 잼 또는 마멀레이드
- Feshly brewed coffee or tea
  커피 또는 홍차

④ KOREAN BREAKFAST : 한식 조식

- Today's soup, kimchi, seaweed broiled fish, Korean salad, steamed rice
  밥, 국, 김치, 김, 생선구이, 나물
- Hae Jang Kook
  해장국
- Abalone Rice Porridge
  전복죽

⑤ HOT AND COLD CEREALS : 곡물류

- Selection of dry cereal w/ fresh milk
  바삭바삭한 시리얼과 목장 우유
- Steamed oat meal w/ hot milk
  오트밀과 뜨거운 우유

⑥ HEALTHY JUICES 건강주스

- Orange, grapefuit, apple, pineapple, tomato
  오렌지, 그레이프 프루츠, 사과, 파인애플, 토마토주스

⑦ EGG AND OMELETTES 달걀요리

- Two eggs as you like them
  : Fried, scrambled, poached, omelette or boiled
  달걀 두 알을 원하시는 대로 준비해 드립니다(프라이드, 스크램블, 포치드, 오믈렛 또는 보일드).
- Two eggs w/ ham, crispy bacon or sausage
  햄, 베이컨 또는 소시지를 곁들인 두 개의 달걀요리
- Flutty 3 eggs omelette w/ ham, bacon, cheese or mushroom
  햄, 베이컨, 치즈 또는 송이버섯을 넣은 오믈렛

⑧ CHOICE OF BREAD 빵류

- Toast, croissant, sweet or hard roll, rye bread or
  Danish pastry, w/ marmalade, jam and butter
  토스트, 크로와상, 스위트 또는 하드롤,
  라이브레드 또는 데니쉬 페이스트리와 잼, 마멀레이드 또는 버터

⑨ FROM THE PAN 팬에서 구운 요리

- Pancakes, baked waffle or French toast w/ maple syrup
  팬케이크, 와플 또는 프렌치 토스트에 메이플 시럽
- W/ ham, bacon, sausage or banana
  햄, 베이컨, 소시지 또는 바나나

⑩ FRESH FRUIT AND SALAD : 과일 및 샐러드

- Fresh musk melon slice
  신선한 메론
- Fresh fruits in season
  신선한 계절과일
- Mixed green salad
  모둠 채소 샐러드

⑪ SIDE ORDERS : 추가 주문

- French fried potato
  감자튀김

- Assorted imported cheese platter
  모둠 치즈

⑫ MORNING BEVERAGES : 음료

- Coffee
  커피
- Decaffeinated coffee
  카페인 없는 커피
- Tea(black tea)
  홍차
- Ginseng tea w/ honey
  인삼차
- Fresh milk
  우유
- Yoghurt
  요구르트
- Soft drink
  청량음료
- Hot chocolate
  핫 초콜릿

2) Luncheon and Dinner MENU : 점심 및 저녁 메뉴

① APPETIZER : 전채요리

- Smoked salmon with sauce raifort
  presented on crisp lettuce with onion and capers
  훈제연어
- Extra large snail Bourguignonne
  served in a stone with spicy herd butter
  달팽이요리
- Platter of air cured charcuterie
  with crudites and melon
  드라이 햄을 곁들인 참외

- Cocktail of cigale lobster and citrus fruit
  on crisp celery julienne lemon oil-tomato vinaigrette
  바닷가재 칵테일
- Sauteed scallops Provençale
  in garlic butter and tomato sauce
  토마토 소스와 가리비 볶음
- Baby shrimp cocktail Hawaiian
  served with cocktail sauce and pineapple
  새우 칵테일

② SOUP : 수프

- Minestrone
  이탈리아식 채소 수프
- Hungarian goulash
  헝가리식 쇠고기 수프
- Baked onion soup
  프랑스식 양파 수프
- Wan Tan soup
  Ravioli of minced pork in capon borth with crabmeat and vegetable
  만두와 채소를 넣어 만든 수프
- Fresh cream of mushroom soup with Korean herbs
  양송이 크림 수프
- Daily soup
  오늘의 특별 수프

③ SALAD : 샐러드

- Fresh Spinach and mushroom salad
  with crisp bacon and chopped egg
  시금치와 양송이 샐러드
- Roast beef and cucumber salad
  thinly sliced roast beef with onion and cucumbers
  쇠고기와 오이 샐러드

- Carb meat salad
  mixed with lemon fillet, celery and crab
  레몬과 게살 샐러드
- Tuna salad 'Niçoise'
  with olives, tomato, vegetables, onion, anchovies and egg
  참치 샐러드
- Tossed green salad
  계절 채소 샐러드
- Chef's salad
  ham, turkey and cheese
  주방장 특선 샐러드
- Fresh fruits plate
  계절 과일

④ SEAFOOD : 해물요리

- Rock lobster nantua
  with onion and mushroom
  바다가재살 볶음
- Fillet of sole meuniere
  served with boiled potato and lemon butter
  혀가자미 뫼니에르
- Steamed halibut white wine sauce
  served with boiled potato
  광어 찜과 화이트 와인 소스
- Grilled river prawns with American sauce
  구운 새우 아메리칸 소스
- Trout 'Amandine'
  Panfried river trout in almond butter sauce
  민물송어 버터구이
- Fish n Chips
  London's west-end favorite with pickled silver onions
  영국식 생선튀김

⑤ MEAT AND POULTRY : 육류와 가금류 요리

- Grilled sirloin steak
  with forestiere sauce
  쇠고기 등심스테이크
- Fillet of beef
  teriyaki or Madeira sauce
  쇠고기 안심 스테이크 데리야키 또는 마데이라 소스
- Rib-eye steak
  served with vegetable and baked potato
  최상급 등심구이
- T-bone steak with au jus
  served with seasonal vegetables
  티본 스테이크
- Grilled hamburger steak
  with fresh mushroom sauce
  햄버거 스테이크와 양송이 소스
- New Zealand lamb chops
  with crisp ratatouille, light rosemary and garlic jus
  양 갈비구이와 로즈마리 향의 마늘 주스
- Thuringer roast bratwurst
  with Berner Roesti potatoes and vegetables
  독일식 소시지
- Southern fried chicken in backet
  served with French fried potatoes
  닭튀김
- Galbi Gook
  beef ribs simmered in double boiled broth with steamed rice
  갈빗국과 밥
- Bulgogi with steamed rice
  Broiled traditional Korean marinated beet
  불고기와 밥

- Indonesian satay
  marinated lamb and chicken with peanut sauce
  인도네시안 꼬치요리. 양고기, 닭고기와 땅콩소스
- Beef cutlet
  served with fried rice and daily vegetables
  쇠고기 커틀렛

⑥ PASTA, EGGS, PILAFF AND CURRY : 달걀, 국수, 밥 요리

- Tortilla de gambas
  A fluffy omelet served with baby shrimp, spinach, green pepper, olive and mushroom
  새우와 시금치, 버섯을 넣은 오믈렛
- Three eggs omelette
  with ham, mushroom, cheese or Spanish style
  각종 오믈렛
- Spaghetti
  with your choice of meat or seafood sauce
  스파게티
- Baked lasagne
  with meat sauce and Parmesan cheese
  이탈리아식 국수, 라자냐
- Oriental noodle with chicken soup
  sesame and garlic flavored broth with vegetables
  동양식 닭국수
- Chow Min
  fried egg noodles with shredded chicken, beef and vegetables
  중국식 튀김국수
- Gratinated seafood fettuccini 'Caruso'
  poached seafood on egg noodles and flavored vermouth sabayon
  해물과 국수 그라탱

- Curry Bombay Style
  choice of beef, chicken or shrimp with steamed rice and condiment
  각종 카레와 밥
- Fried rice
  with shrimps, chicken or beef
  각종 볶음밥

⑦ SANDWICH : 샌드위치

- Grilled ham and cheese
  with french fried potatoes
  햄, 치즈 샌드위치
- B.L.T
  bacon, lettuce and tomato sandwich
  베이컨, 양상추, 토마토 샌드위치
- Smoked salmon sandwich
  filled with thinly sliced smoked salmon
  훈제 연어 샌드위치
- Hot Ruben sandwich
  fresh rye bread with cornbeef, swiss cheese and pickles
  절인 쇠고기와 스위스 치즈 샌드위치
- Peninsula club sandwich
  클럽 샌드위치
- Tuna-fish sandwich
  on toasted olive bread
  참치 샌드위치
- Grilled steak sandwich
  served on totasted french bread with tomato and onion rings
  스테이크 샌드위치
- Hamburger or cheeseburger
  on a sesame seed bun jalapeno pickles
  햄버거 또는 치즈버거

- Giant hot dog
  자이언트 핫도그
- Traiteurs sandwich
  baguette filled with home made sausages
  소시지 샌드위치

⑧ DESSERT : 후식

- Strawberry mousse with orange ice cream
  오렌지 아이스크림을 곁들인 딸기 무스
- Lotte giant
  fruits cocktail layered with thick floats of butterscotch
  and wild cherry topping
  각종 칵테일 곁들인 아이스크림
- Chocolate coupe black and white
  vanilla and milk chocolate ice cream with nougat cream and nuts
  초콜릿 아이스크림과 누가 크림
- Home made ice cream or sherbet
  아이스크림 또는 셔벗
- Yoghurt sundae
  요구르트 아이스크림과 과일
- Caramel custard pudding
  캐러멜 푸딩
- Ice cream soda float
  아이스크림 소다
- Yoghurt
  요구르트
- French patisserie
  프랑스식 케이크
- Pie À la mode
  아이스크림을 곁들인 파이

- Cake or pie
  케이크 또는 파이
- Milk shakes
  vanilla, chocolate, strawberry
  밀크쉐이크(바닐라, 초콜릿, 딸기)

⑨ BEVERAGE : 음료

- Fresh brewed coffee or egro coffee
  커피
- Decaffeinated coffee
  디카페인 커피
- Cappuccino or espresso coffee
  카푸치노 또는 에스프레소 커피
- Pot of English tea
  홍차
- Ice coffee or ice tea
  냉커피 또는 냉홍차
- Korean Ginseng tea
  인삼차
- Hot or cold chocolate
  더운 또는 찬 초콜릿
- Pasteurized fresh milk
  우유
- Soft drink
  cola, cider, tonic, soda, mineral water, diet pepsy, ginger ale
  각종 청량음료 선택
- Chilled juices
  orange, grapefruit, pineapple, tomato, apple
  각종 주스 선택
- Freshly squeezed juices
  celery, carrot, apple

셀러리, 당근, 사과 생즙
orange, grapefruit
오렌지, 그레이프 프루트 생즙

- OB, Crown beer(330ml)
  OB, 크라운 병맥주
- Draft beer
  생맥주(500cc)
- Carlsberg, Budweiser, beer(330ml)
  칼스버그, 버드와이저 병맥주
- Fruit punch
  과일펀치
- House wine(imported)
  프랑스 와인
- Majuang wine
  마주앙 와인
- Cocktails
  각종 칵테일
- San Miguel beer(320ml)
  산 미구엘

(7) 룸서비스(Room service) 메뉴

1) Breakfast(아침식사)

① The Continental : 유럽식조찬

- Choice of fruit juice or fresh seasonal fruits
  여러 가지 과일 주스 또는 생과일
- Our bakers basket, butter, assorted jam, marmalade, honey
  여러 가지 빵과 버터, 잼, 마멀레이드, 꿀
- Coffee, sanka, tea, hot chocolate or milk
  커피, 상카커피, 홍차, 더운 초콜릿 또는 유유

② The American : 미국식 조찬

- Choice of fruit juice, fresh seasonal fruits
  여러 가지 과일 주스 또는 생과일
- Hot or cold cereal or plain or fruit yoghurt
  여러 가지 시리얼 또는 요구르트
- Two fresh farm eggs any style
  여러 가지 달걀요리
- Hash brown potatoes, sausage, bacon or ham
  감자, 소시지, 베이컨, 햄
- Pancake or waffle with honey or maple syrup
  팬케이크 또는 와플과 시럽
- Our bakers, baskets, butter, assorted jam, marmalade, honey
  여러 가지 빵과 버터, 잼, 마멀레이드, 꿀
- Coffee, sanka, tea, hot chocolate or milk
  커피, 상카커피, 홍차, 더운 초콜릿 또는 유유

③ The Korean : 한식 조찬

- Choice of fruit juice, fresh seasonal fruits
  여러 가지 과일 주스 또는 생과일
- Beef and turnip soup,
  쇠고기 무국
- Baked fish, white rice, crisp seaweed
  생선구이, 밥, 구운 김
- Cabbage kimchi
  배추 김치
- Korean tea
  한국차

④ The Japanese : 일식 조찬

- Choice of fruit juice, fresh seasonal fruits
  여러 가지 과일 주스 또는 생과일

- Miso soup, steamed bean curd, pickles
  된장국, 두부, 일본식 김치
- Grilled fish, white rice, stewed vegetables
  생선구이, 밥, 채소조림
- Japanese noodle
  일본식 국수
- Green tea
  녹차

2) À LA CARTE(일품 요리)

① FRESH JUICES : 생과일 주스

- Freshly squeezed fruits or vegetables according to season
  즉석에서 짜낸 생과일 또는 채소 주스

② CHILLED JUICES : 차가운 주스

- Grape, lime, apple, pineapple, grapefruit, orange, tomato
  포도, 라임, 사과, 파인애플, 자몽, 오렌지, 토마토

③ FRESH FRUITS AND COMPOTES : 생과일, 과일조림, 치즈 등

- Chilled melon, fruit cocktail, poached figs
  멜론, 과일 칵테일, 복숭아 설탕조림, 무화과
- Cottage cheese, cream cheese
  코타지 치즈, 크림 치즈
- Hot oatmeal
  오트밀

④ PANCAKE AND WAFFLES : 팬케이크, 와플

- Pancake with honey or maple syrup
  팬케이크과 꿀 또는 메이플 시럽
- Golden brown waffle with honey or maple syrup
  와플과 꿀 또는 메이플 시럽

- French or cinnamon toast
  프렌치 또는 시나몬 토스트

⑤ EGG DISHES : 달걀 요리

- Fried, poached, scambled or boiled
  프라이드, 포치드, 스크램블 또는 보일드
- Bacon, ham or sausages and hash brown
  베이컨, 햄 또는 소시지와 해쉬 브라운 포테이토
- Omlet(cheese, ham, bacon, mushroom or tomato)
  치즈, 햄, 베이컨, 양송이 또는 토마토 오믈렛

⑥ FROM OUR BAKERY : 베이커리

- Rolls, croissants, brioches, danish pastries
  롤, 크로와상, 브리오슈, 데니쉬 페이스트리
- Toast, whole wheat, rye, French or raisin bread
  토스트, 통밀, 호밀, 프렌치 또는 건포도 빵
- English, blueberry or raisin muffins, doughnuts
  잉글리쉬 블루베리 또는 건포도 머핀, 도넛

⑦ BEVERAGE : 음료

- Freshly brewed coffee
  커피
- Decaffeinated coffee
  디카페인 커피
- Espresso
  에소프레소
- Cappuccino
  카푸치노
- Beer
  맥주
- Wine
  와인

3) ALL DAY DINING(저녁 식사)

11:00 a.m. to 11:00 p.m

① TO START YOUR MEAL : 전채요리

- Prawn cocktail

  Served with a spicy cocktail sauce and citrus fruits

  새우 칵테일

- Pate

  Garnished with pickles and sliced apples

  파테

② SALADS : 샐러드

- Seafood basket

  Assorted seafood with Japanese's style of vinaigrette

  여러 가지 해물과 일본식 드레싱

- Chicken salad

  Chicken, apple, mushrooms, asparagus, curry cream mayonnaise

  닭고기 샐러드

③ SOUPS : 수프

- Clear oxtail soup

  Flavoured with sherry, garnished with oxtail meat and vegetables

  소꼬리 콩소메

- Delice Forestiere

  Fresh mushrooms give this soup the delicate taste

  양송이 크림 수프

④ PASTA : 파스타

- Spaghetti Bolognese or Napolitana

  스파게티 보로네즈 또는 나폴리타나

⑤ ENTREES : 앙트레

- Pork Sausage

  Grilled and served with potatoes and vegetables

  포크 소시지
- Fillet of Beef Steak

  Grilled and topped with herb butter, potatoes and vegetables

  쇠고기 안심 스테이크와 허브 버터
- Halibut

  Panfried, topped with capers, lemon and tomato cubes

  토마토, 레몬과 케이퍼를 곁들인 광어요리

⑥ SNACKS : 스낵

- The open sandwiches

  Lettuce, tomato, roast beef and scrambled egg

  오픈 샌드위치
- Hamburger

  with fried egg, bacon, French fries

  햄버거

⑦ ORIENTAL FAVOURITES : 동양식

- Sam Gyae Tang

  Young chicken stuffed with rice and ginseng

  삼계탕
- Hae Jang Kook

  Boiled beef ribs with cabbage

  해장국
- Nasi Goreng

  Fried rice with beef, chicken and prawns topped with fried egg

  나시고렝

⑧ DESSERT : 후식

- Cheese cake
  치즈케익
- Ginger mousse
  인삼무스

(8) 뷔페(Buffet) 메뉴의 이해와 해설

1) 조찬 뷔페 메뉴(Breakfast buffet menu)의 해설

조찬 뷔페 메뉴는 주스류(juices), 과일(fresh fruits), 곁들임(side dishes), 시리얼(cerals), 찬 음식(cold buffet), 더운 요리(hot buffet), 빵류(bakery), 음료(beverages)가 기본적으로 준비되고 그밖에는 치즈(cheese board), 죽(porridge), 달걀요리 등이 추가로 고객에게 제공된다. 다음은 메뉴에 대한 내용을 분석 정리해 보면

① Chilled juice : 주스류

- Orange, tomato, grapefruit, pineapple, vegetable juice
  오렌지, 토마토, 그레이프 프루츠, 파인애플, 채소 주스

※ 조찬 뷔페에서 주스는 얼음에 채워서 제공되기도 하고 디스펜서(dispenser)에 담아서 찬 상태로 제공되기도 한다. 이외에도 요구르트(yogurt), 우유(milk) 등이 준비되기도 한다. 주스는 오렌지 주스가 많이 선호되지만 나머지 주스도 제공해야 한다.

요거트는 플레인 요거트(plain yogurt), 과일 요거트(fruit yogurt), 홈메이드 요거트(home made yogurt) 등이 제공되고 우유는 흰 우유(fresh milk), 저지방 우유(law fat milk) 등이 추가로 제공된다.

② Compote fruit : 과일 설탕조림

- Prunes, peaches, pineapple
  서양자두, 복숭아, 파인애플

※ 과일을 통조림으로 조찬에 제공되는 것으로 복숭아, 파인애플, 사과, 배 등이 있다. 그 외에도 무화과, 건포도 등이 시럽에 담겨져 차게 제공된다. 담는 볼(bowl)은 유리그릇을 이용하고 얼음을 채워서 차게 제공된다.

③ Soup : 수프

- Vegetable soup, cream soup
  채소 수프, 크림 수프

④ Cereal : 곡류

- Corn flakes, rice crisps
  콘플레이크, 라이스 크리스피

⑤ Porridge : 죽류

- Porridge, pumpkin porridge
  흰죽, 호박죽

※ 수프류, 곡류(cereal), 죽류(porridge)는 조찬 뷔페에서 전부 제공되지는 않는다. 미국, 유럽인은 시리얼이 꼭 제공되지만 동양(일본, 중국)인들은 전복, 호박, 쌀 죽류가 꼭 제공되고 있다. 중국식 조찬에는 멸치, 땅콩 삶은 것이 제공되고 일본식은 된장국이 제공되고 있다. 시리얼은 브랜(bran)이 추가되고 밀 누른 것에 건포도, 호두 등을 섞어 우유와 같이 제공하기도 한다. 이 외에도 뮤즐리(muesli), 포리지(보리죽)가 제공되기도 한다.

⑥ Eggs : 달걀

- Scrambled, fried, boiled
  스크램블, 프라이, 보일드

달걀 요리는 사전 준비하여 제공하는 것은 스크램블, 프라이, 보일드이지만 오믈렛은 치즈, 채소, 햄 등으로 즉석에서 만들어 고객에게 제공한다.

이 외에도 에그 베네딕틴(egg benedictin)은 고급 달걀 요리로 토스트 위에 햄을 올려놓고 그 위에 포치드 에그(poached egg)를 올리고 버터 소스를 곁들여 내는 것이다. 이 외에도 주의할 점은 같은 보일드한 달걀 요리라도 시간에 따라 익는 정도가 달라 고객의 요구에 따른 정확한 조리가 필요하다. 뷔페에서는 5분, 8분, 완숙 등으로 익혀 바닥에 소금을 깔고 달걀 색에 따라 삶아서 고객에게 제공하는 것을 좋은 서비스라고 할 수 있다.

⑦ Meat : 고기류

- Grilled ham, bacon, sausage
  햄, 베이컨, 소시지

⑧ Potatoes : 감자요리

- Hashed-brown, French-fried
  볶은 감자, 감자튀김

고기류 , 감자요리는 더운 요리로 제공되는 것이다. 그릴드 햄(grilled ham)은 훈제한 것을 주로 사용하는데 파인애플 주스에 썬 햄을 데워서 제공한다. 그리고 베이컨은 크리스피 베이컨(crispy bacon)과 일반 베이컨을 구분하여 조리해야 하는데 크리스피 베이컨은 부서지기 알맞은 정도로 기름을 완전히 제거해야 한다. 소시지는 송아지고기, 돼지고기 등으로 만든 흰색 소시지를 물에서 소시지 속까지 뜨겁게 익힌 다음, 팬에 색을 내서 제공한다. 이 외에도 콘비프(corned beef), 칠면조(turkey)요리 등이 제공되기도 한다. 감자 요리는 서양음식에서 꼭 제공되어야 한다. 영양의 균형을 위해서 탄수화물을 곁들여야 한다. 제공되는 감자는 해쉬-브라운(hashed brown), 프렌치 프라이(french fried)로 많이 제공된다. 더운 요리 중에는 이 외에도 구운 토마토, 더운 채소, 쌀밥, 연어구이 등이 제공되고 있다.

⑨ Bread(제빵류)

- Croissant, danish pastry, toast, brioche, butter & jam
  크로와상, 데니쉬 페이스트리, 토스트, 브리오슈, 잼과 버터

서양 조찬 뷔페에서 빵은 아주 중요하다. 위에 소개된 것 이외에도 머핀, 호밀빵, 도넛 등이 제공된다. 이 외에도 프렌치 토스트(french toast)가 제공되는데 토스트 빵을 세모지게 썰어 시나몬 달걀물에 묻혀 팬에 구워서 제공한다. 빵은 손님이 직접 토스트를 구워서 가져가고 바게트는 칼로 썰어 버터와 함께 먹는다. 와플 역시 메이플 시럽을 곁들여 제공한다. 빵 코너 옆에 치즈 코너가 주로 있는데 에담(Edam), 에멘탈(Emmental), 그뤼에르(Gruyère) 치즈 등이 제공된다.

⑩ Cold food : 찬 음식

- Cold roasted chicken, cold cuts, cold ham, plain and smoked turkey, smoked beef tenderloin
- Smoked salmon, smoked fish, mixed pickles and olives
- Fresh salad(green and red chicory, lettuce)
- Mixed salad(corn salad, cucumber salad, potato salad)
- Dressing(French, Italian, Thousand Island, vinaigrette)

조찬 뷔페는 관광객을 대상으로 제공되는 경우가 많다. 찬 음식은 디너 뷔페에서 제공되는 것이 보통이지만 조찬에도 훈제 생선, 훈제 육류, 샐러드 등 적은 양의 찬 음식이 제공되기도 한다. 이 외에도 가장 인기 있는 코너는 과일 코너인데, 즉석 과일 주스나 생과일 메뉴를 조리사가 만들어 고객에게 제공하고 있다. 동남아시아 조찬 뷔페에 가면 다양한 열대과일이 4계절 항시 제공되고 있다. 조찬에는 과일을 이용한 다양한 요리가 가장 인기 있다.

⑪ Beverage : 음료

- Coffee and tea
  커피와 홍차

조찬 뷔페에서 가장 인기 있는 것이 커피이다. 외국의 조찬 뷔페에서는 손님이 테이블에 앉으면 기본적으로 커피가 제공되는 경우가 많다.

이상이 조찬 뷔페에 대한 메뉴에 대한 이해를 돕기 위해 항목별로 분석한 것이다.

이 외에도 한국식, 일본식, 중국식 조찬 뷔페 등이 있다.

2) 조찬 뷔페 메뉴(Breakfast buffet menu)

A. Your Choice of chilled 3 kinds

(orange, apple, tomatoes, grape)

B. Cold counter

- Head lettuce salad w/ 1000 dressing, French dressing
- Assorted cold cut sausage(corner)
- Assorted cold cut ham(corner)
- Cole slow salad
- Russian salad or potato salad
- Corn flake w/ cold milk
- Tomatoes sliced or cherry tomatoes

C. Hot counter

- Brown toast(dark color) w/ butter, jam
- Steam rice
- Abalone porridge
- Cream soup

- Oat meal w/ hot milk
- Pan cake(mini) w/ honey
- French toast or cinnamon toast w/ syrup
- Baked bacon, ham, sausage
- Scramble eggs
- Baked eggs

D. Dessert counter

- Assorted mini cake
- Fresh fruit slice
- Cold rice punch, cold persimmon punch

3) 인터내셔널 뷔페 메뉴(International buffet menu) 해설

뷔페 메뉴는 의자에 앉아서 먹는 'sit down buffet'와 서서 먹는 'standing'으로 크게 나누며 시간, 장소, 테마, 재료 등등의 뷔페로 구분하는데 호텔이나 일반 뷔페 레스토랑에서는 'sit down buffet'를 주로 하여 저녁이나 점심에 고객들에게 제공하고 있다.

먼저 'sit down buffet'에 대한 메뉴를 살펴보면 대개는 음식 종류가 50가지 미만으로 준비된다. 하지만 클로즈 뷔페(closed buffet) 즉 파티 등에 이용되는 메뉴는 구성이 달라지고 있다. 외국인을 위한 메뉴와 내국인을 위한 메뉴 또한 달라진다. 다음은 'Closed buffet' 메뉴를 기준으로 설명하고자 한다. 메뉴구성은 찬 전채(cold appetizers)와 동양식 샐러드(oriental salad), 수프(soup), 더운 요리(hot), 후식(desserts) 등으로 구성되어 있다.

찬 전채는 보통 'cold appetizers' 또는 'cold buffet', 또는 'appetizer'로 표기한다.

① Appetizers : 전채

전채는 뷔페에서 가장 먼저 마주치는 요리이다. 뷔페에서 전채는 새로운 아이디어를 연출하기 좋은 음식이다. 전채요리는 식욕을 돋우는 요리이며 음식에 대한 기호, 먹고 싶은 욕구, 음식에 대한 심리학적인 욕구를 일으키는 요리이다. 서양요리에서 전채는 식욕을 자극하는 짠맛, 신맛이 있는 것을 주재료로 사용하고 있다. 카나페, 레리쉬(ralish), 오르되브르 칵테일 등을 들 수 있는데 전채의 특징은 양이 적고 계절 감각이 뛰어나야 한다는 것이다.

메뉴를 살펴보면 찬 고기 모둠(Butcher's selection of cold cuts with condiments) 뷔

페에서 찬 전채를 대형유리 또는 은이나 돌로 만든 식기 등에 담아서 고객에게 제공하는데 소시지, 햄 등을 얇게 썰어 보기 좋게 담고 계절에 맞는 장식을 한다. 장식 역시 찬 고기에 곁들여 먹을 수 있는 것으로 제공하는 것이 원칙이다.

하지만 이 요리를 내국인들은 선호하지 않는 경우도 있기 때문에 대개는 테이블 장식 용도로 사용하고 있는 실정이다. 하지만 일부에서는 선호하는 사람이 있기 때문에 적은 양의 육류 제품을 모둠으로 5~6가지를 다음과 같이 제공한다.

찬 전채류(Cold appetizers)

- 훈제 연어와 철갑상어 알(Smoked salmon with caviar)
- 웰링턴식 쇠고기 안심요리(Roast fillet of beef Wellington)
- 버섯 테린(Mushroom terrine with tyrolean sauce)
- 해산물 또는 신선한 굴 칵테일(Fresh oysters on the half shell or seafood cocktail)
- 바다가재와 대하 무스(Lobster medallions and king prawn mousse with lemon)

② Oriental menu : 동양식

동양식 요리는 뷔페메뉴에서 중요한 위치를 차지하고 있다. 우리나라 뷔페에서는 서양식과 동양식의 비율이 반반일 정도이다. 그 이유는 뷔페 음식은 대개 내국인들이 선호하기 때문이다. 하지만 외국인들도 한 · 중 · 일의 음식을 포함시켜서 제공하는 것을 즐긴다.

동양식류(Oriental)

- 중국식 냉채(Jellyfish and shrimp with mustard sauce)
- 계절 산나물(Mountain vegetables, 3 kinds)
- 모둠전(Sauteed meat, fish, and vegetables w/ eggs)
- 김치(Kimchi)
- 생선초밥(Assorted sushi)
- 모밀국수(Buckwheat noodles)
- 모둠 생선회(Assorted sashimi, fresh raw fish)
- 김밥(Seaweed and rice rolls)
- 오향 소라(Special cold roasted top shells w/ aromatics)
- 소머리 편육(Cold sliced beef gelatin)
- 모둠 숙회(관자, 새우, 전복, Assorted boiled fish scallops, shrimp, and abalone)

③ Salad : 샐러드

샐러드는 뷔페 테이블을 차릴 때 빵 다음에 제공한다. 보통 5가지 정도 제공하고 찬 동양식 음식도 같은 테이블에 제공한다. 샐러드는 유리 그릇에 적은 양을 담아 소스 두세 가지와 같이 제공하는데 여성 고객이 많은 자리에는 샐러드에 신경 써야 한다. 샐러드는 원래 찬요리에 소스를 곁들인 것이다. 샐러드의 기본적인 요소는 바탕, 본체, 소스 곁들임으로 구성되어 있어야 한다. 원래 샐러드는 소금을 뿌려 먹던 습관에서 생긴 것으로 기원전 로마, 그리스 시대부터 먹었던 것으로 알려져 있다. 소화에 도움을 주기 위해 채소 중에서 약초에 해당되는 마늘, 파슬리, 셀러리 등을 육류요리와 함께 섭취하였던 것이다.

요리에 있어 보는 눈을 즐겁게 해주고 기분을 상쾌하게 하기 위하여 샐러드는 꼭 필요하다. 또한 요즈음처럼 고기를 많이 섭취하는 시대에 산성식품을 중화시키기 위해서는 알칼리성인 채소는 꼭 필요하다.

샐러드는 신선한 과일과 채소의 고운 색깔로 인해 요리의 중심점이 되며 건강과 미용을 부여하는 원천이기도 하다. 이것은 식욕촉진을 위해 주식요리의 곁들임 요리로 예로부터 즐겨온 것만 보더라도 틀림없다. 특히 여성들이 샐러드를 즐기는 것은 맛이 좋고 보기에도 아름답게 만들어져 예술적인 멋을 내기 때문이다.

④ Carving table : 즉석코너

뷔페에서 꽃이라고 할 수 있는 것은 높은 모자를 쓴 요리사가 즉석에서 큰 고깃덩어리를 썰어 주는 것이다. 대개는 쇠고기와 소스 또는 양고기와 민트 소스나 해산물 덴뿌라 등을 고객에게 제공한다.

4) 특별 요리(Your choice of special carving items) 메뉴 해설

- 최고급 쇠고기 꽃등심구이(Prime rib with natural juice)
- 민트 젤리 향을 곁들인 통양 구이(Roast whole lamb concassér with mint jelly)
- 채소, 해산물 튀김(Seafood and vegetable tempura)

이외에도 다양한 코너를 이용한 요리를 제공하기도 한다.

① Soup : 수프

수프는 육류, 생선, 뼈, 채소 등을 단독으로 또는 결합하여 향신료와 함께 찬물에 넣고 약한 불로 천천히 삶아 우려낸 국물을 기초로 하여 만든 국물이 있는 요리이다. 서양 요리에는 국물이 주가 되는 것과 내용물이 주가 되는 수프가 있는데 뒤따르는 주식 요리에 잘 맞아야 한다.

가벼운 콩소메는 식욕을 촉진하고 헝가리안 굴라시 수프는 위를 채워 주기 때문에 주요리로 대용하기도 한다. 일본에서는 수프를 다시라 부르는데 계절에 따라 알맞은 건더기를 넣어 먹기도 한다. 일본은 육식이 적은 나라이므로 생선에서 우려낸 다시를 많이 사용한다. 중국에서는 수프를 탕이라 하는데 동물성 육수가 주재료인 혼탕과 채소만 사용하는 소탕이 있다. 수프는 어느 나라든지 주 요리가 나오기 전에 먹는 것으로 식욕촉진 역할을 하고 있다. 오래 전 프랑스에서는 수프가 중간에 제공되기도 했는데 에스코피에가 주 요리 순서 전에 먹는 것으로 규정지었다. 수프는 일반적으로 너무 진하거나 양이 너무 많으면 안 된다.

② Hot dished : 더운 요리

뷔페에서 더운 요리는 상설뷔페의 경우는 15가지 정도 제공되지만 파티뷔페에서는 8가지 정도가 이상적이다. 동서양 비율은 반반 정도가 좋다.

- 오리엔탈 소스를 곁들인 전복 스테이크(Abalone steak with oriental sauce)
- 해산물 볶음밥(Saffron-flavored steamed rice with seafood)
- 생선 완자 튀김(Deep-fried seafood balls with chili sauce)
- 일본식 정통 장어구이(Broiled eel with teriyaki sauce)
- 쇠고기 꼬치구이(Skewered beef with teriyaki sauce)
- 작은 안심 스테이크(Small fillet of beef topped with vegetables)
- 오렌지 소스를 곁들인 구운 오리(Sauteed duck w/ orange sauce)
- 한국식 불갈비(Broiled beef ribs Korean style)

③ Desserts : 후식

디저트는 식사가 끝나고 식욕도 충족된 상태에서 마지막으로 식사의 끝맺음을 우아하고 향기롭게 하며 눈을 즐겁게 해주는 것이다. 맛있는 요리를 먹는다는 것은 즐거운 것이다. 즉 디저트는 그 즐거움을 위해 만들어진 요리의 꽃이라고 할 수 있다.

디저트는 일반적으로 식사 후에 제공되는 요리를 뜻하는데 디저트는 단맛, 풍미, 신선한 재료(과일)의 3요소가 모두 포함되어야 디저트라 할 수 있다. 디저트는 주로 단맛을 연상시키며 단맛을 내는 재료는 대개 설탕, 꿀 등이 있다. 디저트는 또한 풍미가 있어야 하는데 서양에서는 일반적인 디저트와 치즈 중에서 선택하여 후식으로 식사를 끝내는 경우가 많다. 한국인들에게는 약간 생경한 이야기일 수 있지만 짭짤하고 자극적인 것이 디저트가 되기도 한다. 디저트는 계절 과일과 초콜릿 무스, 과일 타르트, 딸기 케이크, 푸딩, 떡과 식혜 등이 제공된다. 제과 주방에서 주로 공급되지만 일부는 외부에서 공급을 받아 후식 테이블을 장식한다. 후식에 제공되는 메뉴를 보면 다음과 같은 것들이 있다.

디저트(Desserts)

- 계절 생과일(Fresh fruits in season)
- 과일 샐러드(Fruit salad)
- 수정과(Dried persimmon punch)
- 떡(Selected rice cakes)
- 프랑스식 양과자(Assorted fine pastries chocolate glazed layer cake)
- 과일 케이크(Fresh fruit cream cake)
- 오렌지 커스터드(Orange custard)
- 초콜릿 무스(Black and white chocolate mousse)
- 초콜릿(Homemade chocolate pralines)
- 양과자(Petits-fours)

(9) 특급 호텔 뷔페 메뉴

1) INTERNATIONAL BUFFET MENU

INTERNATIONAL BUFFET MENU

COLD DISHES

Crushed black peppercorn crust tuna	페퍼를 묻혀 구운 참치
Smoked salmon with condiments	훈제 연어
Cold cuts and salami with pickles	콜컷과 살라미
Assorted seafood salad	모둠 해산물
Tomato mozzarella with basil pesto	토마토와 모짜렐라 치즈
Roast beef with mustard	로스트 비프
Apricot chicken terrine with yellow peach sauce	닭고기 테린

SALADS

Mix salad	신선한 계절 채소
Sweet potato salad	고구마 샐러드
Mushroom and herb	양송이 허브 샐러드
Pasta salad	파스타 샐러드
Broccoli and cauliflower	브로콜리와 컬리플라워 샐러드
Thousand Island, Italian, balsamic dressing	여러 가지 드레싱

SOUPS

Cream of mushroom soup	버섯 크림 수프
Sweet pumpkin porridge	단호박죽

KOREAN FOOD

Cabbage kim-chi	배추김치
Two kinds of seasonal Namool	두 종류의 나물
Skate-fish salad	홍어무침
Smoked pork hocks with salted shrimp	훈제 족발과 새우젓
Broiled spare rib of beef	갈비구이
Broiled eel with chili paste sauce	고추장 장어구이

JAPANESE FOOD

Assorted sashimi	모둠 사시미
Assorted sushi	모둠 초밥
Soba noodle	냉모밀
Assorted shrimp and vegetable tempura	모둠 튀김
Chicken leg with teriyaki sauce	닭 다리 살과 데리야키 소스

WESTERN FOOD

Smoked pork belly with braised onion	훈제 삼겹살과 양파 스튜
Roasted lamb chop with Juice	양갈비구이와 주스
Pan- fried red snapper fillet on creamy Leek	대파 크림과 적도미구이
Seasonal Vegetable	뜨거운 계절 채소

CHINESE FOOD

Assorted Chinese appetizer	중국식 삼품 냉채
Stir-fried beef with pimento and oyster sauce	쇠고기볶음
Sautéed seafood and vegetable	팔보채

ACTION STATION

Beef tenderloin "Wellington" with Madeira sauce	마데이라 소스의 쇠안심 웰링톤
Home made bread with butter	각종 빵

DESSERTS

Seasonal cut fruits	신선한 계절 과일
Chocolate brownie	초콜릿 브라우니
Baby choux cream	미니 슈크림
Strawberry tartlets	딸기 크림 타틀렛
Mandarin pastries	미니 페이스트리
Chocolate, mocha, raspberry, plain cheese cake	초코, 모카, 라즈베리, 플레인 치즈케이크
Pecan pie	피칸 파이
Korean rice cake	모둠 떡
Rice punch	식혜
Cinnamon punch	수정과
Coffee or tea	커피 또는 차

2) INTERNATIONAL BUFFET MENU

INTERNATIONAL BUFFET MENU

COLD DISHES

Crushed black peppercorn crust tuna	페퍼를 묻혀 구운 참치
Smoked salmon with condiments	훈제 연어
Homemade cold cuts and coppa ham with pickles	모둠 콜컷과 코파 햄
Marinated duck breast in bean paste sauce	춘장에 절인 오리가슴살
seafood platter with cocktail fruit dressing	모둠 해산물과 과일 드레싱
Alaska king crabmeat	게살 칵테일
Apricot chicken terrine with yellow peach sauce	닭고기 테린

SOUPS

Cream of asparagus soup	아스파라거스 크림 수프
Chinese crabmeat soup	게살 수프

BREAD

Homemade bread and butter	빵과 버터

SALAD

Mix garden salad	신선한 계절 채소
German potato	독일식 감자 샐러드
Yam salad	마 샐러드
Kidney beans salad	강낭콩 샐러드
Mushroom salad	버섯 샐러드
Thousand Island, Italian, Balsamic dressing	여러 가지 드레싱

KOREAN FOOD

Two kinds of kim-chi	두 종류의 김치
Two kinds of seasonal Namool	두 종류의 나물
Octopus salad with sesame and ginger dressing	문어회
Korean beef tartar	소고기 육회
Fish filet pancake	생선전
Steamed ox-tail	소꼬리 찜

JAPANESE FOOD

Assorted sushi	모둠 초밥
Assorted sashimi	모둠 생선회
Soba noodles	냉모밀
Assorted seafood and vegetable tempura	해물과 채소 튀김
Broiled mero with teriyaki sauce	메로 구이와 데리야키 소스

WESTERN FOOD

Lamb chop with ratatouille	양갈비구이
Snail stew with mushroom and brown sauce	달팽이 스튜
Pan-fried mini beef tenderloin with red wine sauce	미니 쇠안심구이
Mixed seasonal grilled hot vegetable	그릴에 구운 계절 채소

CHINESE FOOD

Three kinds of chinese appetizer	삼선 냉채
Assorted dim sum	모둠 딤섬
Braised pork berry with pak Choi	청경채를 곁들인 동파육
Sauteed Hong Kong style chicken	홍콩식 닭고기 볶음

ACTION STATION

Japanese sushi house	여러 종류의 생선초밥
Marinated salmon with condiments	딜 허브와 올리브 오일에 절인 연어
Beef tenderloin "Wellington" with Madeira sauce	마데이라 소스의 쇠안심 웰링톤

DESSERTS

Cut fruit in season	신선한 계절 과일
Chocolate pastries	초콜릿 페이스트리
Strawberry tartlets	딸기 크림 타틀렛
Mandarin pastries	미니 페이스트리
Tiramisu	티라미수
Raspberry, mocha, plain cheese cake	라즈베리, 모카, 플레인 치즈 케이크
Pecan pie	피칸 파이
Korean rice cake	모둠 떡

(10) 이탈리안 레스토랑 메뉴의 이해와 해설

프랑스나 양식 메뉴와 비슷하게 코스가 보다 간소화되어 있고 코스가 특별히 정해진 것보다 고객 취향에 따라 일품 메뉴식으로 몇 가지 주문하면 된다. 보통 파스타와 생선, 육류요리를 기본적으로 주문한다. 시작(antipasti), 첫 코스(Primi piatti)는 파스타, 이탈리아식 만두, 리조또, 두 번째로 생선(pesce)과 육류(carni)요리, 디저트 코스(dolci)는 치즈, 아이스크림, 셔벗 등으로 구성된다.

1) 이탈리안 레스토랑 메뉴 용어

① **그노치(Gnocchi)** : 감자, 옥수수를 으깬 다음 달걀, 밀가루와 함께 혼합하여 작은 수제비 모양으로 잘라 삶아 낸다. 보통 토마토 소스에 치즈와 함께 낸다.

② **까르보나라(Carbonara)** : 베이컨과 햄, 버섯을 넣고 생크림 소스로 만든 흰색 스파게티를 말한다.

③ **라비올리(ravioli)** : 파스타 반죽을 길게 펴고 길이로 반씩 자른다. 가장자리는 반죽커터로 보기 좋게 무늬를 넣어 자른다. 파스타 반죽에 치즈, 시금치, 고기로 반죽해 속을 넣은 이탈리아식 만두이다.

④ **라자냐(Lasagna)** : 11.4cm 크기의 정사각형 파스타에 쇠고기 소스, 화이트 소스, 치즈를 번갈아 몇 층을 쌓은 후 위에 빵가루와 치즈를 뿌려 오븐에 구워 낸 것.

⑤ **리조또 밀라네즈(Risotto Milanese)** : 사프란(saffron)으로 색과 향을 낸 쌀 요리이다.

⑥ **리조또(Risotto)** : 쌀을 버터 또는 올리브 오일에 볶고, 다진 양파, 치즈 등을 넣고 지은 이탈리아식 쌀밥 형태의 요리이다.

⑦ **밀라노풍의 오소부코(Ossobuco alla Milanese)** : 송아지 다리 살과 골수를 양파, 마늘, 당근, 셀러리, 토마토, 육수, 화이트 와인을 넣고 오랜 시간 브레이즈(braise)한다. 이때 사프란으로 지은 리조또를 곁들인다.

⑧ **봉골레(Vongole)** : 토마토 소스에 대합 조개살과 버섯을 첨가하거나 크림 소스를 넣은 스파게티의 한 종류이다.

⑨ **빠에야(Paella)** : 해물로 지은 밥으로 라미, 새우, 조개, 버섯, 토마토, 마늘, 사프란, 완두콩을 넣어 요리한 리조또이다.

⑩ **살팀보카(Saltimbocca)** : 송아지고기를 얇게 저민 다음 밀가루를 묻혀 색을 낸 후 세이지(sage) 잎과 프로슈토 햄을 얹는다. 마르살라(Marsala) 화이트 와인, 버터, 육수에 브레이즈(braise)한다.

⑪ **카넬로리(Cannelloni)** : 사각형 파스타에 얇은 햄을 깔고 리코타 치즈, 거품 낸 달걀, 파르마산 치즈, 다진 파슬리로 속을 만들어 채우면서 만든다. 그리고 토마토 소스와 치즈를 뿌려 굽는다.

⑫ **토르텔리니(Tortellini)** : 라비올리와 같은 파스타에 같은 속을 넣되 양끝을 동그랗게 붙여 직경 7cm 정도의 작은 반달형 만두를 만든다.

⑬ **파스타(Pasta)** : 파스타란 이탈리아어로 밀가루 반죽을 뜻하지만 현재는 밀가루 요리를 총칭하는 말이다.

(11) 특급 호텔 이탈리안 레스토랑 메뉴

① Antipasti(starters) : 전채요리

- Cernia al piatto pomodoro e basilico
  Sea bass with tomatoes and basil
  토마토와 바질 향으로 맛을 낸 농어구이
- Sparnocchi e asparagi
  Shrimps and asparagus served in a pink sauce
  핑크색의 소스를 곁들인 새우와 아스파라거스
- Insalata di mare al pesto
  Variation of seafood in basil sauce on a salad
  샐러드 위에 페스토 소스로 조리한 모둠 생선요리
- Tonno fresco affumicato e insalata novella
  Fresh smoked tuna with a salad creation
  신선한 샐러드를 곁들인 훈제 참치요리
- Salmone selvatico salsa scabeccio
  Poached wild salmon
  스카베치오 소스를 곁들인 연어요리
- Fesa in salsa tonnata
  Cold meat slices topped with tuna sauce
  참치로 조리한 소스와 송아지 등심 요리

- Bresaola della valtellina

  Air dried beef laced with a lemon olive sauce

  레몬과 올리브 오일로 조리한 소스와 드라이 비프

- Carpaccio salsa lattughe

  Thin slices of raw beef with a typical Italian sauce

  이탈리안 쇠고기 육회와 소스

② Primi Platti(first course) : 첫 코스

- Spaghetti ai frutti di mare

  Spaghetti mixed with a fine selection of fresh seafood

  여러 가지 해물 스파게티

- Spaghetti mozzarella pomodoro e peperoncino

  Spaghetti with mozzarella cheese, tomato and chilli

  모짜렐라 치즈, 토마토와 칠리 페퍼로 맛을 낸 스파게티

- Linguine alla ligure

  Linguine in basil sauce with potatoes and beans

  감자와 콩을 곁들인 이탈리아식 라자냐

- Stracci spinaci e pollo

  Stracci noodles with spinach, chicken and tomato

  시금치, 닭고기와 토마토로 만든 소스와 스트라치

- Fettuccine al ragu bolognese

  Fettuccine topped with meat, tomato, mushroom sauce

  볼로네즈 소스로 조리한 이탈리안 누들

- Penne melanzane e zucchini pomodoro

  Penne served with eggplants, tomato and majoram

  가지와 토마토로 조리한 마조람 향의 소스와 펜네

- Ravioli di granceola e nasello

  Pasta filled with seabass, chefs special sauce

  농어를 넣어 조리한 이탈리안 만두 요리

- Risotto con verdure

  Italian rice cooked with a selection of fresh vegetable

  신선한 채소와 치즈로 조리한 이탈리안 쌀 요리

③ Pesce(fish course) : 생선요리

- Gamberoni marinati al guazzetto
  Prawns cooked in garlic, onion, lemon, white wine
  마늘, 양파, 레몬과 화이트 와인으로 조리한 새우요리
- Filetti di triglie croccanti alla semola
  Deepfried fillet of red mullet with celery, onion, red pepper
  적도미 채소튀김
- Branzino alle olive nere
  Seabass with black olives and tomatoes
  올리브와 토마토 소스로 조리한 농어요리
- Coda di rana pescatrice al rosmarino
  Monkfish grilled with rosemary, onion, and olive oil
  로즈마리 향을 낸 우럭구이
- Grigliata ricca di pesce
  A selection of grilled fresh fishes
  모둠 생선구이
- Rombo con pancetta e pomodoro
  Turbot cooked with bacon, tomato, sherry and white wine
  화이트 와인과 셰리로 맛을 낸 광어요리
- Piccola zuppa di pesce e crostini all aglio
  Fish soup from a selection of fresh seafood
  여러 가지 해물로 조리한 수프

④ Carni(meat course) : 고기요리

- Tagliata di manzo alle erbe(Min. 2 persons)
  Thin slices of beef fillet in herb sauce 500g
  허브 소스로 조리한 쇠고기 요리(2인분 이상)
- Filetto di bue pistacchi e pinoli
  Beef fillet with pistachio and pine nuts 200g
  피스타치오와 잣을 곁들인 쇠고기 안심요리

- Scaloppine al marsala
  Thin escalope panfried in Marsala wine sauce
  마르살라 와인 소스로 맛을 낸 송아지 요리
- Fricassea di agnello con carciofi
  Lamb fricassee with artichokes
  아티초크를 곁들인 양고기 요리
- Fegato alla veneta
  Liver sauteed in onions and herb butter
  여러 가지 향료와 양파로 조리한 송아지 요리
- Petto di anatra all aceto balsamico
  Duck breast in butter and balsamic vinaigre sauce
  발사믹 식초 소스로 조리한 오리 가슴살 요리
- Costoletta alla Milanese
  Panfried breaded pork cutlet, Italian style
  밀라노식 돼지고기 커틀릿

⑤ Dolci(dessert) : 후식

- Frutta di stagione flambee
  Flambe of fresh fruits
  계절 과일 플람베
- Zabaglione al Marsala
  Sweet Marsala sabayon
  마르살라 와인으로 만든 크림
- Cassata alla napoletana
  Half frozen ice cream with candied fruits
  아이스크림과 과일
- Zuppa inglese
  Grand Marnier flavoured sponge cake with cream custard
  그랑 마니에르로 맛을 낸 스펀지케이크
- Semifreddo vanilla parfait topped with hot chocolate sauce
  초콜릿 소스와 바닐라 파르페

- Fresh fruits and sabayon gratin
  과일과 사바용 그라탱
- Gelato mantecato
  Homemade Italian ice cream
  이탈리아식 아이스크림
- Sorbetti di frutta
  Sherbet of seasonal fruits
  싱싱한 과일로 만든 셔벗
- Piccola pasticceria
  Small Italian pastries
  이탈리아식 페이스트리

(12) 한식당(Korean restaurant) 메뉴의 이해와 해설

우리나라는 상고시대부터 전통적인 농경생활을 해왔기 때문에 한국요리는 농산물 위주의 식물성 요리가 발달하였다.

각 지방마다 특산물이 다양하여 지역적 특성을 살린 향토 음식들이 창출되었고 시대에 따라서 전파된 종교의 영향, 외세에 따른 새로운 문물 도입의 영향을 받으면서 향토음식, 궁중음식, 민간신앙 음식, 관혼상제 음식, 사찰음식, 계절음식, 발효음식, 떡, 과자 등 분야별로 변화의 과정을 거치면서 독특한 조리기술 개발과 상차림 및 독창적인 식기문화의 변천과 더불어 우리의 식문화가 발전했고 할 수 있다.

따라서 오랜 세월 동안 이루어진 독특한 형태의 다양한 음식들이 사회구조와 외래문화의 영향으로 오늘날에 와서는 전통성을 잃어버린 것도 있고, 또한 잊혀진 것들도 매우 많은 반면에 끈질긴 민족 보수성으로 현재에도 쌀을 주식으로 김치, 된장찌개, 불고기 등 각종 찬과 탕을 곁들여 한 상에 정성스럽게 차려 놓고 격조 높은 식사를 하는 풍습을 유지하고 있는 것이 한국요리의 특징이라 할 수 있다.

하지만 최근에는 한국요리를 세계화하는 추세, 특히 음식의 상차림에 대한 연구가 계속되어 종전의 반상차림이 퓨전화하여 한상차림의 교자상 형태는 거의 자취를 감추고 있는 실정으로 이는 전통성을 이어가는 것도 중요하지만 현대감각에 맞게 웰-빙화하는 것도 바람직하다고 본다.

그 한 예로 서양식의 정찬 메뉴 형태와 같이 코스별로 가벼운 요리에서 시작하여 주 요리, 후식, 음료나 차를 제공하는 서비스형태가 도입되어 호텔 한식당이나 전문 한식당에서 시행되고 있다.

특히 호텔 한식당에서는 여러 가지 정찬 메뉴(set menu)를 제공하고 있으며 다음과 같은 메뉴 구성을 예로 들 수 있다.

(13) 특급 호텔 한식 세트 메뉴

1) KOREAN SET MENU

KOREAN SET MENU

<KSM-1>

전유어	Pan fried meat & vegetables
해파리 냉채	Cold jelly fish w/ mustard sauce
산적	Skewered meat & vegetables
너비아니구이	Broiled striploin
생선조림	Braised fish in soy sauce
기본찬 5가지	5 kinds of basic accompaniment dishes
진지/ 탕	Steamed rice & soup
과일/ 식혜	Fresh fruits or rice nectar

<KSM-2>

전유어	Pan fried meat & vegetables
해파리 냉채	Cold jelly fish w/ mustard sauce
산적	Skewered meat & vegetables
갈비구이	Broiled beef short ribs
새우찜	Steamed shrimps w/ condiment
기본찬 5가지	5 kinds of basic accompaniment dishes
진지/ 탕	Steamed rice & soup
과일/ 식혜	Fresh fruits or rice nectar

<KSM-3>

전유어	Pan fried meat & vegetables
양상추와 해파리 냉채	Lettuce, cold jelly fish w/ mustard sauce
산적	Skewered meat & vegetables
전복초	Vinegared abalone w/ condiment
갈비구이	Broiled beef short ribs
새우찜	Steamed shrimps w/ condiment
기본찬 5가지	5 kinds of basic accompaniment dishes
진시/ 탕	Steamed rice & soup
과일/ 식혜	Fresh fruits or rice nectar

<KSM-4>

전유어	Pan fried meat & vegetables
양상추와 해파리 냉채	Lettuce, cold jelly fish w/ mustard sauce
산적	Skewered meat & vegetables
장어구이	Broiled eel
갈비구이	Broiled beef short ribs
소라초	Vinegared conch w/ soy sauce
생선찜	Braised fish
기본찬 5가지	5 kinds of basic accompaniment dishes
진지/ 탕	Steamed rice & soup
과일/ 수정과	Fresh fruits or sweet cinnamon puch

(14) 한식 뷔페 메뉴의 이해와 해설

호텔이나 전문 뷔페 레스토랑에서 한식만을 가지고 뷔페 테이블을 차리기는 어렵다. 하지만 외국인들은 혼합식이 아닌 한식만을 가지고 뷔페 상차림을 해주기를 원한다. 고객의 기호가 다양해짐과 푸짐한 전통 메뉴로 변함에 따라 양식 뷔페에 싫증을 느낄 때쯤 새로운 전통 한국식의 뷔페 메뉴가 등장하기 시작했다. 80년대 중반쯤에 본격적으로 시작되어 뷔페 식당 고객의 입맛을 완전히 바꾸었다고 볼 수 있다. 양식 위주의 뷔페 메뉴의 익숙하지 못한 향미와 시각 위주에서 완전히 탈피한 메뉴로 대중에게 소개되었다.

한국음식의 특징을 살펴보면 농경사회가 근간이 되어 형성된 우리 민족은 다양하게 생산되는 곡류, 채소류와 삼면이 바다인 풍부한 해산물 중심의 식사에서 육식 금기의 불교문화가 가미되어 다음과 같은 특징을 지닌다.

첫째, 밥을 주식으로 하며 채소, 고기 등의 부식을 곁들여 먹는다.

둘째, 국물이 있는 음식이 다양하고 많은 사람들이 이를 즐긴다.

셋째, 굽고, 지지고, 볶고, 삶고, 데치고, 무치며 담그는 등 다양한 조리 방법으로 맛을 낸다.

넷째, 김치, 장류, 젓갈 등 발효식품이 많다.

다섯째, 조리된 모든 음식을 한상에 차려 먹는다.

여섯째, 식품 고유의 맛도 살리지만 양념을 가미하여 복합적인 맛을 내는 것도 중요시한다.

표 8-3 뷔페에 어울리는 음식의 예

조리법	음식명	선택	참고
밥	흰밥, 찰밥, 콩밥, 보리밥, 팥밥, 오곡밥, 채소밥, 현미밥, 차조밥, 밤밥, 비빔밥, 김치밥, 콩나물밥, 김밥	2가지	흰 밥과 잡곡밥을 각각 한 가지 선택하는 것이 바람직함
면	냉면, 국수장국, 찐만두	2가지	
죽	잣죽, 흑임자죽, 호박죽, 전복죽, 녹두죽, 팥죽, 원미죽, 삼합죽, 장국죽, 아욱죽, 애호박죽, 콩나물죽, 홍합죽, 옥수수죽, 생굴죽, 밤죽, 해물죽, 호두죽	2~3가지	계절별로 다양하게 이용 – 겨울 : 잣죽, 팥죽 – 여름 : 녹두죽
국	미역국, 팽이버섯국, 애탕국, 느타리버섯국, 송이버섯맑은국, 송이맑은장국, 무맑은장국, 완자탕, 팽이국, 아욱국, 곰국, 도가니탕, 삼계탕, 추어탕, 버섯토장국, 냉이된장국, 깻국, 미역냉국, 임자수탕	2가지	맑은국과 토장국을 한 가지씩 선택하는 것이 바람직하며 계절별로 다르게 선택 – 여름에는 냉국도 바람직함
찌개/전골	애호박젓국찌개, 알찌개, 달래된장찌개(봄), 명란젓국찌개(겨울), 신선로, 송이전골, 해물전골	1가지	계절별로 다르게 선택 – 겨울 : 명란젓국찌개 – 봄 : 달래된장찌개
구이/적	갈비구이, 너비아니구이, 닭구이, 제육구이, 불고기, 오리구이, 섭산적, 송이산적, 두릅산적, 느타리산적	2가지	

전/적	깻잎전, 피망전, 풋고추전, 생선전, 버섯전, 완자전, 양파전, 굴전, 조개전, 애호박전, 녹두부침, 달래전, 연근전, 호박밀부침, 김치적, 지짐누름적	3가지	육류, 어류, 채소류가 골고루 섞이도록 한다.
찜/선	갈비찜, 돼지갈비찜, 사태찜, 닭찜, 알찜, 북어찜, 대하찜, 민어찜, 도미찜, 전복찜, 어만두쌈, 두부찜, 우설찜, 호박선, 오이선, 두부선	1~2가지	
조림/초	우엉조림, 전복초, 홍합초, 장산적, 연근조림, 풋고추조림, 통감자조림	1가지	
회	육회, 전복회, 생선회, 처녑회, 두릅회, 미나리강회, 실파강회	1가지	
편육	소머리편육, 사태편육, 돼지머리편육, 양지머리편육, 우족편육, 제육편육	1가지	
숙채	깨즙채, 탕평채, 잡채, 두릅나물, 취나물, 애호박나물, 오이나물, 고사리나물, 도라지나물, 시금치나물, 표고버섯나물, 참나물, 느타리나물, 깨순나물, 비름나물	3~4가지	삼색 나물로 색을 맞춰 조화롭게 선택 계절별로 주로 나는 식재료를 이용
냉채	닭냉채, 해파리냉채, 오이냉채, 부추냉채, 수삼냉채	1~2가지	
짱아찌	오이숙장아찌, 무숙장아찌, 호도장아지, 풋마늘장아찌, 양파장아찌	1~2가지	
젓갈	명란젓, 오징어젓, 어리굴젓, 연어알젓, 아가미젓, 꼴두기젓	3~5가지	
마른반찬	김부각, 깻잎부각, 고추부각, 북어무침, 굴비무침, 조갯살	1~2가지	
김치	통김치, 보쌈김치, 백김치, 섞박지, 나박김치, 열무김치, 오이소박이, 부추깍두기, 굴깍두기, 동치미	3~4가지	
떡	꿀편, 승검초편, 증편, 삼색경단, 화전, 인절미, 개피떡, 박편, 쇠머리떡, 호박고지떡	2~3가지	고물 있는 떡과 고물 없는 떡을 포함하여 2~3가지를 선택
한과류	유밀과 : 약과, 만두과 다식 : 깨다식, 콩다식, 송화다식 강정 : 잣박산, 깨강정, 산자 전과 : 연근정과, 모과전과, 도라지전과, 밤초	2~3가지	

생실	포도, 딸기, 사과, 배, 수박, 참외, 귤, 멜론, 거봉, 감		
차	생강차, 인삼차, 유자차, 대추차, 녹차	2~3가지	
화채	식혜, 수정과, 오미자화채	1~2가지	계절 과일을 중심으로 2~3가지를 선택
기타	커피, 아이스크림	3가지	
전채요리	구절판	2~3가지	

(15) 특급 호텔 한식 뷔페 메뉴

1) KOREAN BUFFET MENU

KOREAN BUFFET MENU

COLD DISHES	냉 요리류
Cold jelly fish with mustard sauce	해파리 냉채
Roasted pork shank	돼지족발
Chinese noodle and vegetables	잡채
Cold raw beef with condiments	육회
Assorted cold raw fishes	모둠 회

HOT DISHES	더운 요리류
Korean glutinous rice sausages	찹쌀순대
Broiled beef short ribs	갈비구이
Broiled crabs	꽃게찜
Beef bulgoki with hackberry mushrooms	팽이버섯 불고기
Sauteed cuttle fish	오징어 볶음
Skewered beef with agaric	느타리산적
Broiled conger eel	붕장어구이
Braised ox-tail	소꼬리찜

VEGETABLES	**채소류**
Seasoned crown daisy	쑥갓나물
Seasoned agaric	느타리버섯 나물
Seasoned osmund	고비나물
Seasoned fernbrake	고사리나물
Seasoned bamboo shoots	죽순나물
SIDE DISHES	**찬류**
Braised fish	생선조림
Marinated crabs in soy sauce	간장게장
Marinated garlic in vinegar and soy saue	마늘장선
Seasoned acorn jelly	도토리묵
Salted suttle fish	오징어젓
Cabbage kimchi	배추김치
White cabbage kimchi	백김치
Cucumber kimchi	오이소박이
FOOD	**식사류**
Steamed 5 kinds of cereals	오곡밥
Korean vermicelli soup	국수장국
Fried rice	볶음밥
Pumpkin porridge	호박죽
Chestnut porridge	밤죽
DESSERTS	**후식류**
Rice nectar of cinnammon punch	식혜 또는 수정과
Seasonal fresh fruits	계절 과일
Assorted Korean rice cakes	각종 떡

2) KOREAN BUFFET MENU

KOREAN BUFFET MENU

SNACKS	**안주류**
Oh-jul-pan	오절판
COLD DISHES	냉 요리류
Cold jelly fish with mustard sauce	해파리 냉채
Roasted pork shank	돼지족발
Chinese noodle and vegetables	잡채
Cold raw beef with condiments	육회
Raw tuna fish	참치회
Assorted cold raw fishes	모둠 회
HOT DISHES	**더운 요리류**
Broiled beef short ribs	갈비구이
Broiled conger eel	붕장어구이
Braised shrimps	새우찜
Beef brisket, bulgoki	양지불고기
Sautteed small octopus with noodles	낙지면
Skeweed beef with agaric	느타리산적
Braised conch	소라찜
Pan-fried crabmeat	게살전
Braised ox-tail	소꼬리찜
VEGETABLES	**채소류**
Seasoned squash	애호박나물
Seasoned fernbrake	고사리나물
Seasoned platycodon	도라지나물
Seasoned crown daisy	쑥갓나물
Seasoned spinach	시금치나물
Seasoned bamboo shoots	죽순나물

SIDE DISHES	**찬류**
Braised fish	생선조림
Marinated crabs in soy sauce	간장게장
Marinated garlic in vinegar and soy saue	마늘장선
Seasoned acorn jelly	도토리묵
Salted viscera	창란젓
Cabbage kimchi	배추김치
White cabbage kimchi	백김치
Stuffed kimchi	보쌈김치
FOOD	**식사류**
Steamed 5 kinds of cereals	오곡밥
Korean buckwheat vermicelli	냉면
Fried rice	볶음밥
Pinenut porridge	잣죽
Date porridge	대추죽
DESSERTS	**후식류**
Rice nectar of cinnammon punch	식혜 또는 수정과
Seasonal fresh fruits	계절 과일
Assorted Korean rice cakes	각종 떡
Assorted Korean rice cookies	각종 한과

(16) 중식(Chinese) 메뉴의 이해와 해설

1) 중국요리의 개요

중식요리는 중국의 넓은 대륙에 생산되는 다양한 식재료를 바탕으로 각 지방의 기후, 관습, 지형에 따라 다양하고도 독특하게 발전해왔다. 그리고 육류와 채소의 식재료 모두 어느 한쪽으로 치우치지 않고 골고루 사용하여 육류와 채소를 조화시켜 냈고 음양오행설을 도입할 정도로 식의동원(食醫同源)을 근본으로 하여 식생활과 건강을 서로 떨어질 수 없는 것으로 보았다. 미각에 있어서도 오미(五味) 즉, 단맛, 짠맛, 신맛, 매운맛, 쓴맛을 배합하여 오장육부가 건강하도록 조화를 이루었다. 주식과 부식의 구분이 없고 조리법이 비교적 간단하다. 특히 높은 온도에서 단시간에 조리하는 방법, 찜 요리 등은 영양 손실을 최소화한 요리법으로 이상적이다.

각 지역의 식재료와 기후, 지형에 따라 각 지역의 식문화가 발달하였다.

베이징요리(北京料理)는 베이징을 중심으로 북방의 추운 기후 때문에 루매이(炉某)라는 석탄으로 강한 화력을 내 빠르게 조리하는 튀김(炸)과 볶음(炒)요리가 발달했다. 생선요리보다 육류요리가 많고 화북평야에서 밀의 생산이 많아 면(麵), 만두, 과자(餠) 등의 종류가 많다.

대표적 요리는 베이징오리(北京片皮鴨), 물만두 등이 있다.

난징요리(南京料理)는 상하이(上海), 난징, 쑤저우, 양저우를 중심으로 발달한 요리로 온대성기후에 바다와 가깝고 해산물과 미곡이 풍부한 양쯔강 하류 난징(南京)을 중심으로 발전해 오다가 19세기부터 유럽에 진출하기 시작하면서 서양식의 식문화와 접목되어 동서양 사람들의 입맛에 맞는 상하이요리가 유명해졌다. 특징은 간장과 설탕을 많이 사용하여 농후한 맛을 내며, 요리의 색상이 진하고 선명한 색채를 띤 화려한 요리가 많다.

게와 새우로 조리한 상하이요리, 돼지고기와 간장을 사용한 홍소육(紅燒肉), 오향장육(五香醬肉), 꽃빵(花卷)등이 유명하다.

광둥요리(廣東料理)는 광저우(廣州)를 중심으로 발달하였다. 남부지방의 더운 열대성 기후에서 나는 과일, 상어 지느러미, 곰 발바닥, 제비집, 뱀, 원숭이골 등 풍부한 식재료를 사용하는데, 자연의 맛 그대로를 살리기 위해 간은 싱겁게 하고 살짝 익히며 기름을 적게 사용하여 맛이 신선하고 담백하다.

식재료가 풍부한 광저우는 16세기부터 스페인과 포르투갈의 왕래가 시작되었고 토마토 케첩, 서양 채소, 쇠고기 등 서양 식재료를 도입해 서양 식문화와 혼합한 요리가 일찍부터 자리 잡았다. 홍콩에 가면 70~80%가 광둥요리인 것을 볼 수 있다.

광둥요리는 면발이 가느다란 광둥면, 광둥탕수육, 상어 지느러미찜, 개요리, 뱀요리, 닭고기 캐슈넛(腰果鷄丁)등이 유명하다.

쓰촨요리(四川料理)는 양쯔강 상류의 산악지대와 쓰촨을 중심으로 한 구이저우(貴州)지방의 요리이다. 여름에는 덥고 겨울은 몹시 추우며 낮과 밤의 기온차가 많고 습기가 높은 기후의 영향으로 매운 고추, 마늘, 생강, 파를 사용하여 맛이 자극적이고 매운맛과 신맛이 강하다. 건조한 산악지대여서 암염(岩鹽)이 많고 바다가 멀리 떨어져 있어 생선은 주로 양념에 절인 상태로 보관하여 저장한다. 마른 해산물, 두부, 지방질이 많은 고기를 주로 사용한다. 소금에 절인 채소, 새우 칠리소스, 누룽지탕, 산라탕(酸辣湯)이 유명하다.

2) 중식메뉴의 구성

정식 메뉴는 정탁(定倬)요리라고 하는데 보통 大(7~8인분), 中(4~5인분), 小(2~3인분)로 구성한다. 최근에는 서양식 서비스 도입으로 커플용과 가족단위 메뉴를 구성해 놓기도 한다. 중국에서는 메뉴를 차이딴(菜單)이라고 부르며 중국 관습상 4, 6, 8, 10가지 짝수로 구성한다. 식사하는 인원수에 따라 요리의 양을 조절하지 않고 메뉴의 수를 줄이거나 늘려 구성한다.

① 정탁요리

- 냉채류(special assorted cold dishes)
- 제비집, 상어 지느러미찜(braised shark's fin)
- 해산물요리(braised abalone with cucumber)
- 가금류요리(pecking-style roasted duck skin)
- 육류(sauteed beef with pine mushroom)
- 채소류(sauteed broccoli with pine mushroom)
- 게살류(fried crab claw meat)
- 수프류(corn soup)
- 식사(shrimp fried rice)
- 감채류(fried honey glazed bananas)

② 일품요리(一品料理)

- 냉분류(冷盆類)
- 제비집과 상어 지느러미류(燕窩類, 魚翅類)
- 해삼, 전복, 새우류(海參, 鮑魚, 蝦類)
- 오리고기, 닭고기류(鴨鷄類)
- 쇠고기, 돼지고기류(肉類)
- 채소, 두부, 잡품류(菜蔬, 豆腐, 雜品類)
- 수프류(燉品湯類)
- 식사, 면류(飯麵類)
- 감채류(甘菜類)

③ 특선요리(特選料理)

- 곰 발바닥요리
- 자라요리
- 사슴 꼬리찜
- 불도장
- 낙타 육찜

3) 중국요리의 종류

① 냉분류(冷盆類)

일반적으로 냉채류라고 하며 차게 낸다. 코스 중 제일 먼저 제공되는 양식의 전채와 같은 요리로 식욕을 돋우어 주도록 주로 새콤, 달콤, 매콤한 맛을 내고 적은 양을 제공한다. 해파리냉채(拌海蜇), 오리 알로 만든 송화피딴(松花皮蛋)등이 있으며 소스는 겨자 소스(겨자, 소금, 간장, 설탕), 냉채 소스(식초, 설탕, 소금, 마늘, 육수) 등을 사용한다.

② 어시류(魚翅類)

상어 지느러미 수프로 알려져 있으며 주 요리의 첫 번째로 나간다. 말린 상어 지느러미를 오래 삶아 낸 것으로 수프나 찜 요리로 나가는데 꽃빵(花卷)을 곁들이기도 한다. 스테미너 향상 및 종기 억제 효과가 있다고 한다. 제비집 수프는 바다제비가 해초에 타액을 묻혀 가며 해변 절벽의 바위에 지은 제비집을 물에 불려 조리한 것으로 재료가 구하기 어려워 고급요리에 속한다.

③ 해삼 · 전복 · 새우류(海蔘 · 鮑魚 · 蝦類)

해삼요리는 건해삼을 며칠간 불려 사용한다. 전복요리는 굴 소스(oyster sauce)에 오랫동안 삶아 내기도 하고 새우류는 새우에 술을 마시게 하여 취하게 한 후 뜨거운 육수에 데쳐 내 고추 간장 소스에 찍어 먹는 새우 요리를 만들기도 하고 칠리 소스를 곁들인 굴 새우 칠리 소스 요리(乾燒大蝦)도 있다.

④ 육류요리(肉類料理), 가금류요리

쇠고기, 돼지고기를 주로 사용하며 가금류 요리로는 유명한 베이징식 오리껍질요리(北京片皮鴨)가 있다. 오리에 춘장이나 매실장을 바른 다음 향을 내기 위해 대추나무를 사용해 구운 다음 껍질만 발라내고 밀전병을 구운 다음 전병 안에 오리껍질, 흰 대파 채 썬 것, 춘장, 오이 채를 싸서 먹는다.

⑤ 채소요리(菜蔬料理)

강한 화력을 사용하여 단시간에 조리하므로 채소 즙의 분출이 거의 없어 채소의 맛을 그대로 즐길 수 있다. 송이 죽순볶음(松茸竹筍), 청채 굴기름 소스 볶음 등이 있다.

⑥ 감채류

디저트로 고구마맛탕(拔丝地瓜), 은행탕, 깨찹쌀떡 등이 있다.

4) 중식 메뉴 용어

① 조리법

㉠ 차오(炒, stir frying) : 중식에서 가장 많이 사용한다. 궈쯔(锅子)에 달군 기름을 이용하여 센 불로 단시간에 뒤섞어 내는 조리법이다. 예) 炒肉

㉡ 짜(炸溜, deep frying) : 기름에 튀기는 조리법이다. 예) 炸醬炒飯

㉢ 리우(溜, stirring) : 기름에 튀겨 그 위에 고물을 끼얹는 조리법이다. 예) 溜三丝

㉣ 쉰(燻, smoking) : 차 잎, 산초, 겨, 톱밥, 감초 등으로 훈제한다.

㉤ 뚜언(炖, simmering) : 육수 등을 데우다가 식재를 약한 불에 끓인다.

㉥ 지엔(煎, sautering) : 지지다, 볶다. 예) 南煎丸子

㉦ 깐짜(乾炸, fritter) : 주재료에 옷을 입혀 튀기는 조리법이다.

㉧ 빤(拌, tossing) : 뒤섞다.

㉨ 펑(烹, frying or boiling and sautering) : 삶거나 끓이다. 예) 炸烹鷄塊

② 써는 방법에 따른 용어

㉠ 피엔(片) : 칼을 눕혀서 손 앞쪽에서 끌어당기듯이 저민다. 예) 蘭花牛肉片

㉡ 쓰(丝) : 6cm 성냥 굵기로 편 모양을 낸 후 가늘게 썬다. 예) 靑椒牛肉丝

㉢ 띵(丁) : 주사위 모양으로 가로세로 1cm 크기로 썬다. 예) 宮爆鷄丁

㉣ 콰이(块) : 토막으로 두께와 상관없이 2.5cm로 썬다. 예) 炸烹鷄塊

㉤ 미(米) : 쌀알 정도 크기로 잘게 썬다.

③ 요리 형태에 따른 용어

㉠ 완쯔(丸子) : 고기 및 재료를 갈아서 둥글게 만든 것이다. 예) 南煎丸子

㉡ 챈(卷) : 식재를 말아서 조리한다.

㉢ 췐(全) : 식재를 합하여 조리한다. 예) 全家福

㉣ 웬빠오(元宝) : 전분 또는 쌀가루로 둥글게 빚은 것이다. 예) 拔丝元寶

ⓜ 빠쓰(拔丝) : 식재에 전분 또는 쌀가루를 묻히고 꿀, 물엿, 설탕으로 옷을 입힌 것이다. 예) 拔丝香蕉

④ 재료배합에 의한 용어

㉠ 후에이(燴) : 녹말 물을 연하게 푸는 것. 예) 八珍獪飯
㉡ 싼쓰(三丝) : 3가지 식재를 가늘게 채 썰어 넣는 것. 예) 溜三丝
㉢ 싼시엔(三鮮) : 3가지 식재료로 돼지고기, 닭고기, 해삼(육지, 하늘, 바다) 등을 사용한다. 예) 三鮮醬面
㉣ 싼피엔(三片) : 3가지 식재료를 편으로 썰어 조리한다.
㉤ 싼띵(三丁) : 3가지 식재료를 주사위 모양으로 썬다.
㉥ 빠빠오(八宝) : 8가지 진귀한 식재료를 사용한다. 예) 八寶菜
㉦ 우샹(五香) : 5가지 향신료를 사용한다. 예) 五香醬肉

⑤ 조미료에 따른 용어

㉠ 호유(油) : 굴기름을 첨가한다.
㉡ 라유(辣油) : 고추기름을 첨가한다.
㉢ 두장(豆醬) : 된장을 첨가한다.

⑥ 메뉴 작성법

조리법, 주재료, 써는 방법 순으로 나열한다.

炸 亨	鷄	块
조리방법	주재료	써는 방법

'짜(作)' 는 청주, 달걀, 녹말로 튀김옷을 입혀 튀기는 것이며 '펑(烹)' 은 튀긴 것에 약간의 소스를 첨가해서 볶아 내는 조리법으로 먼저 시행하는 조리방법 순으로 기술하고 다음에 주재료인 닭고기를 기재한다. 마지막으로 써는 방법을 기재하는데 '괴(块)' 는 토막으로 두께와 상관없이 2.5cm 크기로 써는 것으로 메뉴에 조리방법, 주재료, 써는 방법까지 기재되어 이 요리가 깐풍기임을 쉽게 알 수 있다.

⑦ 중식 메뉴 구성법

중국에서는 짝수를 좋아하므로 전채 등을 2, 4, 6, 8종류 등으로 구성한다.

대부분이 온식이므로 요리할 때 조리순서에 무리가 없도록 하며 각 요리의 맛에 분명한 차이가 있도록 한다.

고급 연회 요리에서는 재료가 중복되지 않도록 한다. 그러나 실제로는 채소 등 일부 재료가 다소 중복되지 않을 수 없다. 이때는 써는 모양, 조리법, 조미를 달리한다. 또 같은 재료를 사용한 요리는 간격을 두고 내면 된다. 고급 연회 요리는 특히 계절감을 살리도록 한다.

㉠ 냉분(冷盆) : 냉채(冷菜)라고도 하며 전채(前菜)라고도 한다. 2가지 이상 합하여 만든 것을 병분(拼盆)이라고 하는데 제일 먼저 나오는 요리로서 새, 용 모양으로 예쁘고 호화롭게 만든다. 재료는 전복, 새우, 해파리, 표고버섯, 닭고기, 쇠고기, 소 혀, 피딴(오리알), 토마토, 오이, 햄, 달걀, 무, 아스파라거스, 파슬리, 소라 등이다.

㉡ 열분(熱盆) : 전채의 하나로서 더운 요리 중 가장 먼저 내는 요리이며 양, 질, 맛이 강조되는 요리인데 상어 지느러미류, 해삼류, 잡품류 등이 있다.

㉡ 고채(熇菜) : 재료에 양념을 한 뒤 불에 굽는 것으로서 오리류, 새우튀김, 훈제 돼지, 고기류 등이 이에 속한다.

㉢ 작채(炸菜) : 많은 양의 기름을 팬에 넣고 가열하여 익혀내는 방법으로 닭튀김, 갈비튀김 등이 있는데 고열에서 조리해야 한다. 주로 튀김 종류이다.

㉣ 소채(炒菜) : 강한 화력을 이용하여 빠른 속도로 볶아 내는 방법으로 채소류 및 새우칠리 소스, 고추 돼지고기볶음 등이 있다.

㉤ 문채(炆菜) : 재료를 살짝 튀긴 후 많은 육수를 넣고 오랫동안 조리하는 방법으로 마파두부나, 표고버섯과 죽순을 넣은 홍소쌍동(紅燒雙冬)등이 있다.

㉥ 증채(蒸菜) : 고온의 증기로써 익히는 방법으로 닭찜, 삼겹살찜, 조기찜(青蒸黃魚) 등 주로 찜 요리들이다.

㉦ 류채(溜菜) : 익힌 재료를 여러 가지 조미료와 혼합한 소스에 넣어 만드는 방법으로써 류산슬, 탕수생선(糖溜魚片) 등이 있다.

㉧ 탕(湯)

- 주탕(做湯) : 한식의 육수, 양식의 스톡 등과 같이 국물요리, 볶음요리, 조림, 찜요리 등에 많이 사용되고 요리의 기초가 된다.
- 상탕(上湯) : 맑고 짙은 맛의 국물로 국, 볶음, 조림, 찜 등에 이용된다.
- 청탕(清湯) : 맑은 장국을 말하며 중국요리에서 이용 범위가 제일 많다. 청탕은 맑은 육수를 이용해야 하고 간은 반드시 소금으로 해야 하며 재료는 미리 그릇에 담아놓고 뜨거운 육수를 붓는다.

(17) 유명 호텔의 중식 정찬 메뉴

1) Set Menu

三品冷盤	Three kinds of cold cuts / 3가지 냉채
蟹肉粟米湯	Crabmeat w/ corn soup / 게살 옥수수수프
乾燒龍蝦	Braised lobster w/ chili sauce / 바다가재와 칠리 소스
辣椒鷄	Sauteed diced chicken w/ red peppers / 닭고기 고추볶음
燒流丸子	Sauteed meat balls / 소류완자
三鮮醬麵	Noodles w/ bean paste sauce / 삼선 짜장면
拔絲元宵	Candied glutinous rice cake / 찹쌀떡탕
杏仁豆腐	Sweet almond jelly w/ fruit cocktail / 행인두부

2) Set Menu

四品冷盤	Combination cold dish / 4가지 냉채
蟹肉魚翅湯	Shark's fin soup w/ crabmeat / 상어 지느러미와 게살수프
乾燒龍蝦	Braised lobster w/ chili sauce / 바다가재와 칠리 소스
八寶辣椒	Assorted sauteed seafood & vegetables / 팔보 라조
乾烹辣鷄	Sauteed sliced chicken w/ garlic sauce / 닭고기 마늘볶음
青采蘭花牛肉	Sauteed beef w/ green vegetables / 청채 쇠고기볶음
三鮮醬麵	Noodles w/ bean paste sauce / 삼선 짜장면
拔絲元宵	Candied glutinous rice cake / 찹쌀떡탕
杏仁豆腐	Sweet almond jelly w/fruit cocktail / 행인두부

3) Set Menu

五品冷盆	Five Kinds of Cold Cut Dish / 5가지 냉채
人蔘官	Swallow's Nest Soup with Ginseng / 제비집과 인삼수프
蟹肉排翅	Shark's Fin with Crab Meat / 상어 지느러미와 게살요리
宮保龍蝦	Fried Lobster with Sweet Chilli Sauce / 바다가재 고추 소스 요리
海蔘松茸	Braised Sea Cucumber & Mushrooms / 해삼과 송이
鮑魚貝柱	Braised Abalone &Scallops / 전복과 관자
菜心牛肉	Beef with Chinese Green Vegetables / 쇠고기 안심과 청경채
干燒魚塊	Braised Sea Bream with Tomato Sauce / 도미 토마토 소스 요리
點心	Dim Sam / 딤섬
麵域飯	Noodles or Fried Rice / 면 또는 밥
八寶飯	Chinese Style Rice Cake / 중국식 약식

4) Set Menu

五色盆	Five special cold dishes / 5가지 냉채
蟹肉魚翅	Shark fin soup w/Crab Meat / 상어 지느러미 게살수프
紅燒海參竹筍	Braised Bamboo Shoots w/Sea Cucumber / 홍소해삼죽순
炸烹鷄塊	Garlic-Flavored Fried Chicken / 깐풍기
乾燒明蝦	Braised Prawns w/Chili sauce / 대하와 칠리 소스
松茸 炒素菜	Sauteed Pine mushrooms w/Vegetables / 송이버섯 채소볶음
靑椒牛肉絲	Shredded Beef with Green Peppers / 피망과 쇠고기 볶음
食事	Noodles or Fried Rice / 국수 또는 볶음밥
拔絲源宵	Fried Honey-Glazed Ricd Balls / 찹살떡탕
龍眼豆腐	Iced Almond Jelly w/Longan / 용안두부

(18) 중식 식재료 용어

- 깐파오(天鮑) : 말린전복
- 꺼(蛤) : 대합
- 꿔로우(果肉) : 과육, 과실의 살
- 난꽈(南瓜) : 호박
- 따샤(大蝦) : 대하 = 明蝦(민시아)
- 또우미안(豆面) : 콩가루
- 또우빤지앙(豆瓣醬) : 두반장
- 또우푸(豆腐) : 두부
- 통구(冬) : 표고버섯
- 띠구아(地瓜) : 고구마
- 띠구오(地果) : 땅콩
- 띠또우(地豆) : 감자
- 띠아오(鯛) : 도미
- 라유(辣油) : 고추기름
- 라쟈오펀(辣椒粉) : 고춧가루

- 라쟝(辣醬) : ①고추장 ②매운콩장 ③칠리소스
- 로우츠(魚翅) : 상어 지느러미
- 롱쉬차이(龍須菜) : 아스파라거스
- 롱시아(龍蝦) : 대하(왕새우)
- 류(溜) : 전분을 푼 국물
- 리(栗) : 밤, 군밤 = 栗子
- 리쯔(莉子) : 배
- 리황(蠣黃) : 굴
- 마린슈(馬鈴署) : 감자
- 마오타이지오(茅臺酒) : 마오타이주(중국 구이저우성 모대진에서 나는 유명한 술)
- 모위(墨魚) : 오징어
- 무얼(木耳) : 목이버섯
- 빠오미(包米) : 옥수수
- 빠오위(鮑魚) : 전복
- 빠이구알(白果) : 은행
- 뻬이(貝) : 조개
- 뽀차이(菜) : 시금치
- 뼁얼(餠餌) : 밀가루나 쌀가루를 반죽하여 구워서 만든 과자나 떡의 총칭
- 산뻬이(扇貝) : 가리비
- 상지아오(香焦) : 바나나
- 송이(松耳) : 송이(버섯)
- 송쯔(松子) : 잣
- 송화(松花) : 송화단. 오리알을 석회찰흙에 소금절이 한 것
- 수미(要米) : 옥수수
- 수이(菜) : 고수
- 순(笋) : 죽순
- 시에(蟹魚) : 게
- 씨꾸아(西瓜) : 수박
- 씨아칸(蝦乾) : 말린 새우
- 씨아런(蝦仁) : (껍질과 머리를 떼어낸 신선한)새우, 껍질을 벗겨 만든 새우살
- 씨아주(蝲蛄) : 바닷가재

- 씨앙구(香茹) : 표고버섯
- 씨에로우(蟹肉) : 게살
- 워씨앙(五香) : 5가지 향료(산초, 회향, 계피, 팔각, 정향)
- 위총(玉蔥) : 양파, 옥총
- 위츨(魚翅) : 상어지느러미
- 쟝요우(醬油) : 간장
- 쥐로우(猪肉) : 돼지고기
- 쥐순(竹荀) : 죽순
- 지로우(鷄肉) : 닭고기
- 지마(芝麻) : 깨
- 쯔마요우(芝麻油) : 참기름
- 추(酢) : 식초
- 츠(翅) : (재나 곤충의)날개, 물고기의 지느러미
- 하오(蚝) : 굴
- 하이선(海參) : 해삼
- 하이저(海蟄) : 해파리
- 화쥐엘(花捲) : 밀가루 반죽을 말아서 만든 꽃빵
- 황구아(黃瓜) : 오이
- 후쟈오(胡淑) : 후추, 후추씨
- 후타오(胡桃) : 호도

(19) 일식 메뉴 해설

1) 일본요리의 역사와 배경

일본의 고대인들은 약 기원전 2000년 전부터 날음식과 여러 가지 식재료를 화력을 이용하여 조리, 가공한 후 섭취한 것으로 알려져 있다. 이러한 사실은 동경의 야요이 마찌에서 출토된 토기 등으로 알 수 있는데 식재료는 주로 조류, 야생 짐승, 해조류, 어류, 패류, 채소류 등이다. 이러한 일본의 식문화는 서기 800년경 중국 및 서양의 영향으로 일본 토속음식과 외국 음식의 혼합으로 일본 특유의 화식(和食)이라는 음식문화를 형성하게 되며 지금까지 이어져 오고 있다.

표 8-4 일본요리의 시대적 변천

시대	특징
고대 BC.2000 전	기원전 2000년 전부터 조류, 야생 짐승, 해조류, 어류, 패류, 채소류를 이용한 생식 또는 화력을 이용한 가공 및 조리
헤이안(平安) AD.794~1869	• 중국 당나라와의 교역으로 인하여 왕족을 중심으로 한 궁정요리가 유행하여 일본요리(행사요리)의 기초가 됨 • 생선회, 끓이기, 구이, 건조 등의 방법을 이용하였으며 만두, 전병 등의 중국요리가 수입됨
가마쿠라(鎌倉) AD.1192~1333	• 무인정권의 등장과 불교의 융성으로 음식이 간소하며 소박하게 변화 • 전쟁에서 먹을 수 있는 음식과 하루 세 끼를 먹는 식습관 및 쇼진(精進)요리의 보편화
무로마찌(室町) AD.1336~1573	• 무사의 예법과 함께 다양한 요리 형식이 발전되었으며 혼젠(本膳)요리라는 향응요리가 확립 • 이 요리법은 후대의 가이세키(懷石)요리 및 가이세키(會席)요리의 기본이 됨
아쯔찌(安土), 모모야마(桃山) AD.1568~1600	• 다도(茶道)의 유행과 함께 가이세키(懷石)요리, 가이세키(會席)요리가 확립 • 스페인과 포르투갈 요리의 전래로 남반(南蠻)요리 및 덴뿌라(天婦羅, 튀김)가 유행
에도(江戶) AD.1603~1867	도쿄로 수도를 바꾼 후 서민들의 요리가 주가 되어 일본 요리가 완성되는 시기
메이지(明治) AD.1868 이후	• 개화 이후 서양문물의 빠른 도래로 인한 자유로운 음식문화가 정착 • 음식의 형식과 예법보다는 음식의 맛과 영양가를 위주로 식문화를 형성하게 되는 시기

2) 일본요리의 종류

일본은 한국과 같이 4계절이 뚜렷한 기후와 섬나라라는 특징으로 인해 생선 및 쌀을 주재료로 한 토속요리와 시대의 흐름에 따라 외국의 문화수입으로 다양한 요리가 발전해왔다. 그 요리의 종류로는 지역적으로 간토요리와 간사이요리로 나뉘며, 요리의 형식과 특징면으로는 혼젠요리(本膳料理), 가이세키요리(懷石料理), 가이세키요리(會席料理), 쇼진요리(精進料理), 후차요리(普茶料理), 싯보쿠요리(卓袱料理) 등으로 구분되는데 [표 8-5]와 같다.

표 8-5 일본요리의 종류와 형식에 의한 분류

요리의 종류	특징
간토요리 (関東料理)	에도료리(江戸料理)라고도 하며 생선초밥(니기리즈시)과 튀김(덴뿌라)요리, 메밀국수(소바), 우동 등이 유명하다. 조미료(간장, 설탕, 다시마국물, 생선국물)를 진하게 만들어 써서 간사이요리보다 맛이 농후하다.
간사이요리 (関西料理)	가미카타료리(上方料理)라고도 하며 교토요리와 오사카요리로 구분된다. 간사이요리는 재료의 맛과 형태, 색을 유의하여 조리하는 특징이 있으며 맛은 간토요리보다 연하며 국물도 많은 편이다.
혼젠요리 (本膳料理)	혼젠(本膳)요리라는 향응요리는 무사의 예법과 함께 그 형식이 발선되었는데 수로 무인귀족들 사이에서 이용되었으나 메이지 시대에 들어오면서 서민층에도 보급되었다. 이 요리법은 후대의 가이세키(懐石)요리 및 가이세키(會席)요리의 기본이 되었으며 현재는 관혼상제의 의식요리에 이용된다. 메뉴의 기본은 1즙3채(一汁三菜), 2즙5채(二汁五菜), 3즙7채(三汁七菜), 3즙9채(三汁九菜), 3즙11채(三汁十一菜) 등이 있으나 일반적으로 1즙3채와 2즙5채를 이용한다. 또한 각 메뉴는 상에 담아서 제공하는데 보통 5개 이상의 상으로 구성한다.
가이세키요리 (懐石料理)	다석(茶席)에 이용하는 요리로 선종의 승려들이 정진 중에 공복감을 없애기 위해 적은 양의 음식을 이용한 데서 유래되었다. 가이세키요리는 계절감을 중요시하며 생선회, 국, 밥, 구이 등으로 구성된다. 1즙3채를 기본으로 하고 구이를 생략한 1즙2채, 1즙1채 등으로 구성하기도 한다.
가이세키요리 (會席料理)	가이세키(會席)요리는 에도시대에 이용된 것으로 혼젠(本膳)요리에서 파생된 요리다. 처음에는 요리를 한상으로 제공을 하였으나 음식을 형식과 식사시간에 맞추어 천천히 내게 되었다. 메뉴는 보통 1즙3채에서 1즙5채, 2즙5채 등으로 구성한다.
쇼진요리 (精進料理)	중국의 불교가 전래됨으로 유래된 요리로 음식의 맛보다는 식사예법과 정신수양을 중심으로 하는 요리다. 따라서 메뉴의 구성은 육류요리는 제외하고 주로 쌀과 된장을 이용한 요리가 주를 이룬다. 쇼진(精進)요리에서 파생한 후차(普茶)요리는 음식의 영양가를 보강한 요리로 다량의 기름과 전분, 깨, 두부, 죽은 동물 등을 사용한 불가의 음식이다.
싯보쿠요리 (卓袱料理)	중국에서 전래된 요리형태로 식탁 위의 큰 그릇에 다량의 음식을 담은 후 여러 명이 나누어 먹는 요리의 형식이다. 16세기 중반에 나가사키항이 개항된 이후 포르투갈, 스페인, 네덜란드 등 외국과의 교류가 활발해지면서 기존 일본요리의 형식에서 벗어나 자유로운 분위기로 음식을 즐기게 된 것이 배경이다. 이때에 덴뿌라(네덜란드식의 튀김요리), 닭튀김, 남반요리 등이 유행하게 되었다.

3) 일본요리의 개념

일본음식은 오랜 역사와 문화에 의해 전래되어 온 것으로 일본 풍토에서 독특하게 발전하였고 일본인이 일상 먹는 음식의 총칭이다.

가장 오래된 문헌에 나타난 것은 궁중요리로서 나라(奈良)시대, 헤이안(平安)시대에 중국문화와(상하이, 광둥지역), 포르투갈과 스페인을 위시한 아리안 족들의 영향인데 이러한 것은 일본의 풍토나 산물과 연결되어 일본음식으로 변화하였다. 일본요리는 시각적인 아름다움이 중요시되며, 자연으로부터 얻은 식품을 고유의 맛과 멋을 최대한 살릴 수 있는 방법으로 조리를 한다.

그리고 음식을 담을 때 기물과 공간, 색상의 조화를 예술적 차원으로 승화시킨 음식이라 할 수 있는데 [표 8-6]과 같은 특징을 가지고 있다.

표 8-6 일본요리의 특징
1. 여러 재료를 혼합하여 요리하는 것이 거의 없다.
2. 모양, 색채, 맛의 조화가 화려하며, 엷은 맛의 조미법이므로 색채를 살리기 좋다.
3. 조리법에 있어서도 모양에 중점을 두고 있다. 예를 들어 생선을 구울 때 작은 생선은 쇠꼬챙이에 끼워 굽는데 머리와 꼬리가 올라가도록 모양을 다듬는다.
4. 재료 하나 하나의 특미와 색채를 살려 조리한다. 익히기보다 썰기를 요리의 기본으로 삼고 있는 것만 보아도 재료의 맛과 색채를 얼마나 중요하게 생각하는지 알 수 있다.
5. 조리법은 주재료의 계절적인 맛과 색채의 손실이 없도록 담백하게 조미한다. 맛의 조미와 약간의 감칠맛을 내기 위하여 유자, 레몬 등의 과실을 사용하고, 정종, 미링 등을 가미하여 향기와 단맛의 조화를 이루는 것이 특징이다.
6. 일본음식의 식기는 요리에 따라 그릇의 형태, 색채, 무늬가 모두 다르며 다채롭다. 상은 짧고 사각형이며 칠기를 이용하고 당초무늬가 귀하게 여겨진다. 밥그릇과 국그릇은 칠기이고, 식기류는 모두 도자기이며, 조림그릇은 우묵하게 생긴 모양의 그릇이고, 구이용은 접시류이고, 나물은 보시기 모양, 초밥은 대형 접시이다. 젓가락은 칠기나 뿔로 만든 것을 사용하고 숟가락은 거의 사용하지 않는다. 술잔은 도자기, 찻그릇은 무쇠솥을 사용하고 엽차는 뚜껑이 있는 종지, 가루 차는 큰 보시기 같은 자기에 담으며 차 뜨는 국자류는 대나무로 되어 있다.

4) 조리상의 특징

일본음식은 습도가 높은 지리적 여건으로 인해 음식 맛이 아주 담백하고 깔끔하며 생선요리가 발달되어 있어 초밥과 생선회, 맑은 국, 구이 요리가 주된 음식이다. 또한 훈제하여 말린 생선국물을 이용하므로 기타 화학 조미료를 사용하지 않으며, 생선, 버섯, 채소, 과일류를 주로 날것으로 이용하고, 계절감과 자연미의 감각을 표현하는 음식의 독특한 특징으로 전문 레스토랑의 전략 상품으로 주목을 받고 있다.

일본요리는 구수하거나 푸짐한 맛은 없으나 깨끗하고 담백하며, 음식을 담는 솜씨는 아주 기교적이다. 또한 일본요리는 1인분씩 담는 것이 원칙이어서 남기는 예가 없을 만큼 양을 적게 담는 것도 한 특징이다.

재료를 써는 방법도 약 30가지 이상으로 많아 요리를 하기가 까다로워 가정식까지도 의식요리(儀式料理)의 절차와 담는 모양이 그 기본이 된다.

표 8-7 일본요리의 분류별 특징

코스음식	단품음식	케이터링 음식
혼젠요리(本善料理) : 의식요리로서 국, 밥, 일본 김치, 초회, 나물류, 어패류, 가금류, 생선구이 ,후식을 코스별로 제공하는 까다로운 음식	도시락을 위주로 하여 조리과정을 거친 음식류	단체 도시락과 출장연회를 위한 음식
가이세키요리(懷石料理) : 다석을 위한 요리로 간단히 먹을 수 있는 코스음식	생선과 육류, 가금류를 이용하여 조리한 음식류	단체급식
가이세키요리(會席料理) : 1과2를 혼합한 형태의 요리로 일본에서는 대중적인 코스음식이다.	우동과 일본국수를 이용한 면류	

(20) 일식 레스토랑의 종류

1) 외식산업 상의 분류

① 일식 다이닝 레스토랑

일본음식을 판매하는 다이닝 레스토랑으로는 호텔이 직영하는 호텔 내 · 외부의 일식 레스토랑과 도심지의 일식전문 레스토랑으로 구분된다. 객단가는 보편적으로 비싼 편이며 전형적인 풀서비스를 제공하고 있다. 메뉴는 고객이 원하는 모든 것으로 음식제공 시간은 약 30분 정도이며 전용 주차장을 확보하고 있는 경우가 많다. 일식 다이닝 레스토랑은 고객이 원하는 일본음식의 품질과 서비스를 최상으로 해야 하며 음식의 메뉴 역시 계절감과 식재료의 품질을 최상으로 하여 판매하도록 해야 한다. 즉 판매가격과 고객의 요구에 적합한 메뉴 구성을 하도록 하는 것이 가장 중요하다.

㉠ 호텔의 일식 레스토랑(리츠갈튼의 하나조노, 롯데호텔의 모모야마, 현대호텔의 나라 등)

㉡ 일식전문 레스토랑(국수사, 난수사, 히카리, 란 등)

② 일식 패밀리 레스토랑(일식 체인 레스토랑)

일식 패밀리 레스토랑은 참치 전문점, 생선회 전문점, 퓨전 일식 레스토랑, 샤부샤부 전문점, 철판구이 전문점, 생선구이 전문점 등으로 구성해 볼 수 있다. 어느 정도의 저렴한 가격과 일반 고객의 수요에 적합한 레스토랑이다.

③ 일식 퀵 서비스 레스토랑

일식 퀵 서비스 레스토랑은 더욱 저렴한 가격으로 한정된 일본음식을 구매할 수 있는 음식점으로 돈까스 전문점, 우동 전문점, 면 전문점 등으로 구성된다. 판매방식은 매장에 들어온 고객에게 3분 이내의 짧은 서비스 시간을 이용해 즉석에서 음식을 제공한다. 그 외의 주된 판매방식은 테이크아웃(take-out)과 배달 등이 있다.

2) 일식메뉴의 구성방법

① 일식 식단표의 유의사항

일본요리의 가장 기본은 계절감을 살려 음식을 만드는 것이다. 즉 식단표를 만들 때 계절에 맞는 음식을 판매하는 것이 중요한데 이러한 특징은 일식 다이닝 레스토랑이 가장 뚜렷하다.

또한 다양한 재료를 이용하여 식단을 구성하는 게 다른 하나의 특징인데 코스음식[가이세키요리(懷石料理), 가이세키요리(會席料理)]의 경우 애피타이저, 생선회, 국, 밥, 반찬, 구이, 조림 등을 순서에 맞게 잘 짜맞추는 게 포인트이다.

일본음식은 다양한 재료를 이용하여 신선한 음식을 판매하는 특징을 가지고 있기 때문에 시각적인 면을 강조한 색감의 조화, 요리의 온도 및 서비스의 순서를 고려하여 구성해야 한다.

코스 요리의 경우 메뉴의 구성은 원칙적으로 홀수(기수)에 의거하여 맞추지만 꼭 그렇지는 않고 고객의 요구사항에 적합하도록 융통하는 것이 중요하다.

② 일식 메뉴 작성법

주재료, 부재료, 조리방법 순으로 기재한다.

鯛	鹽	燒
주재료	부재료	조리방법

(21) 일식 메뉴의 실제

1) 일식 다이닝 레스토랑

순수한 정식 레스토랑으로서 다양한 메뉴와 최고급의 식재료 사용 및 최상의 서비스를 구사하는 곳이다. 주로 호텔과 전문 레스토랑으로 구분되는데 종업원과 고객의 동선 및 서비스의 원활한 흐름, 최상의 음식제공 등에 중점을 두어야 한다. 특히 메뉴는 고객의 요구에 가장 적합하도록 구성해야 한다.

① 조찬 메뉴

주로 호텔에 투숙한 내 · 외국인들의 아침식사를 위하여 준비하는 메뉴로 조식 뷔페에 포함되는 메뉴와 일조식 메뉴로 구분된다. 보통 아침에는 식재료의 확보와 점심 식사 준비 등으로 판매시간과 준비시간을 경제적으로 배분하고 있다.

일조식 A
朝食 A(조식 특선)

先付	special dish of the day / 진미
前菜	Assorted appetizer / 전채
吸物	Clean soup / 맑은 국
燒物	Grilled dish / 구이요리
煮物	Braised dish / 조림
御飯	Steamed rice / 식사
果物	Fresh fruits / 과일

일조식 B
朝食 B(조식)

サラダ	Special salad / 샐러드
みそ茶椀	Miso soup / 된장국
鷄卵燒物	Grilled egg / 달걀구이
煮物	Braised dish / 조림
御飯	Steamed rice / 식사
果物	Fresh fruits / 과일

단품 메뉴

鮑雜炊	Abalone porridge / 전복죽
燒物定食	Grilled fish set / 생선구이 정식

② 점심 메뉴

점심시간을 이용하여 식사를 원하는 손님을 위한 메뉴로써 부족하지 않도록 적절한 음식의 양과 영양가를 고려해야 한다. 주로 간소화된 정식 메뉴가 주를 이룬다. 면과 튀김류 등의 단품 메뉴는 음식량과 영양가 면에서 부족할 수 있으므로 여러 가지 서비스 음식을 포함시키는 것도 매출향상에 기여한다.

お昼屋の定食
점심 특선 LUNCH SPECIAL

松花堂	Lunch box / 도시락 정식
定食	Grilled dish, udong, sushi / 정식
ぉ造り定食	Seasonal sasimi set / 생선회정식
鰻焼物定食	Grilled eel set / 장어구이정식
鮇あら煮定食	Braised dish of sea bream set / 도미조림정식
ちらしずし	Sasimi on rice(with gochujang sauce) / 생선회 덮밥
すし定食	Sushi set / 초밥정식
ランチ會席	점심 회석요리

LUNCH SPECIAL Course

サラダ	Special Salad / 샐러드
前菜	Assorted Appetizer / 전채
吸物	Clean Soup / 맑은 국
ぉ造り	Seasonal Sasimi / 생선회
焼物	Grilled Dish / 구이요리
煮物	Braised Dish / 조림
5種ずし	5 Kinds of Sushi / 5가지 초밥
果物	Fresh Fruits / 과일

③ 디너 메뉴

호텔과 전문 일식레스토랑에서는 저녁시간을 이용하여 대부분의 매출을 획득한다고 해도 과언이 아니다. 따라서 고객들의 회합과 모임 및 사업상의 방문에 적합하도록 표준화된 메뉴에 관한 매뉴얼을 계획해야 한다.

또한 조리장과 매니저가 즉흥적인 센스를 발휘하여 우수한 메뉴의 조합을 상황에 맞추어 발휘해야 한다. 메뉴는 주로 회석요리(會席料理 : 가이세키요리)와 정식요리 및 생선회와 초밥을 비롯한 일품요리 등 거의 모든 일본요리가 판매된다.

회석요리 會席料理
調理長特選會席　조리장 특선회석
CHEF'S SPECIAL

先付	special dish of the day / 진미
前菜	Assorted appetizer / 전채
吸物	Clean soup / 맑은 국
ぉ造り	Seasonal sasimi / 생선회
燒物	Grilled dish / 구이요리
揚物	Fried dish / 튀김요리
煮物	Braised dish / 조림
酢物	Vinegared dish / 초회
御飯	Steamed rice / 식사
果物	Fresh fruits / 과일

壽鮨(すし)會席 초밥코스
Sushi Course

先付	special dish of the day / 진미
前菜	Assorted appetizer / 전채
吸物	Clean soup / 맑은 국
3種ずし	3 Kinds of sushi / 3가지 초밥
燒物	Grilled dish / 구이요리
煮物	Braised dish / 조림
酢物	Vinegared dish / 초회
7種ずし	7 kinds of sushi / 7가지 초밥
止椀	Japanese miso soup / 된장국
果物	Fresh fruits / 과일

天婦羅會席 덴뿌라-튀김코스
Tempura Course

先付	special dish of the day / 진미
前菜	Assorted appetizer / 전채
サラダ	Special salad / 특선 샐러드
お造り	Seasonal sasimi / 생선회
吸物	Clean soup / 맑은 국
天婦羅盛合せ	Assorted deep fried / 모둠 튀김
焼物	Grillcd dish / 구이요리
煮物	Braised dish / 조림
酢物	Vinegared dish / 초회
果物	Fresh fruits / 과일

定食料理, Table d'hote 정식요리

鰻蒲燒物定食 장어구이 정식
Grilled Eel Set

前菜	Assorted appetizer / 전채
サラダ	Special salad / 특선 샐러드
お造り	Seasonal sasimi / 생선회
吸物	Clean soup / 맑은 국
鰻蒲焼き	Grilled eel / 장어구이
御飯	Steamed rice / 식사
果物	Fresh fruits / 과일

燒物定食 생선구이 정식
Grilled Fish Set

前菜	Assorted appetizer / 전채
サラダ	Special salad / 특선 샐러드
お造り	Seasonal sasimi / 생선회
茶碗蒸し	Egg custard / 달걀찜
3種焼物	3 kinds grilled dish / 3종의 구이요리
御飯	Steamed rice / 식사
果物	Fresh fruits / 과일

(22) 일품요리(一品料理, À la carte)

일본요리에서는 많은 일품 메뉴가 판매되는데 한 끼의 식사를 위한 것과 술안주, 후식을 위한 것 등 3가지로 구분된다.

식사를 위한 일품메뉴는 주로 정식 메뉴(일식 파인 다이닝 레스토랑의 점심 메뉴와 동일하며 여기서는 생략)와 초밥류로 구성된다. 정식 메뉴는 테이블서비스가 주를 이루는데 테이블의 크기 및 적정 식사량에 적합하도록 가짓수와 음식량을 조절하는 것이 포인트이다. 이하의 초밥(모둠 초밥과 선택 초밥)메뉴는 초밥을 전문으로 다루는 스시바(sushi bar)에서 행해진다.

お好み壽鮨(すし) 선택초밥(1個)
Choices Sushi(1 piece)

とろ	Toro / 도로
赤身	Tuna / 참치
鮢	Sea bBrean / 도미
鮃	Flat fish / 광어
鮑	Abalone / 전복
甘海老	Sweet shrimp / 단새우
海老	Shrimp / 새우
平貝	Scallop / 관자
みる貝	Orange shell / 개조개
赤貝	Ark shell / 피조개
生うに	Sea urchin / 성게알
いくら	Salmon roe / 연어알
鱸	Sea bass / 농어
鉄火巻き	Tuna roll / 참치 김초밥
鯖	Mackerel / 고등어
数の子	Herring roe / 청어알
飛魚の卵	Fly Fish roe / 날치알
たこ	Octopus / 문어
いか	Squid / 오징어
鰻	Eel / 장어
さより	Snip fish / 학꽁치
かっぱ巻	Cucumber roll / 오이
しんこ	Vegetable pickle / 싱코말이
なっと	Bean / 낫또
鶏卵	Braised egg / 달걀말이
あぎとろ	Neki toro / 네기도로
カリフォルニア ロール	California roll / 캘리포니아 롤
いわし	Anchovy / 멸치
ほや	Sea squirt / 멍게

丼物 덮밥
Rice Bowl Dishes

鰻重	Grilled eel on rice / 장어구이 덮밥
天丼	Tempura on rice / 튀김 덮밥
鉄火丼	Tuna on rice / 참치 덮밥
わた丼	Sea cucumber intestines / 해삼내장 덮밥
鶏肉丼	Chicken on rice / 닭고기 덮밥
牛肉丼	Beef on rice / 쇠고기 덮밥
刺身重(韓國式)	Sashimi on rice(Korean) / 한국식 회덮밥

御食事 식사
Rice or Noodles

鮑雑炊	Abalone porridge / 전복죽
天婦羅そば · うどん	Tempura noodle / 튀김소바 · 우동
各種のお茶漬け	Green tea rice with fishes / 오차즈케
うどん	Uong / 우동
茶そば	Green tea noodle / 소바
素麪	Vermicelli noodles in soup / 소면

先付 진미
Special Dishes

數の子	Herring roe / 청어알
飛魚子	Fly fish roe / 날치알
いくら	Salmon roe / 연어알
生うに	Sea urchin / 성게알
伊勢海老バタ焼き	Live lobster / 바닷가재 버터구이
白子のバタ焼き	Grilled koni butter / 고니 철판구이
山掛付	Tuna with grated yam / 참치 산마즙
冷湯やっこ又は豆腐	Chilled bean curd or warmed bean curd / 차가운 또는 따뜻한 두부
月見とろろ	Grated yam with quail egg / 산마즙

吸物 수프
Clean Soup

海鮮の土瓶蒸	Seafood soup in small Hot / 해산물 질주전자 찜
蛤の吸物	Clam soup / 대합 맑은국
鯡頭清吸物	Sea bream head soup / 도미머리 맑은국
松茸の土瓶蒸	Matsutake soup / 송이버섯 맑은국

燒物 구이요리
Grilled Fish

鰻蒲燒物	Grilled eel / 장어구이
銀鱈燒物	Grilled cod with miso / 은대구구이
さけ燒物	Grilled salmon with salt / 연어소금구이
鯡頭燒物	Grilled sea bream head with salt / 도미머리 소금구이
牛ヒレ燒き	Tenderloin steak / 텐더로인 구이
鰆燒物	Mackerel steak / 삼치된장구이
鮑のバタ燒き	Grilled abalone with butter / 전복 버터구이
松茸のバタ燒き	Grilled matsutake with butter / 송이 버터구이
燒物盛合せ	Assorted grilled fish / 모둠 생선구이

煮物 조림요리
Braised Dish

季節野菜煮物盛合せ	Braised season vegetables / 채소조림
鯡頭あら煮	Braised sea bream head / 도미머리조림
鶏卵茶椀蒸し	Egg custard / 달걀찜
肉じやが	Stewed pork with potato / 돼지고기 감자조림
茄子煮	Stewed egg plant / 가지 간장조림

酢物 초회
Vinegared Dish

もずく酢　Sea Plants / 해초초회
たこ酢　Octopus / 문어초회
くらげ酢　Jelly Fish / 해파리초회
赤貝酢　Ark Shell / 피조개초회
酢物盛合せ　Assorted Vinegared Dish / 모둠 초회

湯物 튀김요리
Deep Fried Dishes

天婦羅盛合せ　Assorted Deep fried / 모둠 튀김
車海老　Shirimp / 차새우튀김
鶏唐天婦羅　Chicken / 닭튀김
野菜天婦羅　Vegetable / 채소튀김
鮑唐天婦羅　Abalone / 전복튀김
揚出豆腐　Bean Curd / 두부튀김

鍋物 냄비요리
Hot Pot

魚ちり(鱈・鮢)　Cod or Sea Bream Hot Pot / 대구 혹은 도미지리
奇せなべ　Seafood & Vegetables Hot Pot / 모둠냄비
すきやき　Beef Sukiyaki / 쇠고기 스키야키
しゃぶしゃぶ　Beef ShabuShabu / 쇠고기 샤부샤부
うどんすき　Udong Suki / 우동스끼

甘味 후식
Dessert

季節果物　Seasonal Fruits / 과일
末茶アイスクリム　Green Ice Cream / 녹차 아이스크림
マンゴアイスクリム　Mango Ice Cream / 망고 아이스크림

(23) 일식 메뉴 용어

표 8-8 일식 메뉴 용어

우리말 발음	일식용어	해설
가라시	芥子	겨자
고바치	小鉢	작은 그릇에 담아낸 소량의 요리
고쇼	胡淑	후추
곤부	昆布	다시마
구다모노	果物	과일
나베료리	鍋料理	냄비요리
니모노	煮物	조림요리
다레	垂れ	장어나 닭구이에 바르면서 굽는 양념간장
다마고	卵	달걀
데리야키	てり焼	데리야키 소스를 바르면서 굽는 구이요리
덴다시	天け	튀김에 곁들이는 소스
데마끼	手巻	손으로 마는 즉석 김말이
도로	とろ	참치 배 부분의 살
돈부리	どんぶり	덮밥
데카마키	手か巻	참치 김초밥
모리아와세	盛り合せ	모둠 요리
모도스	もとす	담그다
무시모노	蒸し物	찜요리
미소	味増	된장
미소시루	味增け	된장국
미소야키	味增焼	된장에 생선을 재웠다가 된장을 제거한 후 구운 것
사시미	刺身	생선회
산쇼	山椒	산초

시이자카나	强肴	안주용 음식
슈토	酒盜	가다랑어 내장젓
스시	すし	초밥
스이모노	吸物	맑은 국
스키다시	附出	식전에 나가는 요리
시오야키	鹽燒	소금구이
아카미	赤味	참치 등살 부위 살
오코노미	お好み	고객이 원하는 것만 주문
야키모노	燒物	구운 요리
오로시	おろし	무를 갈아내어 물기를 뺀 것
우니	雲丹	성게 알
우메스	梅酢	살구로 만든 식초
우메보시	うめぼし	살구 초절임
오싱코	お新香	일본김치
유즈가마	柚子釜	유자 상단을 잘라내고 속을 파낸 것
와다	腸	내장
젠사이	前菜	전채요리
츠마	つま	무채
치리	ちり	다시 국물에 끓여낸 냄비요리
치리스	ちり酢	지리냄비요리에 내는 초양념소스
호렌소	法蓮草	시금치
차소바	茶そば	녹차가루를 넣어 만든 모밀국수

(24) 일식 식재료 용어

표 8-9 일식 식재료 용어

일본어	한자표기	한국어	일본어	한자표기	한국어
히라메	鮃	광어	야마이모	山芋	산마
타이	鯛	도미	니라	韮	부추
스즈키	鱸	농어	시소	紫蘇	들깻잎
부리	鰤	방어	와네기	ワ葱	쪽파
이와시	鰯	정어리	학사이	白菜	배추
마구로	鮪	참치	고보	牛蒡	우엉
마나가츠오	真魚鰹	병어	레타스	れたす	양상추
사요리	針魚	학꽁치	다이콩	大根	무
사바	鯖	고등어	큐리	胡瓜	오이
니신	鰊	청어	사츠마이모	薩摩芋	고구마
타라	鱈	대구	닌징	人参	당근
후구	河豚	복어	나스	茄子	가지
아지	鰺	전갱이	가보차	南瓜	호박
사와라	鰆	삼치	호렌소	菠薐草	시금치
쿠루마에비	車海老	차새우	카부	蕪	순무
키스	鱚	보리멸	준사이	蓴菜	순채
사케	鮭	연어	타케노코	筍	죽순
우나기	鰻	민물장어	닌니쿠	大蒜	마늘
아나고	穴子	바다장어	사토이모	里芋	토란
타코	蛸	문어	피망	ピーマン	피망
나마코	海鼠	해삼	슌기쿠	春菊	쑥갓
아와비	鮑	전복	세리	芹	미나리
아카가이	赤貝	피조개	마메모야시	豆萌やし	콩나물
시지미	蜆	재치조개	모야시	萌やし	숙주나물

아유	鮎	은어	타마네기	玉葱	양파
카레이	鰈	가자미	네기	葱	대파
카니	蟹	게	아사츠키	浅葱	실파
산마	秋刀魚	꽁치	쇼가	生姜	생강
이카	烏賊	오징어	렌콘	蓮根	연근
토리가이	鳥貝	새조개	젠마이	薇	고사리
호타테가이	帆立貝	가리비	카이와리	貝割	무순
카키	牡蠣	굴	긴낭	銀杏	은행
사자에	榮螺	소라	가키	柿	감
다이쇼에비	大蝦	대하	링고	林檎	사과
하마구리	蛤	대합	나시	梨	배
아마다이	甘鯛	옥돔	쿠로고마	黒胡麻	검정깨
하쿠고마	白胡麻	흰깨	이치고	苺	딸기
아오토가라시	青唐辛子	풋고추	우메보시	梅干	매실 절임
마쿠아우리	真桑瓜	참외	유즈	柚子	유자
스이카	西瓜	수박	노리	海苔	김
부도	葡萄	포도	아부라아게	油揚	유부
가마보코	蒲鉾	어묵	아카미소	赤味噌	붉은 된장
소바	蕎麦	모밀국수	코쇼	胡椒	후춧가루
소멘	素麺	소면	고마아부라	胡麻油	참기름
와사비	山葵	고추냉이	카라시	芥子	겨자
토우가라시미소	唐辛子味噌	고추장	세바쿠	せいばく	보리쌀
미즈아메	水飴	물엿	오고메	を米	쌀
아와	粟	좁쌀	낫토	納豆	일본식 발효콩
아지츠케노리	味付海苔	맛김	사토우	砂糖	설탕
아지시오	味塩	맛소금	쇼유	醤油	간장
나나즈케	ななづけ	오이지	하루사메	春雨	당면
콘부	昆布	다시마			

메뉴관리론 참고문헌

- 강무근, 관광외식 원가관리, 도서출판 효일, 2006.
- 강무근, 이탈리아 조리실무, 도서출판 효일, 2007.
- 김원일, 일본요리, 형설출판사, 1995.
- 김종성 · 박상배, 조리실무관리, 형설출판사, 1994.
- 나정기, 메뉴관리론,백산출판사, 1996.
- 박병학, 기본일본요리, 형설출판사, 1996.
- 박성부 · 이정실, 호텔식음료관리론, 기문사, 1996.
- 박정식 · 안형기, 메뉴해설, 도서출판 효일, 2009.
- 우문호, 외식 산업론, 학문사, 2012.
- 이정자, 메뉴관리, 기문사, 1996.
- 정청송, 메뉴디자인, 기전연구사, 1993.
- 조용범, 신 메뉴관리론, 대왕사, 2008.
- 최수근, 메뉴실무, 도서출판 효일, 2005.
- 강무근, "호텔레스토랑의 이미지 · 관여도 · 의견 선도력이 만족과 재방문 의도에 미치는 영향", 박사학위 논문, 경주대학교 대학원, 2005.
- 김경식, "L 호텔 기업의 합리적인 메뉴관리", 석사학위논문, 세종대 대학원, 1990.
- 나정기, "메뉴計劃과 디자인의 評價에 관한 硏究", 박사학위논문, 경기대학 대학원, 1994.
- 나정기, "메뉴 매가 결정에 관한 연구", 호텔경영연구논총, 창간호, 경기대학 호텔경영연구소, 1992.
- 송청락, "관광호텔 일식메뉴 개선에 관한 연구", 경희대학원, 1996.
- 안광호, "메뉴 계획과 분석에 관한 이론적 고찰", 영남관광학회 관광연구 제 1집, 1991.
- 추상용, "호텔 연회 행사 활성화를 위한 메뉴 개선에 관한 연구", 경희대학원, 1997.

- Bernard Davis and Sally Stone, Food and Beverage Management, 2nd ed., Butterworth Heinemann, 1991.
- DALS, Menu Planning, TAFE, 1992.
- David Pavesic, Cost-Margin Analysis ; A Third Approach to Menu Pricing and Design.
- Diane Kochilas, Making a Menu, Restaurant Business, Nov/20, 1991.
- Helen Atkinson and Peter Jones, Menu Engineering Managing the Foodservice Micro-Marketing, 1993.

- International Journal of Hospitality Management, Vol 2 no.3, 1983.
- Jack E. Miller, Menu : Pricing and Strategy, CBI Books, 1980.
- Lee M. Kreul, Magic Numbers: Psychological Aspects of Menu Pricing, The Cornell H.R.A. Quarterly, August 1982.
- Lendal. H. Management By Menu, NIFI, 1988.
- Mix, Journal of Restaurant & Foodservice Marketing, Vol 1, no1, 1994.
- Mahmood A. Khan, Concepts of Foodservice Operations and Management, 2nd ed., VNR, 1990.
- Michael L. Kasavana, Menu Engineering : A Practical Guide to Menu Andysis, Revised Edition, Hospitality Publications, 1990.
- Seaberg, Menu Design, CBI, 1989.
- Thomas J. Kelly, Nicholas M. Kiefer, and Kenneth Burdett, A Demand-Based Approach to Menu Pricing, The comell H.R.A. Quarterly, Feb 1994.

Menu

- 호텔 신라, 프랑스 식당 메뉴
- 호텔 신라, Banquet Menu
- 워커힐 호텔, 중식당 메뉴
- 워커힐 호텔, 프랑스 식당 메뉴
- 롯데호텔, 일식당 메뉴
- 부산롯데호텔, 커피숍 메뉴
- 스위스그랜드 호텔, 카페 메뉴
- 스위스그랜드 호텔, 이탈리안 식당 메뉴

Manual

- 서울프라자호텔, 조리실무매뉴얼
- 롯데호텔, 서비스매뉴얼
- 롯데호텔, 조리직무교재
- 부산롯데호텔, 조리 직무교재
- 호텔 신라, 서양 조리매뉴얼

·저·자·약·력·

강무근

- 경희호텔전문대학 전통조리과, 방송통신대학교 가정학과 졸업
- 미국 C, I, A, 호텔경영전문대학 수료
- 동아대학교 경영대학원 관광경영학전공 경영학 석사
- 경주대학교 대학원 관광학 박사
- 국제, 로얄, 롯데호텔에서 조리장, 총주방장 역임
- 시카고 힐튼, 동경 페시픽, 동경 프라자, 동경 임페리얼호텔 연수
- 배화여자대학, 경희호텔전문대학, 춘천여자대학 강사
- 서울 올림픽게임 공로상 수상
- 제14회 부산 아시안게임 급식전문위원
- 2001년, 양산대학교 교수 임용
- 2013년, (현) 동원과학기술대학교 호텔외식조리과 교수
- 2013년, 조리기능 교육 명인 인증

김병일

- (주)서울 프라자호텔 근무
- 서울, 부산 롯데호텔 주방장 역임
- 제14회 아시안게임 급식 전문위원
- 월드컵게임 급식전문위원
- 식품안전관리사
- 경남 웰-빙 식품 개발 경연대회 조직위원
- 경남, 울산 요리경연대회 심사위원
- 한국조리사회 이사
- 경주 호텔관광교육원 졸업
- 영산대학교 대학원 호텔관광학 석사
- 2008년, 양산대학교 교수 임용
- 2013년, (현) 동원과학기술대학교 호텔외식조리과 교수

메뉴관리론

발 행 일	2014년 3월 3일 초판 발행
	2021년 2월 22일 초판 2쇄 발행
지 은 이	강무근, 김병일
발 행 인	김홍용
펴 낸 곳	도서출판 **효일**
디 자 인	에스디엠
주 소	서울시 중구 다산로46길 17
전 화	02) 928-6643
팩 스	02) 927-7703
홈페이지	www.hyoilbooks.com
Email	hyoilbooks@hyoilbooks.com
등 록	2001년 10월 8일 제2019-000146호
ISBN	978-89-8489-361-0

값 19,000원